Kohlhammer

Praktikumsrecht

von
Prof. Dr. Friedrich Schade MBA
BiTS Business and Information Technology School Iserlohn

Verlag W. Kohlhammer

Alle Rechte vorbehalten
© 2011 W. Kohlhammer GmbH, Stuttgart
Gesamtherstellung:
W. Kohlhammer Druckerei GmbH + Co. KG, Stuttgart

ISBN 978-3-17-021952-6

Vorwort

Viele junge Menschen in Deutschland, ob Schüler oder Studierende, absolvieren jedes Jahr insgesamt mehr als eine Million Praktika. Der starke Anstieg von Praktikumsverhältnissen in den letzten Jahrzehnten hat dafür gesorgt, dass diese jungen Persönlichkeiten heutzutage zutreffend als „Generation Praktikum" bezeichnet werden.
Gibt es mittlerweile viel allgemeine Literatur zur Thematik „Praktikum", insbesondere mit Tipps für erfolgreiche Bewerbungen, den richtigen Zeitpunkt für ein Praktikum innerhalb des Studiums oder Hinweise zur Dauer eines Praktikums, ob im Inland oder im Ausland etc., fehlt bisher auf der juristischen Seite ein Standardwerk zum Praktikumsrecht mit Erläuterungen über die Rechte und Pflichten von Praktikumsgebern und Praktikanten im Rahmen von Praktikumsverhältnissen.
Zwar ist schon im Jahr 1959 ein bedeutender Aufsatz mit dem Thema „Ausbildung und Rechtsstellung des Praktikanten" in der Zeitschrift „Betriebs-Berater" erschienen.[1] In den darauffolgenden mehr als fünfzig Jahren sind aber insgesamt weniger als weitere zwanzig juristische Aufsätze zur Rechtsproblematik von Praktikumsverhältnissen verfasst worden, obwohl diese Thematik gerade durch den starken Anstieg der Praktika einerseits immer bedeutender wird, andererseits aber auch die Unsicherheit von Praktikumsgeber und Praktikant bezüglich des Inhalts beim Abschluss eines Praktikumsvertrags weiterhin sehr groß ist. Selbst in der allgemeinen Arbeitsrechtsliteratur, in arbeitsrechtlichen Kommentaren und Handbüchern wird das Praktikumsrecht nur mit wenigen Sätzen gestreift.
Die Rechtsprechung hat in mehreren Urteilen des Bundesarbeitsgerichts sowie auch untergeordneter Arbeitsgerichte die Rechte und Pflichten der Vertragsparteien bei Praktikumsverhältnissen zwar entschieden, allerdings aus Sicht des Verfassers problematische Urteile gefällt, insbesondere, wenn es um verpflichtende Studierendenpraktika mit Hochschulbezug geht.
Vor diesem gesamten Hintergrund hat sich der Verfasser entschlossen, einen juristischen Leitfaden über das Praktikumsrecht zu verfassen. Bedeutende Inhalte sind zum einen die verschiedenen Arten von Praktika und ihre jeweilige, oft unterschiedliche rechtliche Einordnung, das individuelle Praktikumsrecht mit der Entstehung eines Praktikumsverhältnisses sowie der Inhalt eines Praktikumsvertrags inklusive der Rechte und Pflichten der jeweiligen Vertragsparteien. Zum anderen werden auch eventuell mögliche Leistungsstörungen während eines Praktikumsverhältnisses sowie die verschiedenen rechtlichen Möglichkeiten der Beendigung eines Praktikums erörtert.
Im Zusammenhang mit dem individuellen Praktikumsrecht ist außerdem zu klären, inwieweit die für einen Arbeitsvertrag geltenden Rechtsvorschriften und Rechtsgrundsätze auch auf ein Praktikumsverhältnis anwendbar sind. Desweiteren erfolgt eine kompakte Darstellung des Sozialversicherungsrechts für Praktikanten. Ebenfalls enthält das Buch Ausführungen über die mögliche Anwendbarkeit des kollektiven Arbeitsrechts auch auf Praktikumsverhältnisse sowie Aussagen über die Wahl der zuständigen Gerichtsbarkeit bei Rechtsstreitigkeiten aus Praktikumsverhältnissen. Ein Vorschlag für einen Praktikumsvertrag rundet das Buch ab.
Ziel des Buches zum Praktikumsrecht ist es einerseits, den beiden Vertragsparteien, Praktikumsgeber wie Praktikant, einen Leitfaden an die Hand zu geben, wie ein Praktikum für beide Seiten aus rechtlicher Sicht ohne Benachteiligung einer Vertragspartei und ohne eventuell auftretende rechtliche Probleme erfolgreich durchgeführt

---

1 Siehe Hoffmann/Ditlmann, BB1959, Beilage zu Heft 26, S. 1

werden kann. Insofern soll das Buch einerseits den Unternehmerinnen und Unternehmern, den Entscheidern in Personalabteilungen sowie den Freiberuflern, die Praktikumsplätze zur Verfügung stellen, als nützliches Nachschlagewerk dienen, um die rechtlichen Probleme bei Praktikumsverhältnissen zu erkennen und zu für beide Seiten akzeptablen Lösungen zu kommen, zum einen bei der Abfassung des Inhalts eines Praktikumsvertrags, zum anderen bei entstandener Unzufriedenheit zwischen Praktikumsgeber und Praktikant während des Praktikums. Außerdem soll das Buch den vielen Praktikanten einerseits ihre Rechte, andererseits aber auch ihre Pflichten vor dem Abschluss, während des Praktikums und nach dessen Beendigung aufzeigen.

Rechtsprechung und Rechtsliteratur befinden sich auf dem Stand von April 2011. Ein umfangreiches Literaturverzeichnis, insbesondere auch mit den bisher veröffentlichten juristischen Aufsätzen zum Praktikumsrecht, sowie detaillierte Fundstellen, auf die der Autor besonderen Wert legt, sollen den Leserinnen und Lesern die Möglichkeit verschaffen, die bisherigen Rechtskenntnisse zum Praktikumsrecht, wenn gewünscht, weiter zu vertiefen und zu Recherchezwecken die Zitate, insbesondere aus den Urteilen des Bundesarbeitsgerichts sowie der angegebenen Rechtsliteratur, an den exakten Stellen zu finden.

Besonders herzlich möchte ich Herrn Konstantin Mahn, ehemaliger Student in meinen Rechtsvorlesungen im Bachelor-Studiengang „Business and Management Studies", für seinen äußerst hohen zeitlichen, sehr disziplinierten und qualitativ höchst erfolgreichen Einsatz bei der technischen Bewältigung notwendiger redaktioneller Veränderungen bis zur Abgabe des Manuskripts an den Verlag danken. Herrn Rechtsreferendar André Stoffer danke ich, wie auch bei meinen Studienbüchern zum Arbeitsrecht und zum Wirtschaftsprivatrecht, erneut ganz besonders für wertvolle inhaltliche Hinweise und Anregungen, die in die Bearbeitung dieses Buches aufgenommen wurden.

Die Leserinnen und Leser dieses Buches möchte ich um Nachsicht bitten, dass einzelne Begriffe überwiegend in der männlichen Form benutzt werden.

Für Hinweise auf Fehler, für inhaltliche Verbesserungsvorschläge sowie weitere Anregungen und Kritik, die das „Praktikumsrecht" weiter verbessern, bin ich sehr dankbar.

Iserlohn, im April 2011 Friedrich Schade

Inhaltsverzeichnis

Vorwort V

Abkürzungsverzeichnis XIV

Literaturverzeichnis XVII
I. Studienliteratur zum Arbeits- und Sozialrecht XVII
II. Bedeutende Aufsätze in juristischen Zeitschriften XVII
III. Kommentare zum Arbeitsrecht XVIII
IV. Handbücher zum Arbeitsrecht XVIII
V. Kommentare zu diversen Arbeitsgesetzen XVIII
VI. Kommentare zum Berufsbildungsgesetz XVIII
VII. Kommentare zum BGB mit Erläuterungen zum
 Dienst-/Arbeitsvertrag XIX
VIII. Juristische Spezialliteratur XIX
IX. Allgemeine Literatur XIX

Begriffsbestimmungen XX

Abbildungsverzeichnis XXI

Informative Internetadressen XXII

Erster Teil: Grundlagen des Praktikumsrechts 1

§ 1 Begriff des Praktikumsrechts 1

§ 2 Bedeutung und Gegenstand 2

§ 3 Abgrenzung zu ähnlichen Personenkreisen 3
I. Praktikant 4
II. Volontär 4
III. Werkstudent 5
IV. Befristetes Arbeitsverhältnis 5
V. Aushilfsarbeitsverhältnis 5
VI. Berufsausbildungsverhältnis 6
VII. Anlernlinge 6
VIII. Einfühlungsverhältnis 7

§ 4 Mögliche Arten von Praktikumsverhältnissen 7
I. Praktikum mit Schul- oder Hochschulbezug 8
  1. Schülerpraktikum mit Bezug zur Schule 8
  2. Verpflichtendes Studierendenpraktikum mit Hochschulbezug . . . 9
II. Praktikum ohne Schul- oder Hochschulbezug 10
  1. Freiwilliges Schülerpraktikum ohne Schulbezug 10
  2. Freiwilliges Studierendenpraktikum ohne Hochschulbezug 11
  3. Vor- oder Nachpraktikum 11
III. Entstehung eines Praktikumsverhältnisses 13

IV.	Parteien des Praktikumsverhältnisses	13
V.	Besondere Praktikumsverhältnisse	14

§ 5 Rechtscharakter des Praktikums ... 14
I. Anwendbares Recht ... 15
II. Fazit ... 15

§ 6 Rechtsquellen des Praktikumsrechts ... 16
I. Deutsches Recht ... 17
   1. Grundgesetz ... 17
   2. Gesetze und Rechtsverordnungen von Bund und Ländern ... 18
   3. Kollektivvereinbarungen ... 18
     a. Tarifvertrag ... 18
     b. Betriebsvereinbarung ... 19
   4. Praktikumsvertrag ... 19
     a. Praktikumsvertragliche Einheitsregelungen ... 19
     b. Weisungsrecht des Praktikumsgebers ... 19
   5. Gewohnheitsrecht ... 20
   6. Richterrecht ... 20
   7. Anwendbarkeit des Berufsbildungsrechts ... 21
     a. Praktikumsverhältnisse ohne Hochschulbezug ... 21
     b. Praktikumsverhältnis mit Hochschulbezug ... 21
        aa. Gesetzgeber ... 21
        bb. Rechtsprechung und herrschende Meinung in der Rechtsliteratur ... 22
        cc. Mindermeinung des Verfassers ... 23
II. Supranationales Recht ... 23
   1. Allgemeine völkerrechtliche Verträge ... 23
   2. Europäisches Gemeinschaftsrecht ... 23
   3. Internationales Privatrecht der Europäischen Union ... 24

Zweiter Teil: Individuelles Praktikumsrecht ... 25

§ 1 Grundlagen ... 25

§ 2 Entstehung von Praktikumsverhältnissen ... 25
I. Personaleinstellungsplanung ... 26
II. Anbahnung des Praktikumsvertrags ... 27
   1. Stellenausschreibung ... 27
   2. Bewerbung und Bewerbungsgespräch ... 28
   3. Informationsrechte des Praktikumsgebers ... 28
   4. Ansprüche des Bewerbers ... 30
   5. Einstellungshindernisse ... 30
III. Abschluss des Praktikumsvertrags ... 30
   1. Einigung ... 30
   2. Geschäftsfähigkeit ... 30
   3. Stellvertretung ... 31
   4. Form ... 32
   5. Mängel bei Vertragsabschluss ... 32
     a. Verstoß gegen §§ 134, 138 BGB ... 32
     b. Nichtige Vereinbarungen nach dem Berufsbildungsgesetz ... 32
     c. Anfechtung ... 33

		6. Inhaltskontrolle von Praktikumsverträgen	34
§ 3		**Vertragsparteien**	35
I.		Praktikant	35
		1. Begriff	36
		2. Privatrechtlicher Vertrag	36
		3. Unselbständigkeit	36
		a. Weisungsgebundenheit	36
		b. Eingliederung in die Betriebsorganisation	37
		4. Ausbildung und Beschäftigung	37
		5. Probezeit	38
II.		Praktikumsgeber	38
		1. Begriff	38
		2. Praktikumsgeberwechsel durch Betriebsübergang	38
§ 4		**Inhalt von Praktikumsverträgen**	39
I.		Grundlagen	39
II.		Pflichten des Praktikanten	39
		1. Hauptpflicht: Ausbildungs- und Tätigkeitseinsatz	39
		2. Art der Praktikumsleistung	40
		3. Ort der Ausbildung und Beschäftigung	40
		4. Zeitlicher Umfang des Praktikumseinsatzes	40
		a. Bereitschaft zum Ausbildungs- und Tätigkeitseinsatz	41
		b. Höchstdauer der Ausbildungs- und Tätigkeitszeit	41
		c. Vertraglich vereinbarte Ausbildungs- und Tätigkeitszeit im Praktikum	41
		d. Einteilung der Ausbildungs- und Tätigkeitszeit im Praktikum	42
		e. Arbeitsruhe an Sonn- und Feiertagen	42
		f. Probezeit	42
		g. Ausbildungsnachweis	43
		5. Nebenpflichten	43
		a. Allgemeine Treuepflicht sowie Pflicht zur Rücksichtnahme	43
		b. Handlungspflichten	43
		c. Unterlassungspflichten	44
		d. Gesetzliches Verbot der Bestechlichkeit	45
		e. Wettbewerbsverbot	45
III.		Pflichten des Praktikumsgebers	45
		1. Hauptpflicht: Ausbildungs- und Beschäftigungspflicht	46
		2. Vergütungspflicht	46
		3. Nebenpflichten	48
		a. Fürsorge- und Rücksichtspflichten	48
		b. Besondere Schutzpflichten	48
		aa. Schutz von Leben und Gesundheit	48
		bb. Schutz von Persönlichkeitsrechten	48
		c. Pflicht zur Urlaubsgewährung	49
		d. Pflichten bei Beendigung des Praktikumsverhältnisses	49
§ 5		**Grundsatz der Gleichbehandlung**	50
I.		Inhalt und Rechtswirkungen des Gleichbehandlungsgrundsatzes	50
II.		Benachteiligungsverbot nach dem Allgemeinen Gleichbehandlungsgesetz	51
		1. Praktikumsverhältnisse ohne Hochschulbezug	52
		2. Praktikumsverhältnisse mit Hochschulbezug	53

Inhaltsverzeichnis

§ 6	Leistungsstörungen im Praktikumsverhältnis	54
I.	Grundlagen	54
	II. Pflichtverletzungen des Praktikanten	55
	1. Nichterbringung des Ausbildungs- und Tätigkeitseinsatzes	55
	2. Schlechterfüllung des Ausbildungs- und Tätigkeitseinsatzes	56
	3. Verletzung von Nebenpflichten	56
	4. Rechtsfolgen bei Pflichtverletzungen des Praktikanten	56
	a. Verlust des Anspruchs auf die Praktikumsvergütung	56
	b. Schadensersatz	56
	c. Abmahnung	57
	d. Kündigung	58
III.	Pflichtverletzungen des Praktikumsgebers	58
	1. Verletzung von Hauptpflichten	58
	a. Ausbildungs- und Beschäftigungspflicht	58
	b. Vergütungspflicht	58
	2. Verletzung von Nebenpflichten	59
	a. Fürsorgepflicht	59
	b. Schutzpflichten	59
	c. Förderungspflichten	60
	d. Gleichbehandlungspflicht	60
	e. Gewährung von Erholungsurlaub	60
	3. Rechtsfolgen bei Pflichtverletzungen des Praktikumsgebers	60
IV.	Einschränkung der Haftung des Praktikanten	61
V.	Unverschuldeter Ausfall des Ausbildungs- und Tätigkeitseinsatzes	62
	1. Grundsatz „Ohne Praktikumseinsatz keine Vergütung"	62
	2. Ausnahmen vom Grundsatz „Ohne Praktikumseinsatz keine Vergütung"	63
	a. Praktikumsverhältnisse ohne Hochschulbezug	63
	aa. Entgeltfortzahlung an Feiertagen	63
	bb. Entgeltfortzahlung im Krankheitsfall	64
	(1) Unverschuldete Krankheit	64
	(2) Verschuldete Krankheit	65
	(3) Mitteilungspflicht	65
	(4) Höhe der Entgeltfortzahlung	65
	b. Praktikumsverhältnisse mit Hochschulbezug	66
	c. Vorübergehende Verhinderung	66
	d. Urlaub	67
	aa. Praktikumsverhältnisse ohne Hochschulbezug	67
	(1) Grundlagen	67
	(2) Urlaubszeitpunkt und Urlaubszeitraum	67
	bb. Praktikumsverhältnis mit Hochschulbezug	68
	e. Annahmeverzug des Praktikumsgebers	68
	f. Betriebsrisiko	69
VI.	Unfall während des Ausbildungs- und Tätigkeitseinsatzes	70
	1. Grundlagen	70
	a. Praktikumsverhältnisse ohne Hochschulbezug	70
	b. Praktikumsverhältnisse mit Hochschulbezug	71
	2. Haftungsbeschränkung des Praktikumsgebers	71
	3. Haftungsbeschränkung des Praktikanten	72
	4. Haftung Dritter	72

§ 7 Beendigung des Praktikumsverhältnisses … 73
I. Grundlagen … 73
II. Beendigungsgründe … 74
   1. Nichtigkeit des Praktikumsvertrags … 74
   2. Ordentliche Kündigung … 74
      a. Wirksame Kündigungserklärung … 75
      b. Kündigungsfrist … 76
      c. Anhörung des Betriebsrats … 76
      d. Keine Unwirksamkeit der Kündigung … 76
         aa. Formmangel … 76
         bb. Kündigungsschutz bei Betriebsübergang … 76
         cc. Kündigungsschutz bei Verstoß gegen § 138 BGB … 76
   3. Außerordentliche Kündigung … 77
      a. Wirksame Kündigungserklärung … 77
      b. Wichtiger Kündigungsgrund … 77
   4. Sonderfall: Verdachtskündigung … 78
III. Sonstige Beendigungsgründe … 79
   1. Anfechtung des Praktikumsvertrags … 79
      a. Vom Praktikumsgeber … 79
      b. Vom Praktikanten … 79
      c. Fehlerhaftes Praktikumsverhältnis … 79
   2. Tod des Praktikanten … 80
IV. Keine Beendigungsgründe … 80
   1. Betriebsübergang … 80
      a. Betriebsübergang durch Rechtsgeschäft … 80
      b. Betriebsübergang per Gesetz oder Hoheitsakt … 80
   2. Insolvenz des Praktikumsgebers … 81
   3. Tod des Praktikumsgebers … 81
V. Pflichten bei Beendigung des Praktikumsverhältnisses … 81
   1. Pflicht des Praktikumsgebers … 81
   2. Pflichten des Praktikanten … 83
      a. Herausgabepflicht … 83
      b. Verschwiegenheitspflicht … 83
      c. Ausgleichsquittung … 83

§ 8 Allgemeiner Kündigungsschutz … 84

Dritter Teil: Besonderes Arbeitsschutzrecht … 85

§ 1 Grundlagen … 85
I. Abgrenzung Öffentliches Recht/Privatrecht … 85
II. Rechtsfolgen aus der Verletzung von Arbeitsschutzrechten … 86

§ 2 Verantwortung für den Arbeitsschutz … 86
I. Durchführung im Betrieb … 86
II. Durchsetzung des Arbeitsschutzes … 87
III. Anwendbarkeit des Arbeitsschutzes auf Praktikumsverhältnisse … 88

Vierter Teil: Sozialversicherungsrecht für Praktikanten 90

§ 1 Vor- oder Nachpraktikum 90
I. Vorgeschriebenes Vor- oder Nachpraktikum 90
   1. Kranken- und Pflegeversicherung 90
   2. Renten- und Arbeitslosenversicherung 91
II. Nicht vorgeschriebenes Vor- oder Nachpraktikum 91
   1. Kranken- und Pflegeversicherung 91
   2. Renten- und Arbeitslosenversicherung 91
   3. Versicherungsfreiheit 91

§ 2 Verpflichtendes Studierendenpraktikum mit Hochschulbezug 91
I. Kranken- und Pflegeversicherung 92
II. Renten- und Arbeitslosenversicherung 92
III. Versicherungspflicht als Studierende 92

§ 3 Freiwilliges Studierendenpraktikum ohne Hochschulbezug 92
I. Kranken- und Pflegeversicherung 92
II. Renten- und Arbeitslosenversicherung 93
III. Versicherungspflicht als Studierende 93

Fünfter Teil: Anwendbarkeit von Teilen des kollektiven Arbeitsrechts auf Praktikumsverhältnisse 94

§ 1 Tarifvertragsrecht 94
I. Begriff und Bedeutung eines Tarifvertrags 94
II. Tariffähigkeit und Tarifzuständigkeit 95
III. Arten und Inhalt von Tarifverträgen 95
IV. Beendigung des Tarifvertrags 96
V. Anwendbarkeit auf Praktikumsverhältnisse 97

§ 2 Arbeitskampfrecht 97
I. Begriff und Grundlagen 97
II. Rechtsgrundlagen 98
III. Rechtmäßigkeitsvoraussetzungen für Arbeitskämpfe 98
IV. Arbeitskampfmaßnahmen der Arbeitnehmer 99
V. Arbeitskampfmaßnahmen der Arbeitgeber 100
VI. Arbeitskampfmaßnahmen von Praktikanten 100

§ 3 Mitbestimmung im Betrieb 101
I. Einführung 101
II. Betriebsverfassungsrecht 102
   1. Grundlagen 102
   2. Geltungsbereich 102
      a. Räumlicher Geltungsbereich 102
      b. Sachlicher Geltungsbereich 102
      c. Persönlicher Geltungsbereich 103
   3. Organisation der Betriebsverfassung 104
      a. Betrieb 104
      b. Gegenstand des Betriebsverfassungsrechts 104
   4. Wahl des Betriebsrats 105
   5. Beteiligungsrechte des Betriebsrats 105

Sechster Teil: Arbeitsgerichtsbarkeit 107

§ 1 Organisation der Arbeitsgerichte 107
I. Arbeitsgericht 107
II. Landesarbeitsgericht 108
III. Bundesarbeitsgericht 108

§ 2 Zuständigkeit der Arbeitsgerichte 109
I. Sachliche Zuständigkeit 109
II. Örtliche Zuständigkeit 110
III. Verweisung 110

Siebter Teil: Schlichtungsrecht 111

§ 1 Begriff 111

§ 2 Anwendbarkeit auf Praktikumsverhältnisse 111

Nachwort 112

Stichwortverzeichnis 117

Abkürzungsverzeichnis

a. A.	anderer Ansicht
a. a. O.	am angegebenen Ort
Abb.	Abbildung
Abs.	Absatz
AcP	Archiv für die civilistische Praxis
AEUV	Vertrag über die Arbeitsweise der Europäischen Union vom 1.12.2009
AGB	Allgemeine Geschäftsbedingungen
AGG	Allgemeines Gleichbehandlungsgesetz
AiB	Arbeitrecht im Betrieb, Zeitschrift
AIDS	Acquired Immune Deficiency Syndrome
AKR	Arbeitskampfrecht
Alt.	Alternative
Anm.	Anmerkung
ArbG	Arbeitsgericht
ArbGG	Arbeitsgerichtsgesetz
ArbPlSchG	Arbeitsplatzschutzgesetz
ArbSchG	Arbeitsschutzgesetz
ArbuR/AuR	Arbeit und Recht, Zeitschrift für Arbeitsrechtspraxis
ArbZG	Arbeitszeitgesetz
AP	Arbeitsrechtliche Praxis
AR	Arbeitsrecht
Art.	Artikel
Artt.	Artikel (Pl.)
ASiG	Gesetz über Betriebsärzte, Sicherheitsingenieure und andere Fachkräfte für Arbeitssicherheit
AuA	Arbeit und Arbeitsrecht, Zeitschrift
Aufl.	Auflage
BAföG	Bundesausbildungsförderungsgesetz
BAG	Bundesarbeitsgericht
BAGE	Amtliche Sammlung der Entscheidungen des Bundesarbeitsgerichts, Band und Seiten
BAT	Bundesangestelltentarifvertrag
Bearb.	Bearbeiterin, Bearbeiter
BB	Betriebs-Berater, Zeitschrift
BBiG	Berufsbildungsgesetz
Bd.	Band
BDA	Bundesverband der Deutschen Arbeitgeberverbände
BDI	Bundesverband der Deutschen Industrie
BDSG	Bundesdatenschutzgesetz
Beil.	Beilage
BeschSchG	Beschäftigungsschutzgesetz
BetrAVG	Gesetz zur Verbesserung der betrieblichen Altersversorgung (Betriebsrentengesetz)
BetrVG	Betriebsverfassungsgesetz
BGB	Bürgerliches Gesetzbuch
BGHZ	Amtliche Sammlung der Entscheidungen des Bundesgerichtshofs in Zivilsachen, Band und Seiten
BImSchG	Bundesimmissionsschutzgesetz
Bl.	Blatt
BSG	Bundessozialgericht
BT	Bundestag
BUrlG	Bundesurlaubsgesetz

BverfGE	Amtliche Sammlung der Entscheidungen des Bundesverfassungsgerichts, Band und Seiten
BZRG	Bundeszentralregistergesetz
bzw.	beziehungsweise
DB	Der Betrieb, Zeitschrift
Ders.	Derselbe
DGB	Deutscher Gewerkschaftsbund
d. h.	das heißt
Dies.	Dieselben
EFZG	Gesetz über die Zahlung des Arbeitsentgeltes an Sonn- und Feiertagen und im Krankheitsfall
EG	Europäische Gemeinschaft
Einl.	Einleitung
EMRK	Konvention zum Schutz der Menschenrechte und Grundfreiheiten
Entsch.	Entscheidung
ErfK	Erfurter Kommentar
ESC	Europäische Sozialcharta
etc.	ecetera
e. V.	eingetragener Verein
EzA	Entscheidungssammlung zum Arbeitsrecht
EzB	Entscheidungssammlung zum Berufsbildungsrecht
f.	folgende
FA	Fachanwalt Arbeitsrecht, Zeitschrift
ff.	fortfolgende
GewO	Gewerbeordnung
GG	Grundgesetz
GK	Gemeinschaftskommentar
GK-BetrVG	Gemeinschaftskommentar zum Betriebsverfassungsgesetz
GK-KR	Gemeinschaftskommentar zum Kündigungsrecht
GmS	Gemeinsamer Senat
GmSoGB	Gemeinsamer Senat der obersten Gerichtshöfe des Bundes
GS	Großer Senat
HGB	Handelsgesetzbuch
Hrsg.	Herausgeber
i. d. F.	in der Fassung
i. d. R.	in der Regel
IG	Industriegewerkschaft
InsO	Insolvenzordnung
i. S. d.	im Sinne der/des/dieses
i. S. v.	im Sinne von
i. V. m.	in Verbindung mit
JArbSchG	Jugendarbeitsschutzgesetz
JR	Juristische Rundschau, Zeitschrift
JZ	Juristen-Zeitung
Kap.	Kapitel
KSchG	Kündigungsschutzgesetz
LAG	Landesarbeitsgericht
LohnFG	Gesetz über die Fortzahlung des Arbeitsentgelts im Krankheitsfalle (Lohnfortzahlungsgesetz)
LSG	Landessozialgericht

Abkürzungsverzeichnis

m.	mit
MinBl.	Ministerialblatt
Mio.	Millionen
MuSchG	Mutterschaftsschutzgesetz
Nieders.	Niedersächsisches
NJW	Neue Juristische Wochenschrift, Zeitschrift
Nr.	Nummer
NRW	Nordrhein-Westfalen
NZA	Neue Zeitschrift für Arbeits- und Sozialrecht
NZA-RR	NZA-Rechtsprechungsreport, Arbeitsrecht
NZS	Neue Zeitschrift für Sozialrecht
PR	Praktikumsrecht
RdA	Recht der Arbeit
Rn.	Randnummer
Rom-I-VO	Verordnung (EG) Nr. 593/2008 des Europäischen Parlaments und des Rates vom 17. 6. 2008 über das auf vertragliche Schuldverhältnisse anzuwendende Recht (Rom-I)
S.	Seite, Seiten
SAE	Sammlung arbeitsrechtlicher Entscheidungen
SD	Systematische Darstellung
SGB	Sozialgesetzbuch
sog.	sogenannte
StGB	Strafgesetzbuch
TüV	Technischer Überwachungsverein
TV FAF	Tarifvertrag zur Förderung von Ausbildungsfähigkeit
TVG	Tarifvertragsgesetz
TVPöD	Tarifvertrag für Praktikantinnen/Praktikanten des öffentlichen Dienstes
TzBfG	Teilzeit- und Befristungsgesetz
u. a.	unter anderem
u. U.	unter Umständen
UWG	Gesetz gegen den unlauteren Wettbewerb
v.	vom/von/vor
VGH	Verfassungsgerichtshof
Vgl.	Vergleiche
VO	Verordnung
WRV	Verfassung des Deutschen Reiches v. 11. 8. 1919 (Weimarer Reichsverfassung)
WuB	Wirtschafts- und Bankrecht
z. B.	zum Beispiel
ZfA	Zeitschrift für Arbeitsrecht
ZPO	Zivilprozessordnung
z. T.	zum Teil
€	Euro
§	Paragraph
%	Prozent

Literaturverzeichnis

I. Studienliteratur zum Arbeits- und Sozialrecht

Brox/Rüthers/Henssler, Arbeitsrecht, 18. Aufl. 2010
Dütz, Arbeitsrecht, 15. Aufl. 2010
Etzel/Griebeling/Liebscher, Arbeitsrecht, 8. Aufl. 2002
Hanau/Adomeit, Arbeitsrecht, 14. Aufl. 2007
Hromadka/Maschmann, Arbeitsrecht, Band 1 (Individualarbeitsrecht), 4. Aufl. 2008 (zit.: Hromadka/Maschmann, Bd. 1)
Dies., Arbeitsrecht, Band 2 (Kollektivarbeitsrecht und Arbeitsstreitigkeiten), 5. Aufl. 2010 (zit.: Hromadka/Maschmann, Bd. 2)
Hueck/Nipperdey, Lehrbuch des Arbeitsrechts, Bd. 1, 7. Aufl. 1967
Dies., Lehrbuch des Arbeitsrechts, Bd. 2, 7. Aufl. 1970
Junker, Grundkurs Arbeitsrecht, 9. Aufl. 2010
Kokemoor, Sozialrecht, 4. Aufl. 2010
Krause, Arbeitsrecht, 2. Aufl. 2010
Lieb/Jacobs, Arbeitsrecht, 9. Aufl. 2006
Lipperheide, Arbeitsrecht, 2005
Michalski, Arbeitsrecht, 7. Aufl. 2008
Nikisch, Arbeitsrecht, Bd. 1, 3. Aufl. 1961
Ders., Arbeitsrecht, Bd. 2, 2. Aufl. 1959
Otto, Arbeitsrecht, 4. Aufl. 2008
Preis, Arbeitsrecht – Praxis-Lehrbuch zum Individualarbeitsrecht, 3. Aufl. 2009 (zit.: Preis, Bd. 1)
Ders., Arbeitsrecht – Praxis-Lehrbuch zum Kollektivarbeitsrecht, 2. Aufl. 2009 (zit.: Preis, Bd. 2)
Schade, Arbeitsrecht, 2010 (zit.: Schade, AR)
Senne, Arbeitsrecht – Das Arbeitsverhältnis in der betrieblichen Praxis, 7. Aufl. 2010
Söllner/Waltermann, Grundriss des Arbeitsrechts, 15. Aufl. 2009
Wörlen/Kokemoor, Arbeitsrecht, 9. Aufl. 2009
Zöllner/Loritz/Hergenröder, Arbeitsrecht, 6. Aufl. 2008

II. Bedeutende Aufsätze in juristischen Zeitschriften

Bertzbach, Zur Zulässigkeit von sog. „Einfühlungsverhältnissen", FA 2002, S. 340
Düwell, Auf dem Weg zur gesetzlichen Neuregelung von Praktikantenverhältnissen, FA 2008, S. 138
Fangmann, Die Rechtsstellung des Praktikanten, AuR 1977, S. 201
Henssler, Das Leistungsverweigerungsrecht des Arbeitnehmers bei Pflichten- und Rechtsgüterkollisionen, AcP 190 (1990), S. 538
Hirdina, Rechtsfragen zur Kündigung eines Praktikumsvertrags, NZA 2008, S. 916
Hoffmann/Ditlmann, Ausbildung und Rechtsstellung der Praktikanten, BB 1959, Beilage zu Heft 26, S. 1
Horstmeier, Praktikumsverträge mit Hochschulabsolventen – angemessener Berufseinstieg oder sittenwidrig?, JR 2006, S. 313
Ders., Generation Praktikum – Ein Fall für den Betriebsrat?, AiB 2006, S. 230
Hromadka, „Streikrecht für Auszubildende?", DB 1972, S. 870
Hunold, Ausgewählte Rechtsprechung zur Vertragskontrolle im Arbeitsverhältnis, NZA-RR 2002, S. 225
Maties, Generation Praktikum, RdA 2007, S. 135
Monjau, Das neue Berufsbildungsgesetz, DB 1969, S. 1841
Orlowski, Praktikantenverträge – transparente Regelung notwenig!, RdA 2009, S. 38
Richardi, Der Beschluss des Bundesverfassungsgerichts zur Aussperrung und seine Folgen für das Arbeitskampfrecht, JZ 1992, S. 27
Rolfs, Zur Zulässigkeit von Streikbruchprämien im Arbeitskampf, DB 1994, S. 1237
Roscher, Zum Arbeitsrecht für Praktikanten in einstufigen Hochschulausbildungen, BB 1978, S. 1119

Scherer, Verträge mit Praktikanten, NZA 1986, S. 280
Schleßmann, Das Arbeitszeugnis, BB 1988, S. 1325
Scheriau, Praktikanten – Lernende oder billige Arbeitskräfte?, AiB 2006, S. 623
Schmidt, Das Praktikantenverhältnis nach dem neuen Berufsbildungsgesetz, BB 1971, S. 313
Söllner, Das Zurückbehaltungsrecht des Arbeitnehmers, ZfA 1973, S. 1
Ders., Zum Leistungsverweigerungsrecht des Arbeitnehmers, AuR 1985, S. 323
D. Stuhr/H.-J. Stuhr, Anspruch der Studenten auf Urlaub und Entgelt für die Tätigkeit im praktischen Studiensemester, BB 1981, S. 916
von Hoyningen-Huene, Streikbedingte Sonderzuwendungen als Arbeitskampfmittel, DB 1989, S. 1466
Walker, Fehlentwicklungen bei der Abmahnung im Arbeitsrecht, NZA 1995, S. 601
Weuster, Zeugnisgestaltung und Zeugnissprache zwischen Informationsfunktion und Werbefunktion, BB 1992, S. 58
Wisskirchen/Bissels, Das Fragerecht des Arbeitgebers bei Einstellung unter Berücksichtigung des AGG, NZA 2007, S. 169

III. Kommentare zum Arbeitsrecht

Henssler/Willemsen/Kalb, Arbeitsrechtskommentar, 3. Aufl. 2008 (zit.: Henssler/Bearb.)
Müller-Glöge/Preis/Schmidt (Hrsg.), Erfurter Kommentar zum Arbeitsrecht, 11. Aufl. 2011 (zit.: ErfK/Bearb.)

IV. Handbücher zum Arbeitsrecht

Küttner/Röller, Personalhandbuch, 18. Aufl. 2011
Richardi/Wlotzke, (Hrsg.), Münchener Handbuch zum Arbeitsrecht, 2. Aufl. 2000 (zit.: MH/Bearb.)
Richardi/Wlotzke/Wißmann/Oetker (Hrsg.), Münchener Handbuch zum Arbeitsrecht, Bd. 1, 3. Aufl. 2009 (zit.: MH1/Bearb.)
Schaub/Koch/Linck/Vogelsang, Arbeitsrechts-Handbuch, 13. Aufl. 2009 (zit.: Schaub/Bearb.)

V. Kommentare zu diversen Arbeitsgesetzen

Ascheid/Preis/Schmidt, Kündigungsrecht, 3. Aufl. 2007 (zit.: Ascheid/Bearb.)
Bauer/Göpfert/Krieger, Allgemeines Gleichbehandlungsgesetz, 2. Aufl. 2008
Däubler (Hrsg.), Tarifvertragsgesetz, 2. Aufl. 2006 (zit.: Däubler/Bearb.)
Däubler/Bertzbach, Allgemeines Gleichbehandlungsgesetz, 2. Aufl. 2008 (zit.: Däubler/Bertzbach/Bearb.)
Fitting/Engels/Schmidt/Trebinger/Linsenmaier, Betriebsverfassungsgesetz, 25. Aufl. 2010 (zit.: Fitting, §)
Hohmeister/Goretzki/Oppermann, Bundesurlaubsgesetz, 2008
Löwisch/Rieble, Tarifvertragsgesetz, 2. Aufl. 2005
Neumann/Fenski, Bundesurlaubsgesetz, 10. Aufl. 2010
Schmitt, Entgeltfortzahlungsgesetz und Aufwendungsausgleichgesetz, 6. Aufl. 2007
Schwab/Weth, Arbeitsgerichtsgesetz, 2. Aufl. 2008 (zit: Schwab/Bearb.)
Thüsing/Laux/Lembke, Kündigungsschutzgesetz, 2. Aufl. 2010
Treber, EFZG, 2. Aufl. 2007
von Hoyningen-Huene/Linck, Kündigungsschutzgesetz, 14. Aufl. 2007
Wiedemann (Hrsg.), Tarifvertragsgesetz, 7. Aufl., 2007 (zit.: Wiedemann/Bearb.)

VI. Kommentare zum Berufsbildungsgesetz

Gedon/Hurlebaus, Berufsbildungsrecht: Kommentar zum Berufsbildungsgesetz sowie Gesetze und Materialien zum Berufsbildungsrecht, Bd. 1, 1997
Herkert/Töltl, Das neue Berufsbildungsgesetz, 2006
Knopp/Kraegeloh, Berufsbildungsgesetz, 5. Aufl., 2005
Lakies/Malottke, BBiG Berufsbildungsgesetz, 4. Aufl. 2010 (zit.: Lakies/Bearb.)
Leinemann/Taubert, Berufsbildungsgesetz, 2. Aufl. 2008
Wohlgemuth/Lakies/Malottke/Pieper/Proyer, BBiG Berufsbildungsgesetz, 3. Aufl., 2006 (zit.: Wohlgemuth/Bearb.)

VII. Kommentare zum BGB mit Erläuterungen zum Dienst-/Arbeitsvertrag

Münchener Kommentar zum Bürgerlichen Gesetzbuch, Schuldrecht, Besonderer Teil II, §§ 611–704, EFZG, TzBfG, KSchG, 4. Aufl. 2005 (zit.: MK-BGB/Berab.)
Palandt (Hrsg.), Bürgerliches Recht, Kommentar, 70. Aufl. 2011 (zit.: Palandt/Bearb.)

VIII. Juristische Spezialliteratur

Breitwieser, Das Betriebspraktikum für Schüler, 1984
Herold/Hohn/Romanovszky, Vorteilhafte Arbeitsverträge, 2. Aufl. 1978
Heuberger, Sachliche Abhängigkeit als Kriterium des Arbeitsverhältnisses, 1982
Kissel, Arbeitskampfrecht, 2002
Otto, Arbeitskampf- und Schlichtungsrecht, 2006 (zit.: Otto, AKR)
Preis/Kliemt/Ulrich, Aushilfs- und Probearbeitsverhältnis, 2. Aufl. 2003
Schade, Wirtschaftsprivatrecht, 2. Aufl. 2009 (zit.: Schade, WP)
Schwab, Arbeitsrecht-Blattei, Systematische Darstellungen, 174. Aktualisierung, 2007 (zit.: Verfasser, AR-Blattei SD)
von Hoyningen-Huene, Betriebsverfassungsgesetz, 6. Aufl. 2007
Walle, Das Lehrlingsrecht in der Bundesrepublik Deutschland und seine Vereinheitlichung, 1965

IX. Allgemeine Literatur

Ahlswede von Uvk, Praktikum!, 2010
Eicker, Jobguide Praktikum, 2008
Gerdenitz, Ferienjob, Nebenjob, Praktikum., 2007
Glaubitz, Generation Praktikum, 2006
Koch/Mohr, Gute Fächer, schlechte Fächer, DER SPIEGEL, Heft 50/2006, S. 64
Stangel-Meseke/Hohoff, Mobbing am Arbeitsplatz: Entstehung, Folgen für Betroffene und Handlungsempfehlungen zur Bekämpfung, in: Stelzer-Rothe (Hrsg.), Personalmanagement für den Mittelstand, 2002
Treier, Personalpsychologie im Unternehmen, 2009

Begriffsbestimmungen

Verpflichtendes Schülerpraktikum mit Schulbezug. Ein verpflichtendes Schülerpraktikum mit Schulbezug hat jeder Schüler während seiner Schulausbildung zu absolvieren. Es handelt sich um eine im Betrieb stattfindende Schulausbildung, für die kein Vertrag mit dem Praktikumsgeber geschlossen wird.

Freiwilliges Schülerpraktikum ohne Schulbezug. Ein freiwilliges Schülerpraktikum ohne Schulbezug entsteht, wenn ein Praktikumsgeber mit dem Schüler bzw. dessen gesetzlichem Vertreter einen Praktikumsvertrag abschließt.

Verpflichtendes Studierendenpraktikum mit Hochschulbezug. In den meisten Studienordnungen der einzelnen Fachbereiche an Hochschulen ist für die Studierenden zum erfolgreichen Abschluss ihres Studiums mindestens ein verpflichtendes Praktikum außerhalb der Hochschule in einem Betrieb vorgeschrieben. Ein solches verpflichtendes Studierendenpraktikum mit Hochschulbezug unterliegt nach der Rechtsprechung und der herrschenden Meinung in der Rechtsliteratur nur den landesrechtlichen Bestimmungen der Hochschulen und Fachhochschulen.

Freiwilliges Studierendenpraktikum ohne Hochschulbezug. Absolvieren Studierende ein freiwilliges Praktikum während ihrer Studienzeit, handelt es sich um ein Studierendenpraktikum, welches keine Beziehung zur Hochschule aufweist, an der die Studierenden immatrikuliert sind.

Vor- oder Nachpraktikum. Zukünftige Studierende vereinbaren entweder freiwillig oder aufgrund des in den jeweiligen Studienordnungen der einzelnen Fachbereiche vorgeschriebenen Praktikums schon vor Immatrikulation an einer Hochschule mit einem Praktikumsgeber ein Praktikumsverhältnis. Mangels Immatrikulation handelt es sich um ein Praktikum ohne Hochschulbezug.
In einzelnen Branchen ist nach erfolgreichem Studienabschluss zuerst ein sog. Nachpraktikum zu absolvieren. Auch dieses Praktikumsverhältnis weist keinen Hochschulbezug auf.

Abbildungsverzeichnis

Abb. 1	Gegenstand des Praktikumsrechts
Abb. 2	Arten von Praktikumsverhältnissen
Abb. 3	Rechtsquellen des Praktikumsrechts
Abb. 4	Entstehung von Praktikumsverhältnissen
Abb. 5	Vertragsparteien im Praktikumsrecht
Abb. 6	Pflichten des Praktikanten
Abb. 7	Pflichten des Praktikumsgebers
Abb. 8	Leistungsstörungen im Praktikumsverhältnis
Abb. 9	Ausnahmen vom Grundsatz „Ohne Praktikumseinsatz keine Vergütung"
Abb. 10	Beendigungsgründe für ein Praktikumsverhältnis
Abb. 11	Verantwortung für den Arbeitsschutz
Abb. 12	Sozialversicherungsrecht für Praktikanten
Abb. 13	Kollektives Arbeitsrecht
Abb. 14	Arbeitsgerichtsbarkeit

Informative Internetadressen

www.abc-der-krankenkassen.de	
www.aiesec.de	
www.arbeitsagentur.de	Bundesagentur für Arbeit
www.auslandsjob.de	
www.aus-portal.de	Das Portal für Arbeits- und Sozialrecht
www.bda-online.de	Bundesvereinigung der Deutschen Arbeitgeberverbände
www.bdi-online.de	Bundesverband der Deutschen Industrie e. V.
www.bgbl.de	Bundesgesetzblatt – online
www.bmas.de	Bundesministerium für Arbeit und Soziales
www.bmj.de	Bundesministerium der Justiz
www.bundesarbeitsgericht.de	Bundesarbeitsgericht: Entscheidungen im Volltext, Pressemitteilungen
www.bundesgerichtshof.de	Bundesgerichtshof: Entscheidungen im Volltext, Pressemitteilungen
www.bundessozialgericht.de	Bundessozialgericht: Entscheidungen im Volltext, Pressemitteilungen
www.bundesverfassungsgericht.de	Bundesverfassungsgericht, Entscheidungen im Volltext, Pressemitteilungen
www.cgb.info	Christlicher Gewerkschaftsbund Deutschlands
www.curia.europa.eu	Gerichtshof der Europäischen Union, Entscheidungen im Volltext und Pressemitteilungen
www.daad.de	Deutscher Akademischer Austauschdienst
www.dbb.de	Deutscher Beamtenbund und Tarifunion
www.dgb.de	Deutscher Gewerkschaftsbund
www.dgb-jugend.de	Ausbildungsportal des Deutschen Gewerkschaftsbunds
www.dip.bundestag.de	Deutscher Bundestag: Datenbanken (u. a. BT-Drucksachen)
www.ebundesanzeiger.de	Elektronischer Bundesanzeiger
www.eur-lex.europa.eu/de/index.htm	EurLex – Internetportal zum Gemeinschaftsrecht der Europäischen Union
www.gesamtmetall.de	GESAMTMETALL – Die Arbeitgeberverbände der Metall- und Elektro-Industrie
www.gesetze-im-internet.de	Bundesministerium der Justiz, Gesetze im Internet
www.fairwork-verein.de	Gemeinnützig eingetragener Verein von Hochschulabsolventen für Hochschulabsolventen
www.igmetall.de	Internetportal der IG Metall
www.iwkoeln.de	Institut der Deutschen Wirtschaft, Köln
www.jurawelt.com	Internetportal für Jura-Studierende, Referendare und Anwälte
www.juris.de	juris, Das Rechtsportal, Aktuelle Gesetzestexte
www.planet-beruf.de	Ausbildungsportal der Bundesagentur für Arbeit
www.praktikant24.de	Praktikant 24 – Portal
www.praktikum.de	Praktikum-Portal
www.praktikum.info	Praktikumsbörse
www.recht.de	Forum Deutsches Recht
www.verdi.de	Vereinte Dienstleistungsgewerkschaft
www.working-holiday-visum.de	Portal für Auslandvisa mit Arbeitserlaubnis

Erster Teil: Grundlagen des Praktikumsrechts

§ 1 Begriff des Praktikumsrechts

Das Praktikumsrecht betrifft alle Praktikantinnen und Praktikanten, welche eine Ausbildung und Tätigkeit in einem Betrieb absolvieren, aber auch die Praktikumsgeber. Es umfasst alle Rechtsnormen für die unterschiedlich einzuordnenden Arten von Praktika, so z. B. Schülerpraktika, Praktikumsverhältnisse ohne Hochschulbezug bzw. in Studienordnungen vorgeschriebene Hochschulpraktika. Als Praktikant wird herkömmlicherweise eine Person bezeichnet, die eine bestimmte Dauer in einem Betrieb tätig ist, um sich dort zur Vorbereitung auf einen Beruf, der oft akademischer Art ist, die notwendigen praktischen Kenntnisse und Erfahrungen anzueignen.[2] Dabei erfolgt die praktische Ausbildung in Betrieben, Verwaltungen oder anderen Einrichtungen.[3]

Schwerpunkte des Praktikumsrechts sind zum einen der Vertrag zwischen dem Praktikumsgeber und dem Praktikanten, eventuelle Studienordnungen von Hochschulen und Akademien, das Bürgerliche Gesetzbuch und, sofern arbeitsrechtliche Regelungen auf Praktikumsverhältnisse anwendbar sind, das Individualarbeitsrecht, Teile des kollektiven Arbeitsrechts sowie die Arbeitsgerichtsbarkeit. Während auch das Individualarbeitsrecht das einzelne Praktikumsverhältnis betreffen kann, kann das kollektive Arbeitsrecht den Praktikanten eventuell die Möglichkeit verschaffen, sogar an einem gewerkschaftlich organisierten Streik teilzunehmen.

Spezielle gesetzliche Regelungen für Praktikanten existieren nicht.[4] Grundlegende Rechtsnormen zum Praktikumsrecht finden sich aber im Bürgerlichen Gesetzbuch, entweder in §§ 311 ff. BGB oder, sofern das Arbeitsrecht anwendbar ist, in den §§ 611, 612, 612a, 613a, 617 ff. BGB. Im Praktikumsrecht besteht grundsätzlich Vertragsfreiheit. Die Vertragsfreiheit erweist sich aber insoweit als wertlos, weil sich nicht zwei annähernd gleich starke Partner gegenüber stehen; denn dann scheidet ein echtes individuelles Aushandeln mit der Folge einer Richtigkeitsgewähr für die Praktikumsbedingungen aus.[5] Es besteht somit für den Praktikanten, ob bei Abschluss eines Praktikumsvertrags oder nach Beginn des Praktikumsverhältnisses, vergleichbar zum Arbeitnehmer gegenüber seinem Arbeitgeber, ein hohes Schutzbedürfnis gegenüber seinem Praktikumsgeber. Vor diesem Hintergrund kann auch das Praktikumsrecht als eine Art Schutzrecht für Praktikanten bezeichnet werden.

Das Praktikumsrecht wird bis heute geprägt durch höchstrichterliche Urteile des Bundesarbeitsgerichts sowie durch das Berufsbildungsrecht. Schon in seinem Urteil vom 19. 6. 1974 unterscheidet das Bundesarbeitsgericht, ob das Praktikum vor oder nach dem Studium, als freiwilliges Praktikum während der Schul- oder Hochschulzeit oder als verpflichtendes Praktikum im Rahmen einer Hochschulausbildung stattfindet.[6] Der Unterschied ist deshalb so bedeutend, weil von der jeweiligen Art des Praktikums abhängt, ob Gesetze und Rechtsgrundsätze des Arbeitsrechts anwendbar sind oder

---

2 Scherer, NZA 1986, S. 280; Schmidt, BB 1971, S. 313; D. Stuhr/H.-J. Stuhr, BB 1981, S. 916
3 Vgl. Gedon/Hurlebaus, § 26 Rn. 10; vgl. dazu Lakies//Lakies, § 26 Rn. 7
4 Vgl. Lakies, AR-Blattei SD, 2007, Rn. 1
5 Vgl. Dütz, Rn. 2
6 Vgl. BAG, Urteil v. 19. 6. 1974 – 4 AZR 436/73 = BAG AP Nr. 3 zu § 3 BAT

nicht. Ist das Arbeitsrecht auf Praktikumsverhältnisse anwendbar, umfasst die Dynamik des Arbeitsrechts auch das Praktikumsverhältnis. Denn die Normen des Arbeitsrechts sind wie bei kaum einem anderen Rechtsgebiet ständigen Änderungen unterworfen. Diese Dynamik seiner Entwicklung, seine Praxisrelevanz sowie seine hohe sozialpolitische und wirtschaftliche Bedeutung heben das Arbeitsrecht deshalb von vielen anderen Rechtsmaterien ab, weil es für den Großteil der Bevölkerung deren Existenzgrundlage und Lebensumstände gestaltet.[7] Das gilt im Ansatz auch für Praktikumsverhältnisse. Denn Praktika dienen entweder überhaupt als Grundvoraussetzung für die Zulassung zu einem Studium, zur ordnungsgemäßen Durchführung eines Studiums bzw. nach dem Studienabschluss als Vorstufe für ein Arbeitsverhältnis. Es gibt z. B. Unternehmen, in denen ohne ein vorheriges Praktikum, Volontariat oder eine Lehre keine Arbeitnehmer eingestellt werden.[8]

5   Das Praktikumsrecht ist somit von unterschiedlich anzuwendenden Gesetzen her ebenfalls eine zersplitterte Rechtsmaterie. Das gilt für alle Arten von Praktika. Kommt Arbeitsrecht zur Anwendung, mögen alleine die mittlerweile fast 70 bedeutendsten Arbeitsgesetze, z. B. das Allgemeine Gleichbehandlungsgesetz, das Arbeitszeitgesetz, das Bürgerliche Gesetzbuch, das Berufsbildungsgesetz, das Entgeltfortzahlungsgesetz, das Jugendarbeitsschutzgesetz, die Sozialgesetzbücher oder das Tarifvertragsgesetz als Beispiele für die Unterschiedlichkeit der arbeitsrechtlichen Gesetzgebung dienen. Außerdem spielt im Praktikumsrecht die Rechtsprechung eine große Rolle.

6   Die Umschreibung des Praktikumsrechts als Schutzrecht für Praktikanten ist mehr als gerechtfertigt. Denn ein Praktikumsvertrag begründet für den Praktikanten eine soziale Abhängigkeit vom Praktikumsgeber. Durch den Praktikumsvertrag wird der Praktikant gegenüber dem Praktikumsgeber grundsätzlich weisungsabhängig. Innerhalb des Praktikumsverhältnisses gewinnt die Vertragspartei des Praktikumsgebers dadurch an Gewicht. Daher kommt insbesondere dem Praktikumsvertrag eine hohe Bedeutung zu, einen sozialen Ausgleich zwischen dem Praktikumsgeber und dem Praktikanten zu schaffen. Die zum Arbeitsrecht gehörenden verschiedenen Arbeitsgesetze stellen, sofern sie auf das Praktikumsverhältnis anwendbar sind, zusätzlich einen weiteren sozialen Ausgleich dar, um dem Praktikanten eine schutzwürdige Stellung gegenüber dem Praktikumsgeber einzuräumen. Ist dies der Fall, können sogar auch kollektive Vereinbarungen zwischen Arbeitgeberverband und Gewerkschaften, z. B. ein Tarifvertrag, welcher für den Arbeitnehmer überwiegend zu seinen Gunsten von Gewerkschaften vereinbart wird, grundsätzlich ebenso Vorteile für den Praktikanten enthalten.[9] Auch können Rechtsnormen des Betriebsverfassungsgesetzes (BetrVG) anwendbar sein, so dass ein Betriebsrat, falls errichtet, bei der Begründung oder vorzeitigen Beendigung von Praktikumsverhältnissen zumindest gehört, wenn nicht sogar mitzuwirken hat.

§ 2 Bedeutung und Gegenstand

7   Die Bedeutung des Praktikums hat in den vergangenen Jahrzehnten erheblich zugenommen. Das liegt zum einen daran, dass seit einiger Zeit schon Schüler Praktika zu

---

7 Maties, RdA 2007, S. 135, 138
8 BAG, Urteil v. 19.6. 1974 – 4 AZR 436/73 = BAG AP Nr. 3 zu § 3 BAT; vgl. Koch/Mohr, DER SPIEGEL, Heft 50/2006, S. 64, 72
9 Siehe Schade, PR, Rn. 380

absolvieren haben. Zum anderen liegt das daran, dass die Zahl der Studierenden in den letzten Jahrzehnten erheblich zugenommen hat und inzwischen in den meisten Studiengängen oft mehrere verpflichtende Praktika – insbesondere während des Studiums als verpflichtende Studierendenpraktika mit Hochschulbezug – zu absolvieren sind. Zusätzlich unterziehen sich viele Studierende weiteren freiwilligen Praktika, um ihre Berufschancen zu erhöhen. Außerdem gibt es heutzutage eine hohe Zahl von Berufseinsteigern, die, je nach Branche, ebenfalls vorab ein Pflichtpraktikum bei ihrem zukünftigen Arbeitgeber abzuleisten haben bzw. nach erfolglosen Bewerbungen ein Praktikum als zielgerichteten Umweg für ein späteres Arbeitsverhältnis beginnen. Gab es Ende der 50er Jahre des vergangenen Jahrhunderts weniger als 50 000 Praktikumsverhältnisse in Deutschland im Jahr, hat sich diese Zahl mit mehr als 1 Mio. Praktika pro Jahr mehr als verzwanzigfacht. Die größte Anzahl bilden dabei die Hochschulpraktika.

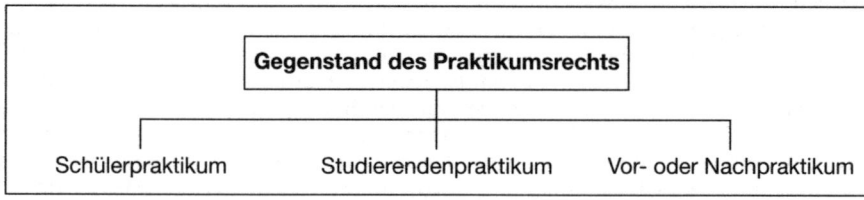

Abb. 1: Gegenstand des Praktikumsrechts

Praktika kommen in vielfältiger Weise vor. Schon zu Schulzeiten sind Schüler verpflichtet, kurzzeitige Schülerbetriebspraktika zu absolvieren. Dabei handelt es sich um sog. berufsorientierte Praktika in höheren Klassen mit einer Zeitdauer zwischen einer und drei Wochen. Bei Fachoberschülern können derartige Fachpraktika auch bis zu einem Jahr dauern. Detaillierte Informationen finden sich in den Landesgesetzen der jeweiligen Bundesländer.

Desweiteren sind für Studierende an deutschen Hochschulen in den jeweiligen Studienordnungen mittlerweile vielfach Praktika während der Studienzeit zum erfolgreichen Abschluss des Studiums verpflichtend vorgeschrieben.

Eine weitere Gruppe bilden freiwillige Praktika von Studierenden, auf die die Vorschriften in Studienordnungen zum jeweiligen Studienfach nicht anwendbar sind.

Auch Vor- und Nachpraktika sind mittlerweile sehr verbreitet. Oft sind angehende Studierende schon vor Beginn des Studiums, auch wenn sie noch nicht an einer Hochschule immatrikuliert sind, verpflichtet, ein Praktikum als Einstiegsvoraussetzung für das gewählte Studium zu absolvieren. Ein Nachpraktikum kommt nach Abschluss des Studiums in Frage, wenn diese Art der Ausbildung entweder die Voraussetzung oder den zielgerichteten Umweg für ein späteres Arbeitsverhältnis bildet. Durch ein solches Praktikum verbessern sich die Chancen für den Berufseinstieg.

§ 3 Abgrenzung zu ähnlichen Personenkreisen

Neben dem Praktikanten gibt es mit Volontären, Werkstudenten etc. ähnliche Personengruppen. Daher bedarf es einer Abgrenzung zwischen diesen Gruppen. Außerdem handelt es sich bei einem Praktikum um einen zeitlich befristeten Einsatz beim Praktikumsgeber, so dass außerdem eine Abgrenzung zu einem befristeten Arbeitsverhältnis notwendig ist.

I. Praktikant

13 Für ein Praktikumsverhältnis gibt es keine speziellen gesetzlichen Bestimmungen. Daher ist es erforderlich, den Praktikanten von ähnlichen Personenkreisen abzugrenzen, ohne auf eine Legaldefinition zurückgreifen zu können. Praktikant ist, wer ohne Arbeitnehmer oder Auszubildender i. S. v. § 1 Abs. 2 BBiG zu sein, aufgrund eines Praktikumsvertrags zur Vorbereitung auf seinen Hauptberuf in einem zeitlich begrenzten betrieblichen Ausbildungsverhältnis steht, welches Teil einer geordneten beruflichen Grundausbildung ist.[10] Der Praktikant erstrebt eine Ausbildung, die zwar nicht auf eine abgeschlossene Fachausbildung gerichtet ist, bei der jedoch der Praktikant praktische Kenntnisse und Erfahrungen auf einem bestimmten Arbeitsgebiet sammeln soll, deren Vorhandensein er bei Antritt einer weiteren Ausbildung oder eines Studiums nachzuweisen hat.[11] Es handelt sich somit um eine zielgerichtete Teilausbildung in beruflichen Kenntnissen und Fertigkeiten, die ihm von der Schule, vom späteren Ausbildenden oder der Hochschule, an der er studiert, vorgeschrieben werden.[12] Vorrangig ist dabei der Ausbildungszweck.[13] Der Praktikant unterscheidet sich vom „normalen" Arbeitnehmer dadurch, dass es nicht primär um den Austausch von Arbeitskraft und Entgelt geht, sondern um den Erwerb beruflicher Kenntnisse, Fertigkeiten und Erfahrungen.[14] Andererseits wird eine grundsätzliche Arbeitspflicht des Praktikanten in der Rechtsliteratur zu recht überwiegend anerkannt.[15] Steht jedoch die Arbeitsleistung, nicht der Ausbildungszweck im Vordergrund, handelt es sich um ein Arbeitsverhältnis, so dass die allgemeinen arbeitsrechtlichen Normen Anwendung finden.[16]

14 Ähnlich wie das Berufsausbildungsverhältnis ist das Praktikumsverhältnis ein durch Ausbildungsgesichtspunkte geprägtes Arbeitsverhältnis, das dem Arbeitsverhältnis verwandt ist und sich vom Berufsausbildungsverhältnis dadurch unterscheidet, dass die Ausbildung üblicherweise auf einige Monate befristet und daher nicht so umfassend ist und nicht nach § 5 BBiG auf einer Ausbildungsordnung beruht.[17]

II. Volontär

15 Im Gegensatz zum Praktikanten ist die praktische Lernphase beim Volontariat nicht Bestandteil einer umfassenden Ausbildung.[18] Daher ist z. B. ein Volontariat keine notwendige Voraussetzung für den Abschluss einer Berufsausbildung. Schon im Jahr 1954 hat das Bundesarbeitsgericht den Volontär wie folgt definiert:[19] „Das Volontär-

---

10 Leinemann/Taubert, § 26 Rn. 8
11 Schmidt, BB 1971, S. 313; vgl. Palandt/Weidenkaff, Einf v § 611 Rn. 61
12 Vgl. Schmidt, BB 1971, S. 313
13 Vgl. Walle, S. 35
14 Maties, Rda 2007, S. 135, 139; Lakies/Lakies, § 26 Rn. 7
15 Vgl. dazu Hueck/Nipperdey, Bd. 1, S. 86 und S. 759; Schmidt, BB 1971, S. 313, 316; D. Stuhr/H.-J. Stuhr, BB 1981, S. 916; Orlowski, RdA 2009, S. 38, 41
16 Lakies, AR-Blattei SD, 2007, Rn. 2
17 Vgl. Lakies, AR-Blattei SD, 2007, Rn. 3
18 Vgl. Leinemann/Taubert, § 26 Rn. 20
19 Vgl. BAG, Urteil v. 21. 12. 1954 – 2 AZR 5/53 = BAGE 1, S. 241

verhältnis kann entsprechend den Bedürfnissen des im einzelnen in Frage stehenden Berufs und seines näheren Zwecks die verschiedensten Ausgestaltungen haben. Es unterscheidet sich vom Ausbildungsverhältnis dadurch, dass es sich um eine zusätzliche Ausbildung handelt, die die bereits vorhandene Ausbildung vertiefen oder in bestimmter Hinsicht erweitern soll, vom Arbeitsverhältnis dadurch, dass der Volontär nicht dauernd für den Betrieb notwendige Arbeit leistet, eine notwendige Arbeitskraft ersetzen soll und dafür entlohnt wird, sondern, dass er neben den notwendigen Arbeitskräften zu seiner Ausbildung und Fortbildung tätig wird."

Im Gegensatz zu den meisten Praktikumsverhältnissen handelt es sich beim Volontariat um eine freiwillige Gelegenheit, sich über ein bestimmtes Berufsbild hinaus einen Überblick über Zusammenhänge von betrieblichen Abteilungen usw. zu verschaffen.[20] Im Gesetz wird der Volontär in § 82a HGB erwähnt, wonach auf Wettbewerbsverbote die für Handlungsgehilfen geltenden Vorschriften Anwendung finden, sofern sie nicht auf das dem Gehilfen zustehende Entgelt Bezug nehmen.

III. Werkstudent

Wird der Student nicht im Rahmen eines ausbildungsplanmäßig vorgeschriebenen Praktikums tätig, sondern bietet er seine Arbeitskraft gegen Entgelt an (sog. „jobben"), etwa um sein Studium zu finanzieren, so handelt es sich um einen Werkstudenten in einem befristetem Arbeitsverhältnis.[21] Im Gegensatz zum Praktikanten, der eine Ausbildung anstrebt, steht beim Werkstudenten der Verdienst im Vordergrund; er arbeitet, um sein Studium besser finanzieren zu können, und er ist nicht durch irgendwelche Studienbestimmungen gebunden sondern wählt irgendeine, ihm gebotene Tätigkeit, die zu seinem Studium keinerlei Beziehung zu haben braucht.[22]

IV. Befristetes Arbeitsverhältnis

Ein Praktikant wird üblicherweise befristet eingestellt. In dieser Hinsicht unterscheidet er sich nicht von einem befristet beschäftigten Arbeitnehmer im Unternehmen. Eine Befristung kann zwischen den Vertragsparteien über einen vereinbarten Zeitraum oder auflösend bedingt, z.B. nach Erfüllung eines bestimmten Zwecks, vereinbart werden.[23] Bedeutender Unterschied zum Praktikumsverhältnis ist aber, dass die Vertragsparteien eines befristeten Beschäftigungsverhältnisses als Arbeitgeber und Arbeitnehmer einen wirksamen Arbeitsvertrag abschließen.

V. Aushilfsarbeitsverhältnis

Besteht i.S.v. § 14 Abs. 1 S. 1 Nr. 1 Teilzeit- und Befristungsgesetz (TzBfG) nur vorübergehend betrieblicher Bedarf an einer Arbeitsleistung, spricht man von einem Aushilfsarbeitsverhältnis.[24] Sein Zweck ist es, einen nur vorübergehenden Arbeitskräftebedarf zu decken, der entweder auf den Ausfall von Stammkräften, z.B. wegen

---

20 Vgl. Scherer, NZA 1986, S. 280, 281; Herold/Hohn/Romanovszky, S. 245
21 Vgl. Scherer, NZA 1986, S. 280, 283
22 Vgl. Hoffmann/Ditlmann, BB 1959, Beilage zu Heft 26, S. 1, 2
23 Vgl. Schade, AR, Rn. 109
24 Schade, AR, Rn. 124

Urlaub bzw. bedingt durch Krankheit, oder auf einen zeitlich begrenzten zusätzlichen Arbeitsanfall zurückgeht.[25] Unabdingbar ist somit ein Aushilfszweck. Da auf das Aushilfsarbeitsverhältnis grundsätzlich alle arbeitsrechtlichen Regelungen und Gesetze anwendbar sind, können die Vertragsparteien aufgrund des überwiegend zeitlich begrenzten Arbeitsverhältnisses z. B. eine kürzere Kündigungsfrist nach § 622 Abs. 5 S. 1 Nr. 1 BGB vereinbaren.

VI. Berufsausbildungsverhältnis

20 Das Berufsausbildungsverhältnis ist ein Arbeitsverhältnis i. S. d. § 611 BGB. Somit sind alle arbeitsrechtlichen Regelungen nach § 10 Abs. 2 BBiG auch auf das Berufsausbildungsverhältnis anwendbar mit den zusätzlichen Sonderregelungen des Berufsbildungsgesetzes. Das Berufsbildungsgesetz (BBiG) regelt nach § 1 BBiG die Berufsausbildungsvorbereitung, die Berufsausbildung, die berufliche Fortbildung und die berufliche Umschulung. Bei der Berufsausbildung schließen Arbeitgeber und Auszubildender einen Berufsausbildungsvertrag. Nach § 10 Abs. 2 BBiG sind, soweit sich aus seinem Wesen und Zweck und aus diesem Gesetz nichts anderes ergibt, die für den Arbeitsvertrag geltenden Rechtsvorschriften und Rechtsgrundsätze anzuwenden. Dabei hat der Arbeitgeber nach § 14 Abs. 1 Nr. 1 BBiG dafür zu sorgen, dass den Auszubildenden die berufliche Handlungsfähigkeit vermittelt wird, die zum Erreichen des Ausbildungsziels erforderlich ist, um die Berufsausbildung in einer durch ihren Zweck gebotenen Form planmäßig, zeitlich und sachlich gegliedert so durchzuführen, dass das Ausbildungsziel in der vorgesehenen Zeit erreicht werden kann.

VII. Anlernlinge

21 Im Gegensatz zum Auszubildenden im Berufsausbildungsverhältnis sind Anlernlinge im Rahmen von Anlernverhältnissen Beschränkungen unterworfen, was Dauer und Intensität des Ausbildungsrahmens und des Ausbildungszwecks betrifft. Bis zum Inkrafttreten des Berufsbildungsgesetzes wurden Anlernverhältnisse als besondere Art von Lehrverhältnissen angesehen, bei denen in kürzerer Zeit Teil- oder Spezialkenntnisse eines Vollberufs vermittelt wurden.[26] Der Anlernling unterscheidet sich somit vom Auszubildenden durch die kürzere Ausbildung, die geringere persönliche Bindung an den „Ausbildungsherrn" sowie die begrenzte Ausbildung in einem Spezialgebiet.[27] Eine Abschlussprüfung vor einer Kammer findet üblicherweise nicht statt. Im Gegensatz zum Praktikumsverhältnis steht beim Anlernverhältnis eine Arbeitsleistung gegen Entgelt im Vordergrund, wenn auch der Anlernling erst noch die notwendigen Kenntnisse sammeln soll; einem vom Ansatz her weder geeigneten, noch geschulten Arbeitnehmer sollen bestimmte Fähigkeiten beigebracht werden.[28]

---

25 Vgl. Maties, RdA 2007, S. 135, 137; Bertzbach, FA 2002, S. 340, 341; Hromadka/Maschmann, Bd. 1, § 4 Rn. 32; ErfK/Preis, § 611 BGB, Rn. 185; BAG, Urteil v. 22. 5. 1986 – 2 AZR 392/85 = AP Nr. 23 zu § 622 BGB
26 Leinemann/Taubert, § 26 Rn. 24; Herkert/Töltl, § 26 Rn. 6; vgl. Palandt/Weidenkaff, Einf v § 611 Rn. 59
27 Vgl. Lakies/Lakies, § 26 Rn. 11; so auch Schaub/Schaub, § 16 Rn. 2
28 Vgl. Scherer, NZA 1986, S. 280, 281; LAG Düsseldorf, DB 1971, S. 1068

VIII. Einfühlungsverhältnis

Begründen ein Unternehmen und ein Bewerber ein Einfühlungsverhältnis, besteht der Zweck darin, einem potenziellen Arbeitnehmer die Möglichkeit zu geben, die betrieblichen Gegebenheiten kennenzulernen.[29] Der potenzielle Arbeitgeber kann zudem erkennen, ob der Bewerber sich als potenzieller Arbeitnehmer für das Unternehmen eignet. Insofern weist ein vereinbartes Einfühlungsverhältnis große Gemeinsamkeiten zu einem Probearbeitsverhältnis auf.[30] Entgegen einer vereinzelt gebliebenen Entscheidung des LAG Mannheim[31] ist der Abschluss eines Einfühlungsverhältnisses aufgrund der Privatautonomie nach herrschender Auffassung zulässig.[32] Da bei einem Einfühlungsverhältnis keine Verpflichtungen zur Leistung und Gegenleistung bestehen,[33] handelt es sich um ein Rechtsverhältnis besonderer Art (sui generis) und nicht um ein Arbeitsverhältnis.[34] Vom Praktikumsverhältnis unterscheidet sich das Einfühlungsverhältnis dahingehend, dass eine berufliche Ausbildung von beiden Vertragsparteien nicht angestrebt wird.

§ 4 Mögliche Arten von Praktikumsverhältnissen

Es gibt viele Möglichkeiten, ein Praktikumsverhältnis zwischen Unternehmen und Praktikanten zu vereinbaren. In der allgemeinen Literatur zur Thematik „Praktikum" werden unterschiedliche Termini verwendet, die rechtlich gesehen oft dieselben Rechtsfolgen auslösen.

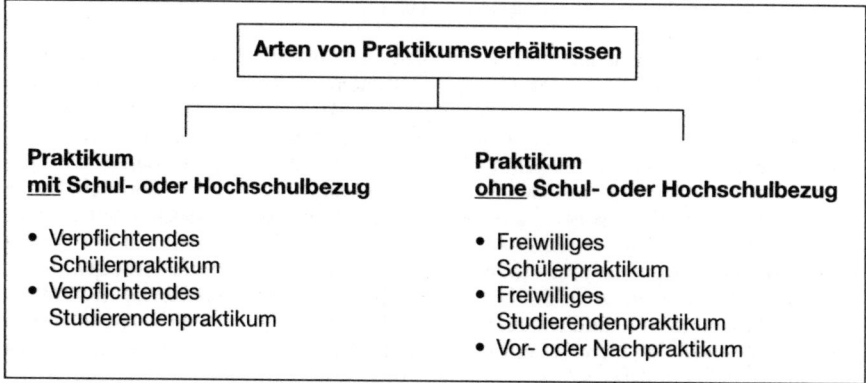

Abb. 2: Arten von Praktikumsverhältnissen

---

29 Vgl. Maties, RdA 2007, S. 135, 142
30 Vgl. LAG Schleswig-Holstein, Urteil v. 17.3.2005 – 4 Sa 11/05; verkürzt in AuA 2005, S. 431
31 Vgl. Preis/Klimt/Ulrich, Rn. A23;
32 Vgl. Maties, RdA 2007, S. 135, 142; Bertzbach, FA 2003, S. 340, 341; MH/Richardi, § 44 Rn. 54; LAG Schleswig-Holstein, Urteil v. 17.3.2005 – 4 Sa 11/05, verkürzt in AuA 2005, S. 431; LAG Bremen, Urteil v. 25.7.2002 – 3 Sa 83/02 = LAGE Nr. 5 zu § 611 BGB; LAG Hamm, Urteil v. 24.5.1989 – 15 Sa 18/89 = NZA 1990, S. 66; Hunold, NZA-RR 2002, S. 225, 227; Küttner/Röller, Kap. 57, Rn. 4
33 So LAG Schleswig-Holstein, Urteil v. 17.3.2005 – 4 Sa 11/05, verkürzt in AuA 2005, S. 431
34 Vgl. MK-BGB/Müller-Glöge, § 611 Rn. 188

I. Praktikum mit Schul- oder Hochschulbezug

1. Schülerpraktikum mit Bezug zur Schule

24 Jeder Schüler hat während seiner Schulzeit ein Schülerpraktikum – auch Schülerbetriebspraktikum genannt – zu absolvieren. Diese mittlerweile seit mehreren Jahrzehnten bestehende Pflicht wird in allen Bundesländern durch entsprechende Erlasse und Richtlinien geregelt.[35] Zweck des Schülerpraktikums sind Erziehung und Unterricht sowie die Einsichtnahme in das Arbeits-, Berufs- und Wirtschaftsleben.[36] Bei einem Schülerpraktikum kann es sich um ein Einzelpraktikum, ein Praktikum einer Schülergruppe oder um ein Praktikum handeln, welches alle Schüler einer Klasse umfasst. Die Dauer eines Schülerpraktikums ist unterschiedlich, je nachdem um welche Art es sich handelt. Dabei kann es sich um regelmäßige Praxistage handeln, bei der Schüler die Möglichkeit haben, über einen mehrmonatigen Zeitraum jeweils einen Tag pro Schulwoche in einem Betrieb zu hospitieren. Beim berufsorientierten Praktikum sollen Schüler innerhalb von zwei bis drei Wochen erste Berufs- und Arbeitswelterfahrungen in einem Betrieb sammeln. Außerdem gibt es noch das sog. Fachpraktikum, welches von Schülern aus Bildungsgängen von Berufsschulen zu absolvieren ist. Bei diesem Schülerpraktikum wird unterschieden, ob der Schüler über einen mehrmonatigen Zeitraum entweder mehrere Tage pro Woche oder vollständig in einem Betrieb Kenntnisse und Erfahrungen über die Berufs- und Arbeitswelt dieser Branche sammeln soll.

25 Allen Arten des Schülerpraktikums ist gemein, dass es sich um im Betrieb stattfindende Schulveranstaltungen handelt.[37] Daher ist ein Lehrer „Leiter" des Schülerpraktikums und handelt damit verantwortlich für dessen Durchführung: Er sucht die Schülerpraktikanten so oft wie möglich im Betrieb auf, und ab der zweiten Woche findet in regelmäßigen Abständen zwischen Schülerpraktikanten und dem verantwortlichen Lehrer in der Schule ein Erfahrungsaustausch statt.[38]

26 Das Bundesarbeitsgericht hat in zwei Urteilen entschieden, dass das Berufsbildungsgesetz (BBiG), welches Auszubildenden besondere Schutzrechte einräumt, nicht anwendbar ist, wenn das Praktikum integrierter Bestandteil einer Schulausbildung ist.[39] Denn durch ein Schülerpraktikum wird kein Ausbildungsverhältnis i. S. d. Berufsbildungsgesetzes begründet, welches als Arbeitsverhältnis zu qualifizieren ist. Auch wenn kein Vertragsverhältnis zwischen dem Praktikumsgeber und dem Schüler als Praktikanten besteht, sollen die Regelungen des Jugendarbeitsschutzgesetzes (JArbSchG) aber zumindest sinngemäß anzuwenden sein.[40] Dem ist nicht nur für das Jugendarbeitsschutzgesetz zuzustimmen. Auch weitere Gesetze des Arbeitsschutzes, z. B. das Arbeitszeitgesetz im Hinblick auf Arbeitszeit und Ruhepausen, der Schutz vor Lebens- und Gesundheitsgefahren, z. B. nach §§ 3 ff. Arbeitsschutzgesetz (ArbSchG)[41] oder der Datenschutz nach Bundesdatenschutzgesetz (BDSG),[42] sollten zumindest analog auf das Schülerpraktikum Anwendung finden.

---

35 Vgl. dazu Breitwieser, S. 15
36 Scherer, NZA 1986, S. 280, 284
37 Vgl. Scherer, NZA 1986, S. 280, 284
38 Vgl. Scherer, NZA 1986, S. 280, 284
39 Vgl. BAG, Urteil v. 19.6. 1974 – 4 AZR 436/73 = AP Nr. 3 zu § 3 BAT; BAG, Urteil v. 3.9. 1998 – 8 AZR 14/97, unveröffentlicht; für die Rechtsliteratur z.B. Lakies, AR-Blattei SD, 2007, Rn. 20
40 Vgl. Scherer, NZA 1986, S. 280, 284
41 Siehe Schade, AR, Rn. 502 sowie Schade, PR, Rn. 178
42 Siehe Schade, AR, Rn. 523 f. sowie Schade, PR, Rn. 180

Bedeutende Ausnahme zum grundsätzlichen Status des Schülerpraktikums mit Schulbezug ist das einjährige Praktikum zum Erwerb der Fachhochschulreife. So hat z. B. das Ministerium für Schule und Weiterbildung in Nordrhein-Westfalen in einem Runderlass vom 11.12. 2006 in Absatz IV. 2. verfügt, dass ein solches einjähriges Praktikum keinen Schulbezug aufweist. Folglich handelt es sich bei einem solchen einjährigen Praktikum um ein „Anderes Vertragsverhältnis" i. S. v. § 26 BBiG, so dass durch Anwendung der §§ 10 bis 23 BBiG sowie § 25 BBiG ein Berufsausbildungsvertrag abgeschlossen wird, auf den die für einen Arbeitsvertrag geltenden Rechtsvorschriften und Rechtsgrundsätze grundsätzlich anzuwenden sind.[43]

27

2. Verpflichtendes Studierendenpraktikum mit Hochschulbezug

Das Bundesarbeitsgericht hat im Jahr 1974 ein Grundsatzurteil gefällt, nachdem das Berufsbildungsgesetz keine Anwendung auf Praktikumsverhältnisse zwischen Unternehmen und Studierenden findet, wenn Studienordnungen der Fachbereiche von Hochschulen ein Pflichtpraktikum während des Studiums als Voraussetzung für einen erfolgreichen Studienabschluss vorschreiben.[44] Das BAG führte aus, dass das Berufsbildungsgesetz jedenfalls die Berufsausbildung insoweit nicht regelt und regeln kann, als diese den Schulgesetzen der Länder im weitesten Sinne unter Einschluss der landesrechtlichen Bestimmungen für Hochschulen und Fachhochschulen unterliegen, weil es insoweit an einer Bundesgesetzgebungskompetenz i. S. v. Artt. 30, 70 GG überhaupt fehlt.[45] Das BAG führte weiter aus, dass daher ein Berufsausbildungsverhältnis i. S. d. Berufsbildungsgesetzes immer dann nicht vorliegt, wenn und soweit die betreffende Ausbildung Bestandteil einer Universitäts-, sonstigen Hochschul- oder Fachhochschulausbildung ist.[46] Darunter fallen heutzutage auch Berufs-, Verwaltungs- und Wirtschaftsakademien in öffentlich-rechtlicher oder privater Trägerschaft oder private, staatlich anerkannte Hochschulen, auf die die jeweiligen Hochschulgesetze der einzelnen Bundesländer anwendbar sind.

28

Daran soll auch § 19 BBiG (damals von 1969; jetzt aktuell § 26 BBiG von 2005), der eine beschränkte Geltung dieses Gesetzes für solche Personen vorsieht, die ohne Begründung eines eigentlichen Berufsausbildungsverhältnisses zum Erwerb beruflicher Kenntnisse, Fertigkeiten oder Erfahrungen eingestellt werden (wie z. B. Praktikanten), nichts ändern, weil das gesamte Berufsbildungsgesetz im schulischen Bereich nicht anwendbar ist. Insofern kann auch § 26 BBiG (ehemals § 19 BBiG) auf Studierende, die innerhalb ihres Studiums und als dessen Bestandteil ein verpflichtendes Praktikum zu absolvieren haben, nicht angewendet werden. Daran hat die Rechtsprechung bis heute festgehalten.[47] Dieser Ansicht folgt auch die herrschende Meinung in der Rechtsliteratur.[48]

29

Ein Teil der Rechtsliteratur sieht diese Situation kritisch. So stellt schon Weber in seiner Anmerkung zum Urteil des Bundesarbeitsgerichts vom 19. 6. 1974 fest, dass zwingend eine Aufspaltung gegeben sein muss, wenn neben einem öffentlich-rechtlichen Gewalt-

30

---

43 Vgl. LAG Düsseldorf, Urteil v. 8.11. 2005 – 3 Sa 877/05 = EzB Nr. 37 zu § 19 BBiG 1969
44 Vgl. BAG, Urteil v. 19.6. 1974 – 4 AZR 436/73 = AP Nr. 3 zu § 3 BAT Nr. 3
45 Vgl. dort, Bl. 366
46 Vgl. dort, Bl. 366
47 Vgl. BAG v. 25.3. 1981 – 5 AZR 353/79 = AP Nr. 1 zu § 19 BBiG; BAG v. 19.6. 1974 – 4 AZR 436/73 = AP Nr. 3 zu § 3 BAT; LAG Hamm v. 24.5. 1976 – 8 Ta 44/76 = NJW 1976, 1806; LAG Berlin, Urteil v. 31.1. 1978 – 8 SA 71/77 = NJW 1979, 616; a. A. ArbG Hamburg, Urteil v. 14.2. 1980 – 12 Ca 34/79, welches auch Fachhochschulpraktikanten zu den sonstigen zu ihrer Berufsausbildung Beschäftigten i. S. d. Berufsbildungsgesetzes zählt; dazu Scherer, NZA 1986, S. 280, 282
48 So z. B. Leinemann/Taubert, § 26 Rn. 11; Scherer, NZA 1986, S. 280, 283; Maties, RdA 2007, S. 135, 139; Lakies, AR-Blattei SD, 2007, Rn. 21; Hirdina, NZA 2008, S. 916; Orlowski, RdA 2009, S. 38, 39

verhältnis einerseits mit Anwendbarkeit des Hochschulrechts für das Studium, andererseits ein privatrechtliches Rechtsverhältnis zwischen Praktikumsgeber und Praktikant gegeben ist.[49] Neben einem öffentlich-rechtlichen Gewaltverhältnis kann also im Rahmen einer Hochschulausbildung durchaus ein privatrechtliches Rechtsverhältnis bestehen, so dass dasselbe erst recht für ein privatrechtliches Arbeitsverhältnis gelten muss.[50] Dann sollte auch das Berufsbildungsgesetz auf den privatrechtlich abgeschlossenen Praktikumsvertrag anwendbar sein, der z.B. schon jetzt bei freiwilligen, nicht verpflichtenden Praktika von Studierenden ohne Hochschulbezug gilt, bzw., wenn das Praktikum vor Studienbeginn oder nach erfolgreichem Studienabschluss absolviert wird.

31 An den meisten Hochschulen sind in den jeweiligen Studienordnungen der einzelnen Fachbereiche mindestens zwei Praktika vorgeschrieben. Die meisten Hochschulen – ausgenommen etwa bei dualen Studiengängen – nehmen aber einen eher geringen oder gar keinen Einfluss auf den privatrechtlichen Vertrag zwischen Praktikumsgeber und Praktikumsnehmer. Das Bundesarbeitsgericht verkennt, dass es notwendig ist, die hochschultheoretische Ausbildung von der praktischen Ausbildung der Studierenden in Betrieben, Verwaltungen u.ä. zu unterscheiden.[51] Diese Unterscheidung lassen Gesetzgeber und Rechtsprechung zu Recht beim Ausbildungsverhältnis für Lehrberufe gelten. Denn eine per Gesetz verfügte praktische Ausbildung der Auszubildenden im Betrieb als Schulausbildung wäre ebenso unzulässig wie umgekehrt die Berufsschulausbildung als Bestandteil der praktischen Ausbildung auch unter das Berufsbildungsgesetz fällt.[52]

32 Für Studierende gibt es keine einheitliche Ausbildungsregelung, nach der die Art und Weise sowie die Durchführung des Praktikums detailliert in der jeweiligen Studienordnung geregelt ist. Im Gegenteil: Der einzelne Praktikant hat überwiegend die völlig freie Wahl des Praktikumsgebers (sofern dieser die von den Studienordnungen verlangten Inhalte vermittelt), und somit können Praktikant wie Praktikumsgeber im arbeitsschutzrechtlichen Bereich alle beliebigen Vereinbarungen treffen, sofern die Ausbildungsziele damit nicht kollidieren.[53] Deshalb ist der Meinung in der Rechtsliteratur zuzustimmen, dass hinsichtlich des Innenverhältnisses, in dem Studierende einem besonderen öffentlich-rechtlichen Gewaltverhältnis unterliegen, die Hochschulgesetze gelten, aber nur insoweit.[54] Für den davon losgelösten Bereich des privatrechtlichen Außenverhältnisses sollen, auch nach Ansicht des Verfassers, die üblichen privatrechtlichen Gesetze des Arbeitsrechts sowie die arbeitsrechtlichen Rechtsgrundsätze gelten.[55]

II. Praktikum ohne Schul- oder Hochschulbezug

1. Freiwilliges Schülerpraktikum ohne Schulbezug

33 Handelt es sich um ein freiwilliges Praktikum eines Schülers, z.B. in den Ferien, und nicht um eine im Betrieb stattfindende Schulveranstaltung, bei der ein Lehrer als

---

49 Vgl. Weber, Anmerkungen zu BAG, Urteil v. 19.6.1974 – 4 AZR 436/73 = AP § 3 BAT Nr. 3, Bl. 370
50 Vgl. Weber, a.a.O.
51 So z.B. auch Fangmann, AuR 1977, S. 201, 203
52 Vgl. Anmerkungen Säcker/Perschel zu BAG, Urteil v. 19.6.1974 – 4 AZR 436/73 = ArbuR 1974, S. 378, in: AR-Blattei SD, „Berufsausbildung", Entsch. 16; vgl. auch Schmidt, BB 1971, S. 313, 315
53 Siehe Roscher, BB 1978, S. 1119, 1121
54 Vgl. D. Stuhr/H.-J. Stuhr, BB 1981, S. 916, 918
55 So auch schon D. Stuhr/H.-J. Stuhr, BB 1981, S. 916, 918

Verantwortlicher der Schule für die Leitung und Durchführung des Praktikums bestimmt ist, ist die rechtliche Grundlage des Praktikumsverhältnisses zu prüfen. Abzugrenzen ist ein derartiges freiwilliges Schülerpraktikum vom Ferienjob. Das Rechtsverhältnis eines Ferienjobs ist regelmäßig als befristetes (Aushilfs-) Arbeitsverhältnis ausgestaltet, so dass ein wirksamer Arbeitsvertrag zwischen dem Arbeitgeber und dem Schüler als Arbeitnehmer geschlossen wird.[56] Zu beachten ist bei einem minderjährigen und daher beschränkt geschäftsfähigen Schüler, dass üblicherweise dessen Eltern der Aufnahme des befristeten Arbeitsverhältnisses im Rahmen eines Ferienjobs nach § 113 BGB vorab zustimmen müssen. Dem ist rechtlich ein freiwilliges Schülerpraktikum gleichzustellen. Denn ein freiwilliges Schülerpraktikum ist kein Bestandteil der Schulausbildung.[57] Zwar steht auch bei einem freiwilligen Schülerpraktikum der Lern- und Ausbildungszweck im Vordergrund. Dieses Praktikum unterscheidet sich vom Status des Auszubildenden auch dadurch, dass Schülerpraktikanten keine Ausbildung in einem geordneten Ausbildungsgang i. S. v. § 1 Abs. 3 BBiG durchführen, obwohl ihnen berufliche Kenntnisse, Fähigkeiten und Fertigkeiten vermittelt werden.[58] Nach § 26 BBiG handelt es sich aber bei einem freiwilligem Schülerpraktikum um ein „Anderes Vertragsverhältnis". Folglich sind die §§ 10 bis 23 BBiG und § 25 BBiG auf ein solches Schülerpraktikum anwendbar. Nach § 10 Abs. 1 BBiG handelt es sich somit bei einem solchen Schülerpraktikumsvertrag um eine besondere Art eines wenn auch befristeten Berufsausbildungsvertrags, auf den nach § 10 Abs. 2 BBiG grundsätzlich die für den Arbeitsvertrag geltenden Rechtsvorschriften und Rechtsgrundsätze anzuwenden sind.[59]

2. Freiwilliges Studierendenpraktikum ohne Hochschulbezug

Auch Studierende können neben einem eventuellen Pflichtpraktikum oder mehreren Pflichtpraktika, die durch die jeweilige Studienordnung des einzelnen Fachbereichs an ihrer Hochschule vorgeschrieben sind, zusätzlich freiwillige Praktika absolvieren. Solche zusätzlichen freiwilligen Praktika sind nicht unüblich, weil diese aus Sicht der Studierenden die Chancen für einen direkten Berufseinstieg ohne Zeitverzögerung nach erfolgreichem Studienabschluss weiter erhöhen. Zwar stehen auch bei einem freiwilligen Studierendenpraktikum die betriebliche Ausbildung und das Erlernen von Kenntnissen, Fähigkeiten und Fertigkeiten im Vordergrund. Ohne direkten Hochschulbezug handelt es sich bei einem freiwilligen Studierendenpraktikum um ein „Anderes Vertragsverhältnis" nach § 26 BBiG, wonach wiederum, wie beim freiwilligen Schülerpraktikum, zwischen den Vertragsparteien ein befristeter Berufsausbildungsvertrag abgeschlossen wird, auf den nach § 10 Abs. 2 BBiG grundsätzlich die für den Arbeitsvertrag geltenden Rechtsvorschriften und Rechtsrundsätze Anwendung finden.[60]

3. Vor- oder Nachpraktikum

Inzwischen sind in der Bundesrepublik Deutschland auch Praktikumsverhältnisse üblich, die vor oder nach Abschluss eines Studiums vertraglich vereinbart werden.

---

56 Vgl. Leinemann/Taubert, § 26 Rn. 26
57 Vgl. dazu BAG, Urteil v. 19.6.1974 – 4 AZR 436/73 = AP Nr. 3 zu § 3 BAT
58 Vgl. Leinemann/Taubert, § 26 Rn. 2
59 In den nachfolgenden Ausführungen wird auf das Schülerpraktikum nicht mehr Bezug genommen, weil einerseits im Rahmen eines verpflichtenden Schülerpraktikums kein Vertrag mit dem Praktikumsgeber geschlossen wird und andererseits das freiwillige Schülerpraktikum ohne Schulbezug mit dem freiwilligen Studierendenpraktikum ohne Hochschulbezug rechtlich vergleichbar ist.
60 Siehe dazu schon die Anmerkung von Weber zu BAG, Urteil v. 17.6.1974 – 4 AZR 436/74 = AP Nr. 3 zu § 3 BAT, Bl. 369

36 Bei einem Vorpraktikum kann es sich entweder um ein freiwilliges oder verpflichtendes Praktikum handeln. Verpflichtend ist ein Vorpraktikum dann, wenn der Fachbereich der jeweiligen Hochschule dieses Praktikum vor Aufnahme des Studiums vorschreibt. Gemeinsam ist beiden Arten des Vorpraktikums, dass die Studierenden nicht an einer Hochschule immatrikuliert sind und daher in beiden Fällen kein Studierendenpraktikum mit Hochschulbezug vorliegt. Solche Praktikumsverhältnisse sind folglich „Andere Vertragsverhältnisse" i. S. v. § 26 BBiG.[61] Auf diese Praktikumsverhältnisse sind daher über § 10 Abs. 2 BBiG die für einen Arbeitsvertrag geltenden Rechtsvorschriften und Rechtsgrundsätze anzuwenden.[62]

37 Das Bundesarbeitsgericht hat entschieden, dass das Berufsbildungsgesetz nicht für Praktikanten gilt, die ein verpflichtendes Studierendenpraktikum mit Hochschulbezug während des Studiums absolvieren müssen.[63] Das Vor- oder Nachpraktikum fällt aber deshalb unter § 26 BBiG, weil beide Arten von Praktikum nicht zum Bestandteil der Hochschulausbildung selbst, sondern entweder „nur" als Voraussetzung für die Aufnahme bzw. den Beginn des Studiums oder danach als Voraussetzung für einen späteren Berufsbeginn abgeleistet werden.[64]

38 In einzelnen Branchen, z. B. in der Medienbranche, sind Praktika nach erfolgreichem Studienabschluss üblich, bevor zwischen dem Praktikumsgeber und dem Praktikanten ein wirksamer Arbeitsvertrag begründet wird. Die Dauer eines solchen Praktikums kann bis zu einem Jahr betragen. Früher wurden z. B. ausgebildete Berufseinsteiger auf bis zu zwei Jahren befristetet oder als Trainees im Rahmen eines Arbeitsverhältnisses eingestellt; aktuell überwiegend als geringfügig verdienende Praktikanten.[65]

39 Denkbar ist auch, ein Arbeitsverhältnis als Praktikum zu verschleiern und vertraglich einen „Praktikumsvertrag", z. B. mit geringer Entlohnung, abzuschließen. Sehen Bewerber ihre einzige Chance darin, in ein normales Arbeitsverhältnis zu gelangen, indem sie einen solchen „Praktikumsvertrag" abschließen, führt das rechtlich i. d. R. dazu, dass trotzdem ein Arbeitsverhältnis besteht. Der Wortlaut der Vertragsbezeichnung ist nicht entscheidend.[66] Es kommt darauf an, welcher Zweck im Vordergrund steht, Leistungsaustausch oder Ausbildung; nicht die Bezeichnung im Vertrag, sondern die tatsächliche Durchführung ist maßgeblich.[67] Steht der Ausbildungszweck im Vordergrund, handelt es sich nach § 26 BBiG zumindest um ein „Anderes Vertragsverhältnis", auf das die für den Arbeitsvertrag geltenden Rechtsvorschriften und Rechtsgrundsätze anzuwenden sind. Ist der Leistungsaustausch vorrangig, ist ein Arbeitsvertrag i. S. v. § 611 BGB anzunehmen.[68] Zumindest sind auch auf ein Nachpraktikum über §§ 26, 10 Abs. 2 BBiG grundsätzlich die für einen Arbeitsvertrag geltenden Rechtsvorschriften und Rechtsgrundsätze anwendbar.

---

61 Bejahend ebenfalls Leinemann/Taubert, § 26 Rn. 15
62 Vgl. dazu Schaub/Schaub, § 16 Rn. 9
63 Vgl. BAG, Urteil v. 19.6. 1974 – 4 AZR 436/73 = AP Nr. 3 zu § 3 BAT
64 Vgl. Scherer, NZA 1986, S. 280, 283; so wohl auch Weber, Anmerkung zu BAG, Urteil v. 16.6. 1974 – 4 AZR 436/73 = AP Nr. 3 zu § 3 BAT, Bl. 369
65 Vgl. Maties, RdA 2007, S. 135, 138; Horstmeier, AiB 2006, S. 230
66 Vgl. BAG, Urteil v. 13.3. 2003 – 6 AZR 564/01, unveröffentlicht; BAG, Urteil v. 6.5. 1998 – 5 AZR 612/97 = AP Nr. 4 zu § 611 BGB; LAG Hessen, Urteil v. 25.1. 2001 – 3 Sa 1818/99 = EzB Nr. 28a zu § 19 BBiG; Vgl. Maties, RdA 2007, S. 135, 138; Horstmeier, AiB 2006, S. 230, 231; ders. JR 2006, S. 313, 314;
67 So aber etwa BAG, Urteil v. 13.3. 2003 – 6 AZR 564/01, unveröffentlicht
68 Vgl. Leinemann/Taubert, § 26 Rn. 8; Horstmeier, AiB 2006, S. 230, 232; Scheriau, AiB 2006, S. 623, 627; dazu auch LAG Rheinland-Pfalz, Urteil v. 10.8. 2006 – 4 Sa 386/06, unveröffentlicht

III. Entstehung eines Praktikumsverhältnisses

Ein Praktikumsverhältnis entsteht durch einen privatrechtlichen Vertrag zwischen Praktikumsgeber und Praktikant. Dabei handelt es sich entweder in einzelnen Fällen sogar um einen Arbeitsvertrag nach § 611 BGB,[69] um ein „Anderes Vertragsverhältnis" gemäß § 26 BBiG i. V. m. § 311 Abs. 1 BGB oder beim verpflichtenden Studierendenpraktikum mit Hochschulbezug, entgegen der Meinung des Verfassers, nur um einen Vertrag besonderer Art (sui generis) nach § 311 Abs. 1 BGB. Ein Praktikumsverhältnis umfasst grundsätzlich einen Ausbildungsvertrag mit einem bestimmten Anteil an Arbeitsleistung. Insofern kommt ein Praktikumsverhältnis nur dann durch rechtliche Beziehungen – Abschluss eines Vertrags – zwischen Praktikumsgeber und Praktikant zustande, wenn sich der Praktikant rechtlich verpflichtet, im Rahmen der Ausbildung berufliche Fertigkeiten, Kenntnisse, Fähigkeiten und berufliche Erfahrungen zu erwerben. Der Praktikumsvertrag wird bestimmt als ein Vertrag, mit dem sich eine Person dem Arbeitgeber als Ausbildendem zur Leistung von Diensten und dieser sich zur Ausbildung der Person in praktischen Erfahrungen und Kenntnissen verpflichtet, die im Rahmen einer Gesamtausbildung für die Zulassung zum Studium, zu einer Prüfung oder zu anderen Zwecken benötigt werden.[70] Wie beim Auszubildenden gehört ein bestimmter Anteil abhängig zu leistender Tätigkeit zugunsten des Praktikumsgebers dazu;[71] letzterer verpflichtet sich, den Praktikanten vereinbarungsgemäß auszubilden, ihn zu beschäftigen und ihm bei jeder Art von Praktikum nach Ansicht des Verfassers fairerweise eine angemessene Vergütung zu bezahlen.

Abzugrenzen ist der Praktikumsvertrag vom Werkvertrag. Beim Praktikumsvertrag schuldet der Praktikant nur den tatsächlichen Einsatz, während beim Werkvertrag der Ersteller des Werkes zusätzlich zu seiner Tätigkeit einen Erfolg vorzuweisen hat. Dazu tritt auch beim Praktikumsverhältnis ein gewisses Weisungsrecht des Praktikumsgebers, welches zur Folge hat, dass der Praktikumsgeber dem Praktikanten eindeutig mitteilen kann, wann, wo und wie der Praktikant seinen Ausbildungs- und Tätigkeitseinsatz zu erbringen hat. Ein weiteres Kriterium für ein Praktikumsverhältnis ist, dass der Praktikant unselbständig, d. h. in einer gewissen persönlichen Abhängigkeit zum Praktikumsgeber tätig ist.[72]

IV. Parteien des Praktikumsverhältnisses

Der Praktikant und der Praktikumsgeber sind die Vertragsparteien eines Praktikumsverhältnisses. Der Begriff „Praktikant" wird weder in den verschiedenen Arbeitsgesetzen, noch in sonstigen Gesetzen des Privatrechts definiert. Als Praktikant wird eine Person angesehen, welche auf Grund eines privatrechtlichen Vertrags, des Praktikumsvertrags, zur Vorbereitung auf den Hauptberuf in einem zeitlich begrenzten betrieblichen Ausbildungsverhältnis steht, welches Teil einer geordneten beruflichen Grundausbildung ist.[73] Allerdings besteht beim verpflichtenden Schülerpraktikum zwischen dem Praktikumsgeber und dem Schüler kein Vertragsverhältnis.

---

69 Vgl. Horstmeier, AiB 2006, S. 230, 232; Scheriau, AiB 2006, S. 623, 626
70 Vgl. Leinemann/Taubert, § 26 Rn. 9; BAG, Urteil v. 5. 8. 1965 = AP Nr. 2 zu § 21 KSchG; Schmidt, BB 1971, 313; Schaub/Schaub, § 16 Rn. 9
71 Vgl. dazu Schade, PR, Rn. 13, 141
72 Vgl. dazu Heuberger, S. 22 ff.; vgl. ErfK/Preis, § 611 BGB Rn. 62 ff.
73 Vgl. BAG, Urteil v. 5. 8. 1965 – 2AZR 439/64 = AP Nr. 2 zu § 21 KSchG 1951; D. Stuhr/H.-J. Stuhr, BB 1981, S. 916; Leinemann/Taubert, § 26 Rn. 8

43 Der Praktikant ist Verbraucher i. S. d. § 13 BGB. Nach § 13 BGB ist Verbraucher jede natürliche Person, die ein Rechtsgeschäft zu einem Zweck abschließt, der weder ihrer gewerblichen, noch ihrer selbständigen beruflichen Tätigkeit zugerechnet werden kann. Insofern unterliegt auch der Praktikumsvertrag dem Verbraucherschutzrecht.

44 Der Praktikumsgeber ist die zweite Vertragspartei innerhalb eines Praktikumsverhältnisses. Auf Grund des Praktikumsvertrags erwartet der Praktikumsgeber den Ausbildungs- und Tätigkeitseinsatz des Praktikanten, wofür der Praktikumsgeber grundsätzlich auch eine Vergütung bezahlen sollte. Diese Begriffsdefinition ist zu unterscheiden vom Unternehmer nach § 14 BGB. Dem Unternehmer, der eine natürliche, eine juristische Person oder eine rechtsfähige Personengesellschaft sein kann, kommt hauptsächlich wirtschaftliche Bedeutung zu.

V. Besondere Praktikumsverhältnisse

45 Die Beschäftigung von Jugendlichen ist nach § 2 Abs. 1 JArbSchG erst ab dem 15. Lebensjahr gestattet. Das bedeutet, dass die Beschäftigung von Kindern unter 15 Jahren grundsätzlich verboten ist. Dieses Verbot gilt nach § 5 Abs. 2, 3 JArbSchG dann nicht, wenn die Beschäftigung von Kindern zum Zweck der Beschäftigungs- und Arbeitstherapie, im Rahmen eines Schülerbetriebspraktikums während der Vollzeitschulpflicht oder in Erfüllung einer richterlichen Weisung geschieht. Außerdem gilt das Verbot der Beschäftigung von Kindern über 13 Jahren dann nicht, wenn die Eltern zu dieser Beschäftigung ihr Einverständnis erklärt haben und die Beschäftigung leicht und für Kinder geeignet ist.

46 Praktikumsgeber und Praktikant können bei einem langfristigen Praktikum, zum Beispiel für einen Zeitraum von einem Jahr, auch ein Praktikumsverhältnis auf Probe abschließen. Ein solches langfristiges Praktikum ist eher eine Ausnahme. Dann vereinbaren Praktikumsgeber wie Praktikant üblicherweise ein Praktikumsverhältnis mit einer befristeten Probezeit von mindestens einem Monat. Innerhalb der vereinbarten Probezeit haben Praktikumsgeber wie Praktikant nach § 22 Abs. 1 BBiG das Recht, das Praktikumsverhältnis ohne eine Frist zu kündigen.

§ 5 Rechtscharakter des Praktikums

47 Für den Praktikumsgeber und für den Praktikanten ist es schon vor Abschluss eines Praktikumsverhältnisses erforderlich zu wissen, welchen Rechtscharakter das Praktikum haben wird. Denn die Regelungen des Praktikantenvertrags haben sich danach auszurichten, welche Gesetze und Rechtsgrundlagen auf das zu vereinbarende Praktikum anwendbar sind.

48 Die Bezeichnungen für ein Praktikum sind vielfältig. Das liegt auch an dem vom Praktikumsgeber unterschiedlich angebotenen Möglichkeiten, im Hinblick auf den zeitlichen Umfang oder die Einsatzvorstellung. So werden Praktika in Form von Schnupperpraktika, Schülerbetriebspraktika, Vor- oder Nachpraktika, freiwillige Praktika und verpflichtende Praktika, Schiffspraktika sowie Inlands- oder Auslandspraktika angeboten. Weitere Bezeichnungen für ein Praktikumsverhältnis sind denkbar.

I. Anwendbares Recht

Wie bereits erörtert, lassen sich Praktikumsverhältnisse in vier rechtlich unterschiedliche Kategorien einordnen. So kann ein Vor- oder Nachpraktikum,[74] bei dem die Arbeitsleistung eher im Vordergrund steht und das entweder vor Beginn des Studiums oder nach erfolgreichem Studium von Hochschulabsolventen oder Arbeitsuchenden absolviert wird, ein normales Arbeitsverhältnis sein.[75] Auf solche Praktikumsverhältnisse sind alle Arbeitsgesetze und arbeitsrechtlichen Rechtsgrundsätze anwendbar. Steht bei einem Vor- oder Nachpraktikum die Ausbildung im Vordergrund, handelt es sich zumindest um ein „Anderes Vertragsverhältnis" nach § 26 BBiG. Das Berufsbildungsgesetz ist auf diese Praktikumsverhältnisse anwendbar, so dass nach § 10 Abs. 2 BBiG auch die für den Arbeitsvertrag geltenden rechtlichen Regelungen und Rechtsgrundsätze zutreffen. **49**

Die dritte Kategorie betreffen die freiwilligen Praktika während der Schul- oder Hochschulausbildung. Einerseits sind diese Praktika solche Ausbildungsverhältnisse, die die jeweiligen Schulen oder Hochschulen nicht verpflichtend vorschreiben. Andererseits können Praktikumsgeber und Praktikant die vertraglichen Regelungen völlig frei vereinbaren, z.B. Zeitdauer und Inhalt der Ausbildung und Tätigkeit, so dass es sich bei einem solchen Praktikum ebenfalls um ein „Anderes Vertragsverhältnis" nach § 26 BBiG handelt, bei dem die Berufsbildung im Vordergrund steht. Da gemäß § 26 BBiG die §§ 10 bis 23 BBiG und § 25 BBiG anwendbar sind, sind nach § 10 Abs. 2 BBiG auf ein solches Praktikumsverhältnis wiederum grundsätzlich auch die für den Arbeitsvertrag geltenden Rechtsvorschriften und Rechtsgrundsätze anzuwenden, soweit sich aus dem Berufsbildungsgesetz nichts anderes ergibt. **50**

Bei der vierten Gruppe handelt es sich um Praktikanten, welche mit Praktikumsgebern Praktikumsverträge abschließen, die im direkten Bezug zur Schul- oder Hochschulausbildung stehen. Es handelt sich somit um verpflichtende Praktika, auf die weder direkt, noch über §§ 26, 10 Abs. 2 BBiG die für einen Arbeitsvertrag geltenden Gesetze und Rechtsgrundsätze anzuwenden sind. Bisher ist das entscheidende Argument für die Rechtsprechung, dass ein derartiges Praktikum Bestandteil der Schul- oder Hochschulausbildung an Hochschulen einzelner Bundesländer ist und somit das als Bundesgesetz erlassene Berufsbildungsgesetz nicht auf diese Praktikumsverhältnisse anwendbar ist.[76] **51**

II. Fazit

Für Vor- oder Nachpraktika, die überhaupt keinen Hochschulbezug aufweisen, gelten die Arbeitsgesetze und die arbeitsrechtlichen Rechtsgrundsätze zumindest über §§ 26, 10 Abs. 2 BBiG. Denn zwischen dem Praktikumsgeber und dem Praktikumsnehmer wird im Rahmen eines sogenannten „Praktikumsvertrags" ein zumindest „Anderes Vertragsverhältnis" begründet. Somit sind das Individualarbeitsrecht, eventuell Teile des kollektiven Arbeitsrechts sowie die Arbeitsgerichtsbarkeit auf derartige Praktikumsverhältnisse in großen Teilen anwendbar. **52**

---

[74] Vgl. Leinemann/Taubert, § 26 Rn. 8; Horstmeier, AiB 2006, S. 230; Scheriau, AiB 2006, S. 623; dazu auch LAG Rheinland-Pfalz, Urteil v. 10.8.2006 – 4 Sa 386/06, unveröffentlicht
[75] Vgl. Leinemann/Taubert, § 26 Rn. 8
[76] Vgl. BAG, Urteil v. 19.6.1974 – 4 AZR 436/73 = AP Nr. 3 zu § 3 BAT

53 Ein freiwilliges Praktikum während des Studiums ohne Hochschulbezug kann ein ebenfalls befristetes Arbeitsverhältnis sein oder, wenn die Ausbildung, d. h. die Vermittlung beruflicher Fertigkeiten, Kenntnisse, Fähigkeiten und beruflicher Erfahrungen überwiegt, ein befristetes Ausbildungsverhältnis sein, auf das § 26 BBiG zutrifft. Es handelt sich dann um ein „Anderes Vertragsverhältnis" im Rahmen des Berufsbildungsgesetzes, auf das die §§ 10 bis 23 BBiG sowie § 25 BBiG anwendbar sind, mit den in § 26 BBiG aufgeführten Einschränkungen.

54 Bei einem verpflichtenden Studierendenpraktikum mit Hochschulbezug besteht nach Meinung des Verfassers ebenfalls ein „Anderes Vertragsverhältnis" i. S. d. Berufsbildungsgesetzes, so dass über § 26 BBiG auch die Arbeitsgesetze und arbeitsrechtlichen Rechtsgrundlagen zur Anwendung kommen, mit den in § 26 BBiG schon genannten denkbaren Einschränkungen. Insbesondere die Rechtsprechung und die herrschende Meinung in der Rechtsliteratur vertreten hier zu Lasten der Praktikanten in verpflichtenden Studierendenpraktika mit Hochschulbezug eine andere Meinung.

55 Im Ergebnis bedeutet dies, dass der Praktikant eines verpflichtenden Studierendenpraktikums mit Hochschulbezug sich bisher nicht auf § 26 BBiG berufen kann, wonach es sich bei dieser Art des Praktikums um keine – wenn auch befristete – Ausbildung im Rahmen des Berufsbildungsgesetzes handelt. Folgt man der Meinung der Rechtsprechung, aber auch weiten Teilen der Rechtsliteratur, schließen der Praktikumsgeber sowie der Praktikant „nur" einen Vertrag nach § 311 I BGB ab. Es soll sich um ein Vertragsverhältnis besonderer Art (sui generis) handeln.[77] Folglich sind dann für diese Praktikanten konsequenterweise viele Schutzrechte aus dem Arbeitsrecht, insbesondere die Arbeitsgesetze grundsätzlich nicht anwendbar.

§ 6 Rechtsquellen des Praktikumsrechts

56 Auch das Praktikumsrecht wird durch die deutsche Gesetzgebung sowie die EU-Gesetzgebung beeinflusst. Allerdings ist der Begriff „Rechtsquelle" dabei nicht reduziert auf gesetzliche oder gesetzesähnliche Regelungen, die von einem demokratisch legitimierten Gesetzgeber erlassen werden, sondern umfasst auch Regelungswerke wie Verträge, denen bei bestimmten Praktikumsverhältnissen eine kollektivrechtliche oder individualrechtliche Normwirkung zukommen kann.[78]

---

77 Vgl. Leinemann/Taubert, § 26 Rn. 9; dazu ausführlich Maties, RdA 2007, S. 135, 138
78 Vgl. Michalski, Rn. 47

```
┌─────────────────────────────────────────────────────────┐
│              Rechtsquellen des Praktikumsrechts         │
└─────────────────────────────────────────────────────────┘
         │                                    │
**Deutsches Recht**                    **Supranationales Recht**

- Grundgesetz                          - Völkerrechtliche Verträge
- Gesetze und Rechtsverordnungen       - Europäisches Gemeinschaftsrecht
  von Bund und Ländern, z.B.           - Internationales Privatrecht der
  – Arbeitsgesetze                       Europäischen Union
  – Berufsbildungsgesetz
- Kollektivvereinbarungen
- Praktikumsvertrag
- Gewohnheitsrecht
- Richterrecht
```

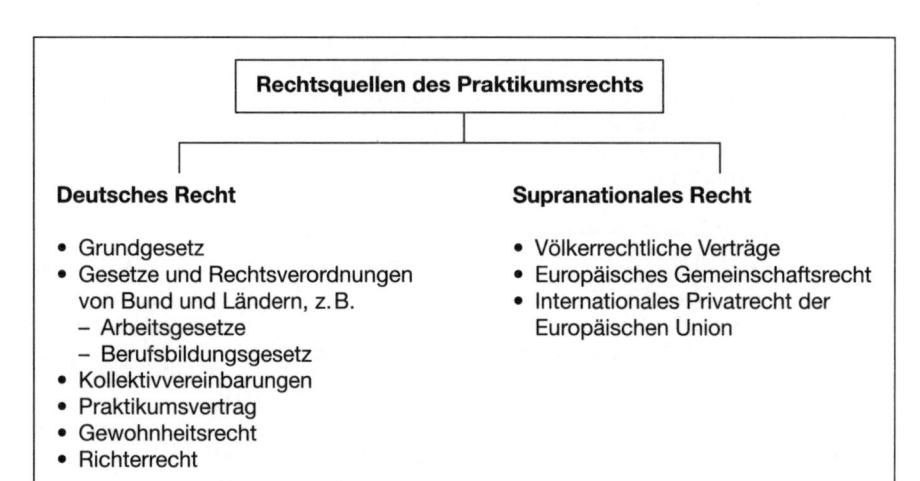

Abb. 3: Rechtsquellen des Praktikumsrechts

I. Deutsches Recht

Das Praktikumsrecht ist im Privatrecht verankert. Zu klären ist, inwieweit die für ein Arbeitsverhältnis geltenden besonderen Rechtsvorschriften und Rechtsgrundsätze auch auf ein Praktikumsverhältnis anwendbar sind.

1. Grundgesetz

Mit Ausnahme von Art. 9 Abs. 3 GG finden sich im Grundgesetz keine Regelungen, die das Arbeitsrecht ausdrücklich berühren. Zum einen regelt Art. 9 Abs. 3 GG die Koalitionsfreiheit, d.h. das Recht, im Hinblick auf das Arbeitsrecht Tarifvertragsparteien wie z.B. Gewerkschaften oder Arbeitgeberverbände zu bilden. Zum anderen legitimiert Art. 9 Abs. 3 S. 3 GG Arbeitskämpfe, welche zur Wahrung und Förderung der Arbeits- und Wirtschaftsbedingungen von Vereinigungen geführt werden können. Unmittelbar hat allerdings auch das in Artt. 20, 28 GG normierte Sozialstaatsprinzip erhebliche Auswirkungen auf das Arbeitsrecht. Dieses Schutzprinzip dient dazu, dass der Staat zu einer gerechten und sozial ausgewogenen Gestaltung der gesellschaftlichen Voraussetzungen verpflichtet ist und auf soziale Notsituationen einzelner Gruppen reagieren muss.[79] Ein unmittelbares Recht erwirbt der einzelne Bürger aus dem Sozialstaatsprinzip nicht; das Sozialstaatsprinzip verpflichtet den Staat im Hinblick auf das Arbeitsrecht aber zum Beispiel auch dazu, einen Interessenausgleich zwischen dem Arbeitgeber und dem sozial schwächeren Arbeitnehmer zu schaffen. Das gilt insbesondere dann, wenn es sich bei einem Praktikumsverhältnis um ein normales Arbeitsverhältnis handelt, weil die Ausbildung hinter der Arbeitsleistung zurücksteht.

Grundsätzlich handelt es sich bei den Schutzvorschriften des Grundgesetzes um Abwehrrechte des einzelnen Bürgers gegenüber dem Staat und seinen Untergliederungen. Nach ständiger Rechtsprechung des Bundesverfassungsgerichts wirken die Grundrechte im Privatrechtsverkehr nicht unmittelbar, sondern nur über die Auslegung und

---

[79] Dazu Schade, AR, Rn. 31

über die Generalklauseln wie z. B. §§ 138, 242, 826 BGB.[80] Die herrschende Meinung in der Rechtsliteratur, aber mittlerweile auch das Bundesarbeitsgericht vertreten eine nur mittelbare, vor allem über unbestimmte Rechtsbegriffe, Generalklauseln und sonstige Auslegungen eintretende Drittwirkung der Grundrechte als objektive Wertordnung, es sei denn, dass eine unmittelbare Drittwirkung, wie z. B. in Art. 9 Abs. 3 S. 2 GG, konkret normiert ist.[81]

2. Gesetze und Rechtsverordnungen von Bund und Ländern

60 Die Gesetzgebungskompetenz im Arbeitsrecht liegt grundsätzlich im Rahmen der konkurrierenden Gesetzgebung nach Art. 74 Nr. 12 GG bei den einzelnen Bundesländern, es sei denn, der Bund macht nach Art. 72 GG von seinem Gesetzgebungsrecht Gebrauch. Mit wenigen Ausnahmen sind in den letzten Jahrzehnten nur Arbeitsgesetze durch den Bund erlassen worden; Hintergrund ist die notwendige bundeseinheitliche Regelung des Arbeitsrechts in der Bundesrepublik Deutschland. Das gilt auch für die berufliche Ausbildung, die durch das Berufsbildungsgesetz geregelt ist. Nur in wenigen Fällen haben die einzelnen Bundesländer eigene Rechtsnormen zum Arbeitsrecht erlassen, so z. B. im Bereich des Bildungsurlaubs bzw. der abweichenden Regelung von Feiertagen, an denen ein Arbeitnehmer oder ein Praktikant zur Erbringung ihrer Leistung nicht verpflichtet sind. Bund und Länder können nach Art. 80 GG auch Rechtsverordnungen im Arbeitsrecht erlassen. Von dieser Ermächtigung haben sie kaum Gebrauch gemacht. So ist z. B. die Wahlordnung als „Erste Verordnung zur Durchführung des Betriebsverfassungsgesetzes" eine derartige Rechtsverordnung.

3. Kollektivvereinbarungen

61 Bedeutende Rechtsquellen im Arbeitsrecht sind die zwischen Gewerkschaften und Arbeitgeberverbänden ausgehandelten Tarifverträge sowie die zwischen der Arbeitgeberseite – dem Unternehmer – und der Arbeitnehmerseite – dem Betriebsrat – geschlossenen Betriebsvereinbarungen.

62 a. **Tarifvertrag.** Nach § 1 Abs. 1 TVG regelt der Tarifvertrag die Rechte und Pflichten der Tarifvertragsparteien und enthält Rechtsnormen, die den Inhalt, den Abschluss, die Beendigung von Arbeitsverhältnissen sowie betriebliche und betriebsverfassungsrechtliche Fragen ordnen können. Als Tarifvertragsparteien werden nach § 2 Abs. 1 TVG Gewerkschaften, einzelne Arbeitgeber sowie Vereinigungen von Arbeitgebern angesehen. Tarifgebunden sind nach § 3 Abs. 1 TVG die Mitglieder der Tarifvertragsparteien und der Arbeitgeber, der selbst Partei des Tarifvertrags ist. Zwar ist es möglich, dass der Gesetzgeber auch Rechtsnormen erlassen kann, welche tarifliche Regelungen vorsehen; in einer Entscheidung hat das Bundesverfassungsgericht aber darauf hingewiesen, dass nicht nur die Tarifvertragsparteien das alleinige Recht zu Vereinbarungen von Rechtsnormen durch Tarifverträge besitzen.[82] So kann z. B. der Gesetzgeber einen gesetzlich festgelegten Mindestlohn für bestimmte Branchen vorschreiben, wenn das Bundesministerium für Arbeit und Soziales einen Tarifvertrag im Einvernehmen mit einem aus je drei Vertretern der Spitzenorganisationen der Arbeitgeber und der Arbeitnehmer bestehenden Ausschuss auf Antrag einer Tarifvertragspartei unter den Voraussetzungen des § 5 TVG für allgemeinverbindlich erklärt. Liegt die Tarifgebundenheit der Tarifvertragsparteien nach § 4 Abs. 1 TVG vor, sind solche Regelungen geltendes Recht gegenüber jedem einzelnen Arbeitgeber und jedem einzelnen Arbeitnehmer. Zwar

---

80 Vgl. BVerfGE 7, S. 198, 209; 42, S. 143, 148; vgl. Michalski, Rn. 82
81 Vgl. BAG (GS) NZA 1985, S. 702, 703; BAG NZA 1986, S. 643, 645; vgl. Dütz, Rn. 45; Lieb/Jacobs, Rn. 40
82 Vgl. BVerfGE 84, S. 212, 228

besteht die Tarifgebundenheit i. S. v. § 3 TVG nur dann, wenn der einzelne Arbeitgeber bzw. der einzelne Arbeitnehmer Mitglied des Arbeitgeberverbands bzw. Mitglied einer jeweiligen Gewerkschaft ist. Andererseits können von den Vereinbarungen der Tarifparteien auch Praktikanten erfasst werden, sofern das Praktikumsverhältnis nach § 26 BBiG unter das Berufsbildungsgesetz fällt und darauf nach § 10 Abs. 2 BBiG die für den Arbeitsvertrag geltenden Rechtsvorschriften und Rechtsgrundlagen Anwendung finden.

b. Betriebsvereinbarung. Arbeitgeber und Betriebsrat können Regelungen auch auf der einzelnen Betriebsebene treffen. Solche Regelungen, die Betriebsvereinbarungen genannt werden, gelten nach § 77 Abs. 4 S. 1 BetrVG unmittelbar und zwingend. Allerdings können Arbeitsentgelte und sonstige Arbeitsbedingungen, die durch Tarifvertrag geregelt sind oder üblicherweise geregelt werden, nach § 77 Abs. S. 1 BetrVG nicht Gegenstand einer Betriebsvereinbarung sein, es sei denn, dass ein Tarifvertrag den Abschluss ergänzender Betriebsvereinbarungen ausdrücklich zulässt. Betriebsvereinbarungen, die z. B. die Arbeitszeiterfassung, Kontrollen oder Zugangsregelungen zum Betrieb festlegen, die für Arbeitnehmer aber auch Praktikanten gelten, stehen somit hinter den rechtsetzenden Regelungen des Tarifvertragsrechts zurück. Dasselbe gilt nach § 87 Abs. 1 BetrVG, wenn zwischen den Tarifvertragsparteien gesetzliche oder tarifliche Regelungen in sozialen Angelegenheiten, insbesondere bei Mitbestimmungsrechten bestehen. Dann sind Betriebsvereinbarungen auf diesem Gebiet grundsätzlich nicht zulässig.

4. Praktikumsvertrag

Der Praktikumsvertrag hat als Rechtsquelle zum einen dann Bedeutung, wenn es sich zumindest um ein „Anderes Vertragsverhältnis" nach § 26 BBiG handelt, weil i. d. R. Bundesgesetze, Tarifverträge und Betriebsvereinbarungen als Rechtsnormen das Praktikumsverhältnis zwischen Praktikumsgeber und Praktikant auch bestimmen können. Zum anderen ist insbesondere der Praktikumsvertrag bei einem verpflichtenden Studierendenpraktikum mit Hochschulbezug eine der wesentlichen Rechtsquellen, weil nach der Rechtsprechung und der herrschenden Meinung der Rechtsliteratur das Berufsbildungsgesetz auf ein solches Praktikumsverhältnis nicht anwendbar sein soll.

a. Praktikumsvertragliche Einheitsregelungen. Praktikumsvertragliche Einheitsregelungen sind in großen Unternehmen üblich. Sie gelten für eine Vielzahl von Praktikanten in einem Betrieb, insbesondere bei Konzernen, ohne Berücksichtigung des jeweiligen einzelnen Praktikumsverhältnisses. Denn die Praktikumsverträge von Konzernen enthalten üblicherweise dieselben Standardformulierungen. Solche Einheitsregelungen sind rechtlich wie Allgemeine Geschäftsbedingungen zu werten, so dass die §§ 305 ff. BGB Anwendung finden. Voraussetzung ist, dass es sich bei solchen praktikumsvertraglichen Einheitsregelungen um vorformulierte Vertragsbedingungen handelt.

b. Weisungsrecht des Praktikumsgebers. Aus dem zwischen dem Praktikumsgeber und dem Praktikanten geschlossenen Praktikumsvertrag ergeben sich üblicherweise die Art, der Umfang und der Einsatzort der Ausbildung sowie der Beschäftigung. Es kommt auf die Art des Praktikums an, nach welchen Regelungen dem Praktikumsgeber gegenüber dem Praktikanten ein Weisungsrecht zusteht. Für Praktikumsverhältnisse, die nach § 26 BBiG unter das Berufsbildungsgesetz fallen, gilt § 13 S. 2 Nr. 3 BBiG. Danach sind Auszubildende, in diesem Fall Praktikanten, verpflichtet, den Weisungen zu folgen, die ihnen im Rahmen der Ausbildung und Beschäftigung vom Praktikumsgeber oder von anderen weisungsberechtigten Personen erteilt werden.

67 Auf ein verpflichtendes Studierendenpraktikum mit Hochschulbezug findet § 13 S. 2 Nr. 3 BBiG aber bis jetzt keine Anwendung. Das bedeutet allerdings nicht, dass dem Praktikumsgeber ein Weisungsrecht gegenüber dem Praktikanten eines solchen Praktikumsverhältnisses nicht zusteht. Rechtsgrundlage für das Direktionsrecht, welches auch Weisungs- oder auch Leitungsrecht genannt wird, bilden dann § 315 BGB i. V. m. dem Praktikumsvertrag oder eventuell § 13 S. 2 Nr. 3 BBiG analog. Der Praktikumsgeber kann i. S. v. § 106 S. 1 GewO Inhalt, Ort und Zeit des Praktikumseinsatzes nach billigem Ermessen näher bestimmen, soweit diese Ausbildungs- und Einsatzbedingungen nicht durch den Praktikumsvertrag festgelegt sind. Das Weisungsrecht gibt dem Praktikumsgeber somit die Befugnis, den Einsatz des Praktikanten etwa nach Art, Zeit und Ort näher zu konkretisieren, also bestimmte Ausbildungsschritte und Tätigkeiten zuzuweisen.[83] Dies gilt auch für die Ordnung und das Verhalten des Praktikanten im Betrieb.

68 Oft ist der Umfang des Weisungsrechts vom Praktikumsgeber nicht eindeutig abschätzbar, so dass im Einzelfall zu prüfen ist, ob der Praktikumsgeber sein Weisungsrecht überschritten hat oder nicht. Überschreitet der Praktikumsgeber sein Weisungsrecht, darf der Praktikant die zugewiesenen Tätigkeiten nach § 273 BGB verweigern; der Praktikumsgeber kann dann sogar in Annahmeverzug nach § 326 Abs. 2 BGB geraten, wenn er dem Praktikanten keine andere Tätigkeit zuweist.[84]

5. Gewohnheitsrecht

69 Unter Gewohnheitsrecht versteht man ungeschriebene Grundsätze oder Normen des objektiven Rechts, die sich durch langjährige Übung entwickelt haben und mündlich überliefert wurden.[85] Gewohnheitsrechtliche Regelungen sind vom Rang her vergleichbar mit gesetzlichen Regelungen. Sie sind somit wie Gesetze zu behandeln. Für die Arbeitnehmerhaftung, die gesetzlich nur lückenhaft geregelt ist, ist z. B. gewohnheitsrechtlich anerkannt, dass die strenge und umfassende Haftung für jede zu vertretende Pflichtverletzung abzulehnen ist, da sie der allgemeinen Rechtsüberzeugung nicht mehr entspricht.[86] Dieses Gewohnheitsrecht der eingeschränkten Haftung gilt auch für Praktikumsverhältnisse.

6. Richterrecht

70 Das Arbeitsrecht, welches nicht in einem einheitlichen Gesetzbuch kodifiziert ist, bietet breiten Raum für Richterrecht.[87] Dies gilt dann auch für das Praktikumsrecht, wenn das Arbeitsrecht auf ein Praktikumsverhältnis anwendbar ist. Zum einen existieren im Arbeitsrecht viele unbestimmte Rechtsbegriffe, die der gerichtlichen Interpretation bedürfen, z. B. die „soziale Rechtfertigung" i. S. d. § 1 KSchG oder der Begriff der „Unzumutbarkeit" i. S. v. § 626 BGB. Außerdem entwickeln sich im arbeitsrechtlichen Bereich gegenüber vielen anderen Rechtsmaterien rasche Diskrepanzen zwischen normativer Ordnung und Wirklichkeit, denn wirtschaftliche und technische Entwicklung produzieren einen ständigen Wandel der durch das Recht zu regelnden Umstände, welche dazu führen, dass die Voraussetzungen für das Abgeben von Normtext und die Annahme einer Rechtslücke öfter und schneller vorliegen als in anderen Rechtsmaterien.[88]

---

83 Vgl. BAG NZA 1990, S. 561, 562; vgl. Dütz, Rn. 54
84 Brox/Rüthers/Henssler, Rn. 141
85 Wörlen/Kokemoor, Rn. 25
86 Vgl. Otto, Rn. 148
87 Siehe dazu Schade, AR, Rn. 45 f.
88 Zöllner/Loritz/Hergenröder, § 6 V 2

Desweiteren gibt es im Arbeitsrecht Bereiche, welche gar nicht geregelt sind, und zwar einerseits, weil die Interessen der Sozialpartner so unterschiedlich sind, dass eine einvernehmliche Regelung nicht möglich ist; andererseits kommt es im Arbeitsrecht oft und zwar stärker als in anderen Rechtsgebieten auf den jeweiligen Einzelfall an. Insofern ist es nur folgerichtig, dass das Richterrecht als Rechtsgrundlage, nicht aber als eigene Rechtsquelle dienen kann. Denn ein Richterrecht im normativen Sinn gibt es nicht, weil das Bewusstsein von der Bindung des Richters an das Gesetz erhalten bleiben muss.[89] Zu den wichtigsten Entwicklungen der Rechtsprechung zählen praktisch das gesamte Arbeitskampfrecht, der arbeitsrechtliche Gleichbehandlungsgrundsatz und die Grundsätze zur Haftung des Arbeitnehmers für betrieblich bedingte Tätigkeiten.

7. Anwendbarkeit des Berufsbildungsrechts

a. Praktikumsverhältnisse ohne Hochschulbezug. Ist das Berufsbildungsrecht über § 26 BBiG auf ein Praktikumsverhältnis anwendbar, so z. B. auf ein Vor- oder Nachpraktikum oder auf ein freiwilliges Studierendenpraktikum ohne Hochschulbezug, gelten für solche „Anderen Vertragsverhältnisse" die §§ 10 bis 23 BBiG und § 25 BBiG mit den aufgeführten Einschränkungen. Nach § 10 Abs. 1 BBiG schließen der Praktikumsgeber und der Praktikant einen Praktikumsvertrag ab, der eine besondere Art – wenn auch befristeter – Ausbildungsvertrag ist. Auf das Vor- oder Nachpraktikum sowie ein freiwilliges Studierendenpraktikum ohne Hochschulbezug sind nach § 10 Abs. 2 BBiG, sofern sich aus dem Wesen und Zweck und aus dem Berufsbildungsgesetz nichts anderes ergibt, die für den Arbeitsvertrag geltenden Rechtsvorschriften und Rechtsgrundsätze anzuwenden.

Daher gelten die Ausführungen über die Rechtsquellen des Praktikums für das Vor- oder Nachpraktikum ebenso wie für das freiwillige Studierendenpraktikum ohne Hochschulbezug.

b. Praktikumsverhältnis mit Hochschulbezug. Handelt es sich um ein verpflichtendes Studierendenpraktikum mit Hochschulbezug, d. h. um ein von der Hochschule in der jeweiligen Studienordnung verlangtes Pflichtpraktikum, so ist bis heute zwischen zwei Meinungen in der Rechtswissenschaft zu unterscheiden.

aa. Gesetzgeber. Der Gesetzgeber hat im Berufsbildungsgesetz in der Fassung vom 23. März 2005 in § 3 Abs. 2 Nr. 1 BBiG geregelt, dass das Berufsbildungsgesetz nicht für die Berufsbildung gilt, die in berufsqualifizierenden oder vergleichbaren Studiengängen an Hochschulen auf der Grundlage des Hochschulrahmengesetzes und der Hochschulgesetze der Länder durchgeführt wird. Dabei handelt es sich um die Ausbildung an einer Hochschule selbst.

Zur Stärkung der Rechte von Praktikanten bei verpflichtenden Studierendenpraktika mit Hochschulbezug gegenüber ihren Praktikumsgebern wurde in der 16. Wahlperiode und aktuell in der 17. Wahlperiode des Deutschen Bundestages Entwürfe zur Änderung des Berufsbildungsgesetzes mit der Zielrichtung in den Bundestag eingebracht, den § 26 BBiG zu ändern. Danach sollte die Neufassung des § 26 BBiG z. B. lauten: „Soweit nicht ein Arbeitsverhältnis vereinbart ist, gelten für Personen, die eingestellt werden, um berufliche Fertigkeiten, Kenntnisse, Fähigkeiten oder berufliche Erfahrungen auch im Rahmen eines in einer Ausbildungs-, Studien-, oder Prüfungsordnung vorgesehenen Praktikums zu erwerben, ohne dass es sich um eine Berufsausbildung im Sinne dieses

---

89 Vgl. Zöllner/Loritz/Hergenröder, § 6 V 2;

Gesetzes handelt, die nach §§ 10 bis 23 BBiG und § 25 BBiG mit der Maßgabe, dass die gesetzliche Probezeit abgekürzt und bei vorzeitiger Lösung des Vertragsverhältnisses nach Ablauf der Probezeit abweichend von § 23 Abs. 1 S. 1 BBiG Schadensersatz nicht verlangt werden kann." Eine Gesetzesänderung ist bisher nicht erfolgt. Deshalb ist weiterhin die Meinung der Rechtsprechung und der Rechtsliteratur maßgebend für die rechtliche Einordnung eines verpflichtenden Studierendenpraktikums mit Hochschulbezug. Auch in der aktuell 17. Wahlperiode des Deutschen Bundestags diskutieren die Abgeordneten eine Änderung des Berufsbildungsgesetzes zugunsten von Praktikanten.

77 **bb. Rechtsprechung und herrschende Meinung in der Rechtsliteratur.** Von der Rechtsprechung und der herrschenden Meinung in der Rechtsliteratur wird der direkte Arbeitnehmerstatus des Praktikanten im Rahmen eines verpflichtenden Studierendenpraktikums mit Hochschulbezug seit langer Zeit abgelehnt.[90] Ebenfalls schließen Rechtsprechung und die Mehrheit der Rechtsliteratur eine Anwendbarkeit des Berufsbildungsgesetzes auf eine Ausbildung, die integrierter Bestandteil einer Schul- oder Hochschulausbildung ist, aus.[91] Das bedeutet, dass auch über das „Andere Vertragsverhältnis" des § 26 BBiG i.V.m. § 10 Abs. 2 BBiG die Arbeitsgesetze sowie die arbeitsrechtlichen Rechtsgrundsätze auf ein derartiges Praktikumsverhältnis nicht zutreffen. Für die herrschende Meinung ist der zwischen dem Praktikumsgeber und dem Praktikanten abgeschlossene Praktikumsvertrag ein Vertragsverhältnis eigener Art (sui generis) i.S.v. § 311 Abs. 1 BGB, auf das die allgemeingültigen rechtlichen Vorschriften des BGB anzuwenden sind. Aus Sicht der herrschenden Meinung genießt ein Praktikant daher grundsätzlich nicht den umfassenden arbeitsrechtlichen Schutz. Deshalb sind nach dieser Ansicht die erörterten Rechtsquellen[92], z.B. Art. 9 Abs. 3 GG, die Arbeitsgesetze, Kollektivvereinbarungen zwischen Gewerkschaften und Arbeitgeberverbänden bzw. das Richterrecht innerhalb des Arbeitsrechts auf solche Praktikumsverträge grds. nicht anwendbar.

78 Folglich muss der Praktikumsvertrag bei einem verpflichtenden Studierendenpraktikum mit Hochschulbezug, wenn man der herrschenden Meinung folgt, einen erheblich höheren Stellenwert als Rechtsquelle haben als ein Praktikumsvertrag, auf den direkt oder indirekt die Arbeitsgesetze und die arbeitsrechtlichen Rechtsgrundsätze Anwendung finden. Dasselbe gilt für praktikumsvertragliche Einheitsregelungen in großen Unternehmen. Haben also Praktikumsgeber und Praktikant etwa im Praktikumsvertrag keine Urlaubsregelungen getroffen, ist das Bundesurlaubsgesetz als Arbeitsgesetz nicht anwendbar. Deshalb kommt es – aufgrund der Vertragsfreiheit – immer noch vor, dass Praktikanten im Rahmen eines verpflichtenden Studierendenpraktikums mit Hochschulbezug mit einer Dauer von z.B. drei Monaten kein Urlaub gewährt wird bzw. gewährt werden muss.

79 Da i.d.R. der Praktikumsgeber dem zukünftigen Praktikanten einen vorformulierten Praktikumsvertrag zusendet, hat der Praktikant diesen Vertrag ausführlich zu prüfen und aus seiner Sicht fehlende Regelungen, z.B. Vergütung oder Urlaub, mit dem Praktikumsgeber zu besprechen.

---

90 LAG Hamm, NJW 1976, S. 1806 f.; LAG Berlin, NJW 1979, S. 616; BAG, Urteil v. 6.9.1989 – 5 AZR 611/88 = AP Nr. 1 zu § 19 BBiG Nr. 1; LAG München, Urteil v. 24.11.1983 – 2 Ta BV 7/83, unveröffentlicht; BSG, Urteil v. 17.12.1980 – 12 RK 29/79 = BB 1981, S. 1277; LSG Celle, NJW 1984, S. 1990; Knopp/Kraegeloh, § 26 BBiG, Rn. 3; Leinemann/Taubert, § 26 Rn. 11; Maties, RdA 2007, S. 135, 139; Scherer, NZA 1986, S. 280, 283; Hensseler/Kalb, § 19 Rn. 3

91 Vgl. BAG, Urteil v. 19.6.1974 – 4 AZR 436/73 = AP Nr. 3 zu § 3 BAT; ebenso BAG, Urteil v. 3.9.1998 – AZR 14/97, unveröffentlicht; abweichend VGH Hessen, Urteil v. 10.6.1974 – VI OE 9/74 = AP Nr. 2 zu § 3 BAT

92 Siehe Schade, PR, Rn. 56 ff.

cc. Mindermeinung des Verfassers. Einige Praktikumsgeber nehmen trotz teilweise langdauernder Praktika im Praktikumsvertrag z. B. keine Regelungen zur Vergütung oder zum Urlaubsanspruch auf. Bei Praktikumsverhältnissen mit Hochschulbezug steht zwar grundsätzlich der Ausbildungsgedanke im Vordergrund, also das Lernen an sich und nicht die Arbeitsleistung des Praktikanten.[93] Folglich handelt es sich bei einem solchen Praktikumsverhältnis nicht um ein Arbeitsverhältnis i. S. v. § 611 BGB. Im Verhältnis zum freiwilligen Studierendenpraktikum, auf das § 26 BBiG Anwendung findet, muss das Berufsbildungsgesetz im Rahmen eines „Anderen Vertragsverhältnisses" aber auch für ein Praktikum mit Hochschulbezug gelten. Denn auch beim verpflichtenden Studierendenpraktikum mit Hochschulbezug ist der Praktikant zu einer Arbeitsleistung verpflichtet.[94] Und diese Arbeitsleistung macht üblicherweise mehr als 50 Prozent der gesamten Beschäftigung aus.

Ob freiwilliges oder verpflichtendes Praktikum: In den meisten Fällen nimmt die Hochschule auf die privatrechtliche Ausgestaltung des Praktikumsvertrags eines verpflichtenden Hochschulpraktikums keinen Einfluss. Daher soll nach Meinung des Verfassers auch dem Praktikanten, welcher ein verpflichtendes Studierendenpraktikum mit Hochschulbezug absolviert, der arbeitsrechtliche Schutz aus §§ 26, 10 Abs. 2 BBiG während seines Praktikums entweder analog zugute kommen, oder zumindest zum Wohl der Praktikanten in den Praktikumsvertrag eine entsprechende Regelung aufgenommen werden.

II. Supranationales Recht

Große Bedeutung erlangt mittlerweile für das deutsche Arbeitsrecht das supranationale, d. h. zwischenstaatliche Recht. Dazu zählen allgemeine völkerrechtliche Verträge sowie das Europäische Gemeinschaftsrecht. Sofern das Arbeitsrecht auf ein Praktikumsverhältnis anwendbar ist, haben auch allgemeine völkerrechtliche Verträge sowie das Europäische Gemeinschaftsrecht Auswirkungen auf ein Praktikumsverhältnis.

1. Allgemeine völkerrechtliche Verträge

Multilaterale bzw. bilaterale völkerrechtliche Abkommen, haben bedeutende Auswirkungen auf das deutsche Arbeitsrecht. Zu erwähnen sind z. B. die Europäische Menschenrechtskonvention vom 4. 11. 1950 (EMRK), welche nach Art. 11 Abs. 1 EMRK allen Menschen das Recht garantiert, sich friedlich frei zu versammeln und sich frei mit anderen zusammenzuschließen sowie das Recht, zum Schutz ihrer Interessen Gewerkschaften zu bilden und ihnen beizutreten. Die EMRK besitzt in der Bundesrepublik Deutschland den Rang unmittelbar geltenden einfachen Bundesrechts. Bedeutend ist z. B. auch die Europäische Sozialcharta (ESC) von 1961, die in Teil 2, Art. 5 ESC die Koalitionsfreiheit für Arbeitnehmer und Arbeitgeber und in Teil 2, Art. 6 ESC die Arbeitskampfgewährleistung für Arbeitnehmer und Arbeitgeber regelt. Umstritten ist, ob auch die Europäische Sozialcharta für die Bundesrepublik Deutschland unmittelbar geltendes Recht enthält.

2. Europäisches Gemeinschaftsrecht

Das Europäische Gemeinschaftsrecht hat einen großen Einfluss auf das deutsche Recht. Seit dem 1. 12. 2009 gilt der Vertrag über die Arbeitsweise der Europäischen Union

---

[93] Vgl. Horstmeier, JR 2006, S. 313, 314
[94] Vgl. Scheriau, AiB 2006, S. 623; Düwell, FA 2008, S, 138, 139; Lakies, AR-Blattei SD, 2007, Rn. 102

(AEUV) als Folge des in Kraft getretenen Vertrags der Europäischen Union von Lissabon. Nach Art. 151 AEUV ist u.a. die Politik der Europäischen Gemeinschaft dahin auszurichten, die Beschäftigung zu fördern, einen angemessenen sozialen Schutz zu gewährleisten, den Dialog zwischen den Sozialpartnern zu fördern, ein dauerhaft hohes Beschäftigungsniveau sicherzustellen und Ausgrenzungen zu bekämpfen. Wichtiges Beispiel für einen nach dem früheren EG-Vertrag erlassenen Rechtsakt ist die Richtlinie 2000/43/EG. Diese Richtlinie schreibt die Anwendung des Gleichbehandlungsgrundsatzes ohne Unterschied der Rasse oder der ethnischen Herkunft vor. Diese Richtlinie hat der deutsche Gesetzgeber im Zusammenhang mit weiteren Richtlinien in das deutsche Recht transformiert. Daraus entstand das Allgemeine Gleichbehandlungsgesetz (AGG) im Jahr 2006. Gerade dieses Gesetz mit weitgehendem Schutzcharakter für Arbeitnehmer muss selbstverständlich auch für Praktikanten gelten.[95]

3. Internationales Privatrecht der Europäischen Union

85 Erst wenn keine supranationalen Regelungen anwendbar sind, ist mit dem Internationalen Privatrecht der Europäischen Union, geregelt in der Rom-I-Verordnung 593/2008/EG, die für die Beurteilung und Entscheidung eines Falls mit Auslandsberührung maßgebliche rechtliche Regelung zu bestimmen; man hat dann also zu klären, ob entweder das Recht der einzelnen Mitgliedstaaten der Europäischen Union oder welches sonstige ausländische Recht gilt.

86 Immer häufiger kommt es vor, dass ein inländischer Praktikant mit einem ausländischen Praktikumsgeber einen Praktikumsvertrag schließt und im Ausland sein Praktikum absolviert. Umgekehrt ist es häufig so, dass ein ausländischer Praktikant mit einem inländischen Praktikumsgeber einen Praktikumsvertrag schließt und im Inland beschäftigt ist. In derartigen Fällen haben die Vertragsparteien bei einem Praktikumsverhältnis die Möglichkeit, einvernehmlich zu bestimmen, welches nationale Recht i.S.v. Art. 3 Rom-I-VO auf das Vertragsverhältnis anzuwenden ist. Allerdings stellt Art. 8 Abs. 1 S. 2 Rom-I-VO eine Grenze für die Wahlfreiheit auf. Die Rechtswahl der Parteien darf nicht dazu führen, dass dem Praktikanten der Schutz entzogen wird, der ihm durch Bestimmungen gewährt wird, von denen nach dem Recht, das nach Art. 8 Abs. 2–4 Rom-I-VO mangels einer Rechtswahl anzuwenden wäre, nicht durch Vereinbarung abgewichen werden darf. Haben Praktikumsgeber und Praktikant im Praktikumsvertrag ausnahmsweise keine Vereinbarung über anzuwendendes Recht geschlossen, gilt i.S.v. Art. 8 Abs. 2 Rom-I-VO grundsätzlich das Recht des Staates, in dem oder anderenfalls von dem aus der Praktikant gewöhnlich seinen Ausbildungs- und Tätigkeitseinsatz im Rahmen des Praktikumsverhältnisses absolviert.

---

95 Siehe dazu Schade, PR, Rn. 190 ff.

Zweiter Teil: Individuelles Praktikumsrecht

§ 1 Grundlagen

Das Praktikumsrecht ist insbesondere geprägt durch das Rechtsverhältnis zwischen dem Praktikumsgeber und dem Praktikanten. Daher sind für das Praktikumsrecht alle Regelungen von Bedeutung, die sich mit der Begründung, einer eventuellen Änderung und der Beendigung des Praktikumsverhältnisses sowie den möglichen Vergütungs-, Aufwendungsersatz- und Schadensersatzansprüchen aus dem Praktikumsverhältnis beschäftigen.[96] Zwischen Praktikumsgeber und Praktikant wird ein Praktikumsverhältnis durch privatrechtlichen Vertrag begründet, entweder bei einem Vor- oder Nachpraktikum nach §§ 26, 10 BBiG i.V.m. § 311 Abs. 1 BGB, bei einem freiwilligen Studierendenpraktikum ohne Hochschulbezug ebenfalls nach §§ 26, 10 BBiG i.V.m. § 311 Abs. 1 BGB oder bei einem verpflichtenden Studierendenpraktikum mit Hochschulbezug gemäß § 311 Abs. 1 BGB. Für den Praktikanten besteht dann ein Recht auf Ausbildung und Beschäftigung, wenn ein wirksamer Praktikumsvertrag mit dem Praktikumsgeber geschlossen wurde.

§ 2 Entstehung von Praktikumsverhältnissen

Ein Praktikumsverhältnis entsteht, wenn ein Praktikumsgeber und ein Praktikant einen privatrechtlichen Vertrag, d.h. einen sog. Praktikumsvertrag abschließen. Der Praktikumsvertrag kommt durch zwei übereinstimmende Willenserklärungen, Angebot und Annahme gemäß §§ 145 ff. BGB zustande. Der Praktikumsvertrag soll überwiegend ein Ausbildungsvertrag sein, aus dem sich die Pflicht für den Praktikanten ergibt, den vertraglich vereinbarten Einsatz, die Absolvierung der Ausbildung und Tätigkeit gegenüber dem Praktikumsgeber zu erbringen; der Praktikumsgeber ist seinerseits verpflichtet, den Praktikanten auszubilden und zu beschäftigen, d.h. im konkreten Fall berufliche Fertigkeiten, Kenntnisse, Fähigkeiten oder berufliche Erfahrungen zu vermitteln. Weitere Verpflichtungen des Praktikumsgebers, zum Beispiel eine Vergütung, sind bei Anwendbarkeit des Berufsbildungsgesetzes etwa in § 17 BBiG geregelt, ansonsten durch Vereinbarung in einem detaillierten Praktikumsvertrag selbst.

---

96 Vgl. Michalski, Rn. 183

```
┌─────────────────────────────────────────────────────┐
│         ┌───────────────────────────────┐           │
│         │ Entstehung von Praktikumsverhältnissen │           │
│         └───────────────┬───────────────┘           │
│                         │                           │
│     • Personaleinstellungsplanung                   │
│     • Anbahnung des Praktikumsvertrags              │
│       – Stellenausschreibung                        │
│       – Bewerbung und Bewerbungsgespräch            │
│       – Informationsrechte des Praktikumsgebers     │
│       – Ansprüche des Bewerbers                     │
│       – Einstellungshindernisse                     │
│     • Abschluss des Praktikumsvertrags              │
│       – Einigung                                    │
│       – Geschäftsfähigkeit                          │
│       – Stellvertretung                             │
│       – Form                                        │
│       – Mängel bei Vertragsabschluss                │
│       – Inhaltskontrolle von Praktikumsverträgen    │
└─────────────────────────────────────────────────────┘
```

Abb. 4: Entstehung von Praktikumsverhältnissen

I. Personaleinstellungsplanung

89 Eine detaillierte Personalplanung bildet für jeden Betrieb einen wichtigen Schlüssel für den Erfolg oder Misserfolg eines Unternehmens. Abzuwägen ist unter betriebswirtschaftlichen Voraussetzungen der aktuelle bzw. zukünftige Arbeitsaufwand im Verhältnis zum dafür benötigten Personal. Insofern obliegt es dem Geschick des Unternehmers, eine erfolgreiche Personalpolitik in seinem Unternehmen zu betreiben.[97] Das gilt auch für den Einsatz von Praktikanten. Besteht in seinem Unternehmen ein Betriebsrat, hat der Praktikumsgeber diesen über die Personalplanung von Praktikanten, die neben der Ausbildung auch zu einem gewissen Grad zur Arbeitsleistung verpflichtet sind,[98] insbesondere über den gegenwärtigen und künftigen Einsatz sowie über sich die daraus ergebenden personellen Maßnahmen und Maßnahmen der Berufsausbildung anhand von Unterlagen rechtzeitig und umfassend nach § 92 Abs. 1 S. 1 BetrVG zu unterrichten. Das gilt auf jeden Fall für Praktikumsverhältnisse, auf die über § 26 BBiG das Berufsbildungsgesetz Anwendung findet, nach Ansicht des Verfassers für alle Praktikumsverhältnisse. In Betrieben mit mehr als 500 Arbeitnehmern kann der Betriebsrat nach § 95 Abs. 2 BetrVG die Aufstellung von Richtlinien über die personelle Auswahl bei Einstellungen, Versetzungen, Umgruppierungen und Kündigungen von Arbeitnehmern unter Beachtung von fachlichen und persönlichen Voraussetzungen sowie sozialen Gesichtspunkten verlangen. Das gilt auch für die personelle Auswahl bei Einstellungen auch für Praktikanten. Personalfragebögen, die der Praktikumsgeber zur rationellen Gestaltung des Einstellungsverfahrens verwenden will, bedürfen der Zustimmung des Betriebsrats nach §§ 94 Abs. 1, 76 V BetrVG.

---

97 Vgl. Treier, Kap. 4.2.1, S. 58
98 Siehe Schade, PR, Rn. 13, 40, 80

II. Anbahnung des Praktikumsvertrags

Für den Praktikumsgeber gestaltet sich die Suche nach geeigneten Praktikanten aufwendig. Er kann entweder üblicherweise mit der Aufgabe einer Stellenanzeige in Zeitungen bzw. Zeitschriften, insbesondere Hochschulzeitschriften, oder online, außerdem durch die direkte Kontaktaufnahme mit Hochschulen durch Aushänge bzw. durch Prüfung von Initiativbewerbungen Praktikanten suchen. 90

1. Stellenausschreibung

Bei der Stellenausschreibung, der sog. Stellenanzeige in Printmedien bzw. online, handelt es sich um eine typische Einladung des Praktikumsgebers an potenzielle Praktikanten, ein Angebot auf Aufnahme einer Praktikantentätigkeit abzugeben, die sog. invitatio ad offerendum. Zu beachten für den Praktikumsgeber bei der Stellenausschreibung ist das Allgemeine Gleichbehandlungsgesetz (AGG), insbesondere die §§ 11, 7 Abs. 1 AGG. Danach ist der Praktikumsgeber verpflichtet, freie Praktikumsplätze benachteiligungsfrei auszuschreiben, es sei denn, dass eventuell Ausnahmen nach §§ 5, 8–10 AGG in Betracht kommen. 91

Auch für Praktikanten ist die Geltung des AGG von großer Bedeutung. Sind nach Ansicht des Gesetzgeber sowie der Rechtsprechung und der herrschenden Meinung in der Rechtsliteratur Arbeitsgesetze und arbeitsrechtliche Rechtsgrundlagen auf ein verpflichtendes Hochschulpraktika nicht anwendbar, findet das AGG trotzdem Anwendung auf derartige Praktikumsverhältnisse über §§ 19–21 AGG. 92

Ist das Arbeitsrecht über §§ 26, 10 Abs. 2 BBiG auf Praktikumsverhältnisse anwendbar, gilt das Allgemeine Gleichbehandlungsgesetz mit seinen §§ 1–18 AGG. Praktikanten dürfen nach § 7 Abs. 1 AGG nicht wegen eines in § 1 AGG genannten Grundes benachteiligt werden. Das gilt für die unmittelbare wie auch für die mittelbare Benachteiligung. Unmittelbar benachteiligt ist ein Praktikant, wenn eines der in § 1 AGG enumerativ aufgezählten Merkmale auf den Sachverhalt zutrifft, welcher zu einer Benachteiligung des Praktikanten führt. Ausnahmsweise liegt nach §§ 8–10 AGG keine Benachteiligung vor, wenn nach § 8 Abs. 1 AGG dieser Grund wegen der Art der auszuübenden Tätigkeit oder der Bedingungen ihrer Ausübung eine wesentliche und entscheidende berufliche Anforderung darstellt, sofern der Zweck rechtmäßig und die Anforderung angemessen ist. Außerdem ist nach § 9 Abs. 1 AGG eine unterschiedliche Behandlung wegen der Religion oder Weltanschauung bei der Beschäftigung durch Religionsgemeinschaften, die ihnen zugeordneten Einrichtungen ohne Rücksicht auf ihre Rechtsform oder durch Vereinigungen, die sich die gemeinschaftliche Pflege einer Religion oder Weltanschauung zur Aufgabe machen, zulässig. Nur theoretisch denkbar ist eine mögliche unterschiedliche Behandlung wegen des Alters nach § 10 AGG, wenn sie objektiv und angemessen und durch ein legitimes Ziel gerechtfertigt ist. In Betracht kommt nach § 10 S. 3 Nr. 2, 1. Alt. AGG eventuell die Festsetzung eines Mindestalters von Praktikanten für die Einstellung aufgrund spezifischer Ausbildungsanforderungen. 93

Der Praktikumsplatz darf nach § 11 AGG außerdem nicht unter Verstoß gegen § 7 Abs. 1 AGG ausgeschrieben werden. Darunter fällt auch, dass die Stelle geschlechtsneutral auszuschreiben ist. Ein Verstoß gegen § 11 AGG führt dazu, dass nach § 22 AGG gegenüber dem Bewerber eine potenzielle Benachteiligung vermutet wird. Nach § 15 Abs. 1, 2 AGG ist bei einem Verstoß gegen das Benachteiligungsverbot der Praktikumsgeber verpflichtet, einen eventuell hierdurch entstandenen Schaden zu ersetzen, es sei denn, dass der Praktikumsgeber die Vermutung der Benachteiligung widerlegen kann. Wegen eines Schadens, der nicht Vermögensschaden ist, kann der 94

Praktikant nach § 15 Abs. 2 AGG eventuell sogar eine angemessene Entschädigung in Geld verlangen. Ein eventueller Schadensersatzanspruch für Praktikanten im Rahmen eines verpflichtenden Studierendenpraktikum mit Hochschulbezug, ob materiell oder immateriell, ergibt sich aus § 21 Abs. 2 AGG.

2. Bewerbung und Bewerbungsgespräch

95 Lädt ein Praktikumsgeber einen Bewerber zu einem Bewerbungsgespräch ein, der vorher an das interessierte Unternehmen Bewerbungsunterlagen wie z. B. Zeugnisse gesandt hatte, entsteht zwischen dem Praktikumsgeber und dem Bewerber ein vorvertragliches Schuldverhältnis i. S. v. § 311 Abs. 2 BGB, welches den potentiellen Praktikumsgeber und den potentiellen Praktikanten nach § 241 Abs. 2 BGB zur Rücksicht auf die Rechte, Rechtsgüter und Interessen des anderen Teils verpflichtet. Dazu zählen insbesondere Informationspflichten. Zum einen muss der Bewerber unaufgefordert alle Umstände wahrheitsgemäß darlegen, die für das künftige Praktikumsverhältnis im Hinblick auf die Erfüllbarkeit des Praktikums wesentlich sind.[99] Beispiel dafür ist die Offenbarung einer Schwerbehinderteneigenschaft des Praktikanten, wenn dadurch die vorgesehene Ausbildung und Tätigkeit beim Praktikumsgeber unmöglich wird.[100] Für den Praktikumsgeber besteht ebenso eine Offenbarungspflicht gegenüber dem zukünftigen Praktikanten, wenn es sich bei den Informationen um wesentliche Umstände handelt. Das ist zum Beispiel der Fall bei einer kurzfristig drohenden Insolvenz.[101] Eine besondere Rolle im Bewerbungsverfahren spielt das Bundesdatenschutzgesetz nach §§ 1 Abs. 2 Nr. 3, 27 BDSG. Hier treffen den Praktikumsgeber hohe Diskretionspflichten gegenüber den Bewerbungsunterlagen des potentiellen Praktikanten und den Informationen aus dem Bewerbungsgespräch.

3. Informationsrechte des Praktikumsgebers

96 Für den Praktikumsgeber sind umfassende Informationen des Bewerbers über Ausbildung, eventuell Weiterbildung sowie bereits bisherige berufliche Tätigkeiten von entscheidender Bedeutung. Der Praktikumsgeber benötigt zuverlässige Auskunft über Person, Leistung und Verhalten des Kandidaten, um eine sachgerechte Auswahlentscheidung treffen zu können.[102]

97 Dagegen versucht der Bewerber, sich als Person und seine bisherigen Leistungen bestmöglich darzustellen. Es kommt also entscheidend darauf an, welche Informationen ein Bewerber von sich aus an den Praktikumsgeber weiterzugeben hat und andererseits, welche Informationen ein Praktikumsgeber vom Bewerber überhaupt verlangen kann. Gegenüber dem Praktikumsgeber hat der Bewerber nur solche Informationen über sich selbst und seine bisherigen Tätigkeiten preiszugeben, welche für das Eingehen eines Praktikumsverhältnisses entscheidend sind. Folglich hat der Bewerber grundsätzlich keine Offenbarungspflicht gegenüber Tatsachen, welche den Praktikumsgeber mangels Fragestellung eher nicht interessieren. Allerdings hat der Bewerber nach § 242 BGB eine selbständige Mitteilungspflicht, wenn der Praktikumsgeber, z. B. bei einer Schwerbehinderung, eine solche erwarten darf. Das ist etwa dann der Fall, wenn dem Praktikanten aufgrund der betreffenden Umstände die Erfüllung des Praktikumsvertrags nicht möglich sein wird, andererseits der Praktikumsgeber aber den Praktikanten fest eingeplant hat.

---

[99] Dütz, Rn. 82; vgl. dazu Hanau/Adomeit, Rn. 607 ff.; ErfK/Preis, § 611 BGB Rn. 266
[100] Vgl. BAG NZA 2001, S. 315 f.
[101] Vgl. BAG, Urteil v. 14. 9. 1984 – 7 AZR 11/82 = AP Nr. 10 zu § 276 BGB, Verschulden bei Vertragsabschluss = DB 1977, S. 451
[102] Junker, Rn. 149

Im Bewerbungsgespräch kommt es darauf an, welche Fragen der Praktikumsgeber dem Bewerber überhaupt stellen darf. Einerseits ist das Informationsinteresse des Praktikumsgebers durch die Privatautonomie nach Artt. 2 Abs. 1, 12 Abs. 1 GG geschützt, denn eine freie, privatautonome Entscheidung für oder gegen einen Praktikumsvertrag ist nur möglich, wenn sich der Praktikumsgeber über den Bewerber informieren kann.[103] Andererseits ist das Fragerecht des Praktikumsgebers zum Schutz der Persönlichkeit des Praktikanten eingeschränkt auf solche Fragen, an deren Beantwortung im Hinblick auf die in Aussicht genommene Tätigkeit des Praktikanten ein schutzwürdiges Interesse besteht.[104] Das Bundesarbeitsgericht hat das Fragerecht des Arbeitgebers bei Bewerbungsgesprächen mit einem potenziellen Arbeitnehmer insoweit anerkannt, wenn der Arbeitgeber ein berechtigtes, billigenswertes und schutzwürdiges Interesse an der Beantwortung der Fragen hat.[105] Diese Feststellung des BAG gilt auch für das Fragerecht des Praktikumsgebers gegenüber einem Praktikanten. Zulässig sind daher solche Fragen, welche die fachliche Qualifikation, Ausbildungs- sowie sonstige Prüfungsleistungen umfassen und somit als notwendige Voraussetzungen für eine erfolgreiche Ausbildung und Tätigkeit des Praktikanten angesehen werden. Ebenso zulässig sind Fragen nach dem beruflichen Werdegang, welche auch vorherige Ausbildungen, z.B. eine Lehre oder frühere Praktikumsverhältnisse und deren jeweilige Dauer umfassen.[106]

Das Fragerecht des Praktikumsgebers kann auch nur begrenzt zulässig sein. Dabei handelt es sich zum Beispiel um Fragen über Vorstrafen des Bewerbers. Derartige Fragen braucht ein Bewerber nur dann zu beantworten, wenn die Vorstrafe für die Ausbildung und Beschäftigung von besonderer Bedeutung ist, z.B. ein Einbruchsdiebstahl bei einem zukünftigen Praktikum in einer Bank, insbesondere wenn diese Vorstrafe noch im Bundeszentralregister aufgeführt ist. Ansonsten besteht nach § 51 Abs. 1 BZRG ein sog. Verwertungsverbot. Unzulässig sind Fragen grundsätzlich nach der Religion, nach unehelichen Beziehungen des Praktikanten oder nach Körperbehinderungen, wenn diese für das Praktikum ohne Belang sind.

Unzulässige Fragen braucht der Praktikant nicht zu beantworten; er hat sogar das Recht, sie unwahr zu beantworten, d.h. zu lügen. Aus einer solchen Lüge kann sich zwar eine konkrete Täuschung über die Person bzw. sonstige Verhältnisse ergeben; da die Frage aber weder beantwortet werden muss, bzw. sogar unwahr beantwortet werden darf, fehlt es an einer Widerrechtlichkeit, welche z.B. für eine Verwirklichung des Tatbestands der Anfechtung nach § 123 Abs. 1 BGB vorausgesetzt wird. Insofern ist eine denkbare Anfechtung des Praktikumsvertrags in einem solchen Fall nicht zulässig.[107]

Nach § 99 Abs. 1 BetrVG bedarf es in Betrieben mit in der Regel mehr als 20 wahlberechtigten Arbeitnehmern für die Einstellung eines Praktikanten zumindest dann der Zustimmung des Betriebsrats, wenn es sich bei dem Praktikumsverhältnis entweder im Grunde um ein Arbeitsverhältnis handelt oder wenn nach § 5 Abs. 1 BetrVG ein Ausbildungsverhältnis besteht, worunter, auch „Andere Vertragsverhältnisse" nach § 26 BBiG, also z.B. freiwillige Studierendenpraktika ohne Hochschulbezug, fallen. Eine Verweigerung des Betriebsrats zur Zustimmung kann allerdings nach § 99 Abs. 2 BetrVG nur unter bestimmten Umständen erfolgen.

---

103 Junker, Rn. 151
104 Zöllner/Loritz/Hergenröder, § 12 I 5
105 Vgl. BAG NZA 1991, S. 719; 1996, S. 371 f.
106 Vgl. BAG NJW 1958, S. 516, 517
107 Vgl. Schade, AR, Rn. 97

4. Ansprüche des Bewerbers

102 Lädt der Praktikumsgeber einen Bewerber zu einem Vorstellungsgespräch ein, steht dem Bewerber nach §§ 662, 670 BGB analog ein Anspruch auf Ersatz seiner Vorstellungskosten zu. Dieser Anspruch umfasst alle Aufwendungen, die der Bewerber den Umständen nach für erforderlich halten durfte, z. B. die Kosten für eine Anreise, für notwendige Verpflegung und eventuell sogar für die Unterbringung.[108] Der Praktikumsgeber kann allerdings derartige Kosten gegenüber dem Bewerber ausschließen, wenn er vor dem Bewerbungsgespräch ausdrücklich darauf hinweist, dass er die Kosten nicht übernehmen will. Wird der Bewerber nach einem Bewerbungsgespräch nicht eingestellt, hat er ein Recht auf Rückgabe seiner Bewerbungsunterlagen. Ebenfalls steht dem Bewerber ein quasi-negatorischer Beseitigungsanspruch aus § 1004 BGB analog zu, dass ein eventuell angefertigter oder ausgefüllter Personalbogen zu vernichten ist, wenn kein Praktikumsverhältnis begründet wird.[109]

5. Einstellungshindernisse

103 Einstellungshindernisse können dann vorliegen, wenn ein vertraglich vereinbartes Praktikumsverhältnis gegen Gesetze nach § 134 BGB verstößt. Denkbar ist, dass ein Praktikumsvertrag z. B. gegen § 5 JArbSchG verstößt. Denn die Beschäftigung von Kindern ist nach § 5 Abs. 1 JArbSchG grundsätzlich verboten. Ein derart abgeschlossener Praktikumsvertrag ist dann gemäß § 134 BGB von Anfang an nichtig.

III. Abschluss des Praktikumsvertrags

1. Einigung

104 Ein Praktikumsvertrag kommt, wie jeder andere privatrechtliche Vertrag auch, durch eine rechtsgeschäftliche Einigung der Vertragsparteien, dem Angebot i. S. v. § 145 BGB und der Annahme, §§ 147 ff. BGB, zustande. Die Ausschreibung einer Stelle in den verschiedenen Medien, ob Printmedien oder online, das sog. Stellenangebot, ist die im Zivilrecht geläufige „ invitatio ad offerendum", d. h. die Einladung, ein Angebot abzugeben, im Arbeitsleben, sich auf eine Stellenausschreibung zu bewerben. Die Bewerbung selbst ist somit das Angebot eines potenziellen Praktikanten an den Praktikumsgeber, seine Tätigkeit anzubieten. Im Rahmen des Bewerbungsgesprächs kann der Praktikumsgeber das Angebot des Bewerbers schon mündlich annehmen. Eine Annahme kann auch durch die Zusendung des Praktikumvertrags erfolgen.

105 Voraussetzung für ein wirksames Praktikumsverhältnis ist ein rechtswirksam geschlossener Praktikumsvertrag. Der Praktikumsvertrag darf insbesondere nicht von Anfang an nichtig sein, z. B. wegen fehlender Geschäftsfähigkeit nach §§ 104 ff. BGB oder wegen eines Verstoßes gegen ein gesetzliches Verbot oder gegen die guten Sitten nach §§ 134, 138 BGB.

2. Geschäftsfähigkeit

106 Praktikumsgeber wie auch Praktikant müssen bei Abschluss eines Praktikumsvertrags grundsätzlich geschäftsfähig sein. Ansonsten werden die Rechte einer minderjährigen Vertragspartei durch den gesetzlichen Vertreter, üblicherweise die Eltern nach § 1629

---

108 Vgl. BAG NZA 1989, S. 468; Senne, Kap. D II 2
109 Vgl. BAGE 46, 98, 102 = NZA 1984, S. 321

BGB, eventuell durch einen Betreuer nach § 1902 BGB, wahrgenommen.[110] Ist die Vertragspartei, ob Praktikumsgeber oder Praktikant, nach § 106 BGB beschränkt geschäftsfähig, entsteht ein Praktikumsverhältnis nur dann, wenn der gesetzliche Vertreter nach § 112 BGB bzw. § 113 BGB zustimmt. Daneben bestehen Sondervorschriften, welche auch minderjährigen Praktikumsgebern bzw. minderjährigen Praktikanten die Möglichkeit eröffnen, rechtswirksame Willenserklärungen abzugeben. Die Meinung in der Literatur, auf Vertragsverhältnisse Minderjähriger sei § 26 BBiG nicht anwendbar[111], so z.B. bei einem freiwilligen Schülerpraktikum eines 17-jährigen Schülers, ist abzulehnen. Denn wenn ein beschränkt geschäftsfähiger Praktikant beabsichtigt, ein Studium zu beginnen, für dessen Antritt vorher die Ableistung eines Praktikums erforderlich ist oder für das während der Studienzeit ein Praktikum zu absolvieren ist und stimmt der gesetzliche Vertreter dem Studium zu, dann muss in dieser Zustimmung gleichzeitig die Zustimmung zur Eingehung eines Praktikumsverhältnisses gesehen werden, das eine wichtige Voraussetzung für den erfolgreichen Abschluss des Studiums darstellt.[112]

Außerdem kann sich der minderjährige Praktikant auf § 113 BGB berufen, wenn der gesetzliche Vertreter den Minderjährigen ermächtigt, eine solche Ausbildung und Tätigkeit zu absolvieren. Dann ist der Minderjährige für solche Rechtsgeschäfte unbeschränkt geschäftsfähig, welche die Eingehung oder Aufhebung eines Praktikumsverhältnisses der gestatteten Art oder die Erfüllung der sich aus einem solchen Verhältnis ergebenden Verpflichtungen betreffen. Ausgenommen sind Verträge, zu denen der gesetzliche Vertreter der Genehmigung des Familiengerichts bedarf. Die Ermächtigung kann vom Vertreter nach § 113 Abs. 2 BGB zurückgenommen oder eingeschränkt werden. Auch hier ist das Verbot der Tätigkeit von Kindern nach §§ 5 I, 2 I JArbSchG zu beachten.

Für den minderjährigen Praktikumsgeber ist § 112 BGB eine bedeutende Rechtsnorm. Ermächtigt der gesetzliche Vertreter mit Genehmigung des Familiengerichts den Minderjährigen zum selbständigen Betrieb eines Erwerbsgeschäfts, so ist der Minderjährige für solche Rechtsgeschäfte unbeschränkt geschäftsfähig, welche der Geschäftsbetrieb mit sich bringt. Ermächtigt somit der gesetzliche Vertreter den Minderjährigen, einen Geschäftsbetrieb zu eröffnen und stimmt das Familiengericht der Eröffnung und dem Betrieb selbst zu, kann der Minderjährige als Praktikumsgeber im Rahmen seiner Rechtsposition als unbeschränkt geschäftsfähiger Vertragspartner im Rechtsverkehr auftreten. Einschränkungen dazu sind in § 112 Abs. 1 S. 2, Abs. 2 BGB festgelegt. Zu beachten ist das Verbot der Tätigkeit von Kindern bis zur Vollendung des 15. Lebensjahres nach § 5 Abs. 1, § 2 Abs. 1 JArbSchG.

3. Stellvertretung

Auf Praktikumsgeber- wie auf Praktikantenseite kann ein Praktikumsvertrag rechtswirksam auch durch einen Stellvertreter abgeschlossen werden. Nach § 164 Abs. 1 S. 1 BGB wirkt dann die Willenserklärung, die jemand innerhalb der ihm zustehenden Vertretungsmacht im Namen des Vertretenen abgibt, unmittelbar für und gegen den Vertretenen.

---

110 Siehe ausführlich Schmidt, BB 1971, S. 313, 314
111 Z.B. Leinemann/Taubert, § 26 Rn. 2; dagegen ein minderjähriges Praktikantenverhältnis befürwortend Lakies, AR-Blattei, AR-Blattei SD, 2007, Rn. 29 f.; Scherer, NZA 1986, S. 280, 282; Schmidt, BB, 1971, S. 313, 314
112 Vgl. Schmidt, BB 1971, S. 313, 314

4. Form

110 Für den Abschluss eines Praktikumsvertrags ist eine bestimmte Form nicht erforderlich. Vertritt man wie der Verfasser die Meinung, bei einem Vor- oder Nachpraktikum bzw. freiwilligem Studierendenpraktikum ohne Hochschulbezug handelt es sich um ein „Anderes Vertragsverhältnis" nach § 26 BBiG, kann grundsätzlich ein solcher Ausbildungs- und Beschäftigungsvertrag formfrei ohne die Beachtung des § 11 BBiG geschlossen werden. Denn nach § 26 BBiG kann auf eine Vertragsniederschrift verzichtet werden. Üblicherweise schließen Praktikumsgeber und Praktikant aber einen schriftlichen Praktikumsvertrag ab.

111 Auch für einen Praktikumsvertrag im Rahmen eines verpflichtenden Studierendenpraktikums mit Hochschulbezug gilt nach dem Grundsatz der Privatautonomie die Formfreiheit. Da aber gerade bei dieser Art von Praktikum der Praktikumsvertrag eine sehr bedeutende Rechtsquelle darstellt, sollte ein Praktikumsvertrag bei einem Praktikumsverhältnis mit Hochschulbezug auf jeden Fall schriftlich abgeschlossen werden.[113]

5. Mängel bei Vertragsabschluss

112 **a. Verstoß gegen §§ 134, 138 BGB.** Mängel bei Vertragsabschluss können dazu führen, dass der Praktikumsvertrag nichtig ist. So kann ein Praktikumsvertrag gegen ein gesetzliches Verbot nach § 134 BGB verstoßen; desweiteren kann ein Praktikumsvertrag gemäß § 138 BGB sittenwidrig sein oder den Tatbestand des Wuchers, z.B. des Lohnwuchers nach § 138 Abs. 2 BGB verwirklichen.[114] Ebenso kann eine Anfechtung des Praktikumsvertrags die Nichtigkeit des zweiseitigen Schuldverhältnisses zur Folge haben.

113 Verstöße gegen ein Gesetz bzw. gegen die guten Sitten i. S. d. §§ 134, 138 BGB sind eher selten. Ein Verstoß liegt z.B. gegen das Jugendarbeitsschutzgesetz vor, wenn ein Praktikumsgeber mit einem Kind vor Vollendung des 15. Lebensjahrs einen Praktikumsvertrag schließt, da nach § 5 Abs. 1 JArbSchG die Beschäftigung von Kindern grundsätzlich verboten ist. Verstoßen dagegen einzelne Vertragsbestandteile des Praktikumsvertrags gegen gesetzliche Vorschriften, so z.B. gegen die gesetzlich festgelegte Höchstarbeitszeit nach § 3 ArbZG, wird dadurch nicht der Praktikumsvertrag in seiner Gesamtheit nichtig. Anderenfalls würde sich die Verbotsvorschrift, die den Praktikanten schützen soll, im Ergebnis zum Nachteil des Praktikanten auswirken. Dagegen kommt es immer noch vor, dass Praktikanten bei Praktikumsverhältnissen, auf die zumindest das Berufsbildungsrecht anzuwenden ist, i.S.d. § 138 Abs. 2 BGB unter Ausbeutung der Zwangslage für eine zu geringe Vergütung beschäftigt werden.

114 **b. Nichtige Vereinbarungen nach dem Berufsbildungsgesetz.** Bei Anwendbarkeit des Berufsbildungsgesetzes auf ein Praktikumsverhältnis kann § 12 BBiG bedeutsam sein. Im Sinne von § 12 Abs. 1 S. 1 BBiG ist eine Vereinbarung, die einen Praktikanten nach Beendigung des Praktikums beschränkt, nichtig. Dasselbe gilt z.B. im Sinne von § 12 Abs. 2 BBiG auch für eine theoretisch denkbare Verpflichtung des Praktikanten, für die Ausbildung und Beschäftigung eine Entschädigung an den Praktikumsgeber zu bezahlen bzw. für die Vereinbarung einer Vertragsstrafe gemäß § 339 BGB. Auch das Praktikumsverhältnis mit Hochschulbezug muss davon umfasst werden.

---

113 Siehe Schade, PR, Rn. 64
114 Vgl. dazu LAG Rheinland-Pfalz, Urteil v. 8.6. 1984 – 6 Sa 51/84 = NZA 1986, S. 293; ArbG Berlin, Urteil v. 8.1. 2003 – 36 Ca 19 390/02 = AuR 2004, S. 74

c. **Anfechtung.** Anfechtungsgründe, die zur Nichtigkeit eines Praktikumsverhältnisses führen, können sich aus §§ 119, 123 BGB ergeben. In Betracht kommen insbesondere § 119 Abs. 2 BGB beim Irrtum über eine verkehrswesentliche Eigenschaft einer Person sowie nach § 123 Abs. 1 1. Alt. BGB aufgrund einer arglistigen Täuschung. Eine verkehrswesentliche Eigenschaft eines Praktikanten im Rahmen eines Praktikumsverhältnisses kann dessen Ausbildung, der Gesundheitszustand oder seine Zuverlässigkeit sein. Die Eigenschaft muss allerdings so erheblich sei, dass sie besondere Auswirkungen auf das Praktikumsverhältnis hat. So ist z. B. die AIDS-Infektion bei einem Praktikanten in der chirurgischen Abteilung eines Krankenhauses eine erhebliche Eigenschaft dieser Person. Vorstrafen sind zwar keine verkehrswesentlichen Eigenschaften i. S. v. § 119 Abs. 2 BGB, denn Vorstrafen sind selbst keine Eigenschaften; sie lassen aber Rückschlüsse auf Eigenschaften einer Person zu, so zum Beispiel die Vorstrafe wegen Diebstahls für mangelnde Ehrlichkeit, welche z. B. im Arbeitsrecht bei einer Einstellung als Kassiererin im Verkehr als wesentlich angesehen wird.[115]

Auch die arglistige Täuschung kann im Rahmen eines Praktikumsverhältnisses ein Anfechtungsgrund nach § 123 Abs. 1 1. Alt. BGB sein. Denn wer zur Abgabe einer Willenserklärung durch arglistige Täuschung bestimmt worden ist, kann die Erklärung anfechten. Die Täuschungshandlung, die durch aktives Tun oder Unterlassen begangen werden kann und beim Getäuschten einen Irrtum hervorruft, muss mindestens durch bedingten Vorsatz begangen worden sein, da die Täuschung arglistig erfolgen muss.[116] Auch Schweigen kann zu einer Täuschungshandlung führen, wenn für denjenigen, der eine Täuschungshandlung begeht, eine Pflicht zur Offenlegung und Aufklärung besteht. Im Bewerbungsverfahren um einen Praktikumsplatz kann demzufolge eine Täuschungshandlung durch positives Tun entstehen, wenn z. B. der Bewerber zulässige Fragen des Praktikumsgebers unwahr beantwortet, obwohl für ihn eine wahrheitsgemäße Auskunftspflicht besteht; andererseits können auch gefälschte Zeugnisse oder Leistungsnachweise eine arglistige Täuschung i. S. v. § 123 Abs. 1 1. Alt. BGB darstellen.

Eine Täuschungshandlung nach § 123 Abs. 1 1. Alt. BGB kann aber auch dann vorliegen, wenn die Verpflichtung für den Bewerber besteht, eine Auskunft zu erteilen, selbst wenn er nicht gefragt worden ist, z. B. bei einer chronischen Krankheit, die einen erheblichen Bezug auf die Tätigkeit hat.[117] Die Täuschungshandlung muss zudem widerrechtlich sein. Für ein Praktikumsverhältnis bedeutet dies, dass der Bewerber keine unwahren Tatsachen verbreiten darf, wenn er zur wahrheitsgemäßen Aussage verpflichtet ist, d. h. das Fragerecht des Praktikumsgebers zulässig ist und der Bewerber die Frage korrekt beantworten muss. Nicht widerrechtlich dagegen ist eine falsche Antwort auf eine Frage des Praktikumsgebers, welche nicht zulässig ist.

Das Fragerecht des Praktikumsgebers sowie die Zulässigkeit seiner Fragen werden seit Inkrafttreten des Allgemeinen Gleichbehandlungsgesetzes erheblich stärker überprüft; Fragen nach Diskriminierungsmerkmalen können Indizien i. S. d. § 22 AGG sein und somit zu einer Umkehr der Beweislast zu Lasten des Praktikumsgebers bei Entschädigungsansprüchen führen.[118] Die Rechtswidrigkeit der Täuschungshandlung ist anzunehmen, wenn der Praktikant absichtlich zulässige Fragen des Praktikumsgebers im Bewerbungsgespräch falsch beantwortet oder wesentliche Tatsachen im Rahmen seiner

---

115 Vgl. Brox/Rüthers/Henssler, Rn. 165
116 Schade, AR, Rn. 90
117 Vgl. dazu BAG, Urteil v. 28. 3. 1974 – 2 AZR 92/73 = AP Nr. 3 zu § 119 BGB, epileptische Erkrankung
118 Vgl. Brox/Rüthers/Henssler, Rn. 167; dazu auch Wisskirchen/Bissels, NZA 2007, S. 169, 170

Informationspflicht gegenüber dem Praktikumsgeber verschweigt und dadurch der Praktikumsvertrag zum Abschluss kommt.

119 Für die Anfechtung nach §§ 119 Abs. 2, 123 Abs. 1 BGB ist neben dem Anfechtungsgrund die Anfechtungserklärung nach § 143 BGB erforderlich. Desweiteren muss der Anfechtende, i. d. R. eher der Praktikumsgeber, unterschiedliche Anfechtungsfristen einhalten gemäß §§ 121 Abs. 1 BGB, § 124 Abs. 1 BGB, um die Anfechtungserklärung fristgemäß gegenüber dem Praktikant abzugeben. Ist dies geschehen, wird der Praktikumsvertrag nichtig. § 142 BGB normiert, dass ein anfechtbares Rechtsgeschäft, sofern es angefochten worden ist, von Anfang an als nichtig anzusehen ist. Beim Praktikumsvertrag handelt es sich aber um ein Dauerschuldverhältnis. Daher muss unterschieden werden, ob der Praktikant nach Abschluss des Praktikumsvertrags mit der Ausbildung und der Tätigkeit bereits begonnen hat oder nicht.

120 Hat der Praktikant mit seiner Arbeitstätigkeit noch nicht begonnen und erkennt der Praktikumsgeber seinen Irrtum bezüglich der Eigenschaft der Person des Praktikanten oder der begangenen Täuschungshandlung schon zu diesem Zeitpunkt, kann er den Praktikumsvertrag anfechten, und die Rechtsfolge nach § 142 BGB, die Nichtigkeit des Schuldverhältnisses ex tunc, also von Anfang an, ist möglich. Dem Praktikanten stehen dann aus diesem Praktikumsverhältnis keine vertraglichen Ansprüche zu. Hat der Praktikant dagegen mit seiner Tätigkeit im Betrieb des Praktikumsgebers bereits begonnen, gehen die Rechtsprechung und die herrschende Meinung in der Rechtsliteratur beim Arbeitsverhältnis davon aus, dass ein solches Schuldverhältnis ex nunc, d. h. zum jetzigen Zeitpunkt und nicht rückwirkend von Anfang an nichtig ist.[119] Die Anfechtungserklärung hat daher die Wirkung einer außerordentlichen Kündigung. Diese Ansicht lässt sich auch auf das Praktikumsverhältnis übertragen. Somit stehen dem Praktikanten bis zum Empfang der Anfechtungserklärung nach § 143 BGB ein eventuell vereinbarter Vergütungsanspruch und sonstige vereinbarte Ansprüche wie z. B. Urlaub zu.

6. Inhaltskontrolle von Praktikumsverträgen

121 Aus dem Verdacht heraus, dass die Vertragsinhaltsfreiheit nicht „funktioniert", hat sich im Arbeitsrecht der Gedanke entwickelt, dass die ausformulierten gesetzlichen und tarifvertraglichen Grenzen nicht ausreichen, um den notwendigen und der Gerechtigkeit entsprechenden Schutz von Arbeitnehmern gegen ungerechte Vertragsgestaltung sicherzustellen, und dass es daher zusätzlicher generalklauselartiger Grenzen bedarf, an denen der Vertragsinhalt zu überprüfen ist.[120] Das gilt auch für standardisierte Praktikumsverträge. Denn eine derartige Vertragskontrolle gibt es gegenüber Allgemeinen Geschäftsbedingungen, sog. Sondervereinbarungen, die standardisiert sind.[121] Die Effektivität unseres Wirtschaftslebens erfordert es, dass Verträge, z. B. Kaufverträge über Kraftfahrzeuge, Dienstleistungsverträge über Kontoeröffnungen bei Banken aber auch Teile von Arbeitsverträgen und somit auch von Praktikumsverträgen standardisiert formuliert werden.

122 Für eine inhaltliche Prüfung von Standardregelungen, die in Praktikumsverträgen vorkommen, ist Voraussetzung, dass z. B. eine Abweichung von Tarifverträgen oder

---

119 Vgl. BAG, Urteil v. 15.11.1957 – 1 AZR 189/57 = AP Nr. 2 zu § 125 BGB; BAG, Urteil v. 18.4.1968 – 2 AZR 145/67 = AP Nr. 32 zu § 63 HGB; siehe dazu ausführlich Preis, Bd. 1, § 23 II 1; MH1/Richardi/Buchner, § 34 Rn. 39
120 Vgl. Zöllner/Loritz/Hergenröder, § 12 IV 1
121 Siehe dazu Schade, AR, Rn. 101 ff.

Gesetzen vorliegt. Dann müssen die für den Arbeitsvertrag geltenden Rechtsvorschriften und Rechtsgrundsätze auf das Praktikumsverhältnis anwendbar sein.

123 § 310 Abs. 4 S. 2 BGB regelt, dass bei der Inhaltskontrolle von Arbeitsverträgen die im Arbeitsrecht geltenden Besonderheiten angemessen zu berücksichtigen sind. Das trifft auch auf Standardformulierungen in Praktikumsverträgen zu. Sollte eine standardisierte Formulierung im Praktikumsvertrag unwirksam sein, bleibt der Praktikumsvertrag im Übrigen wirksam nach § 306 Abs. 1 BGB. Soweit die Formulierungen nicht Vertragsbestandteil geworden oder unwirksam sind, richtet sich der Inhalt des Praktikumsvertrags, was diese Formulierung betrifft, gemäß § 306 Abs. 2 BGB nach den gesetzlichen Vorschriften. Typische Standardformulierungen in Praktikumsverträgen betreffen z. B. Schriftformvereinbarungen.

§ 3 Vertragsparteien

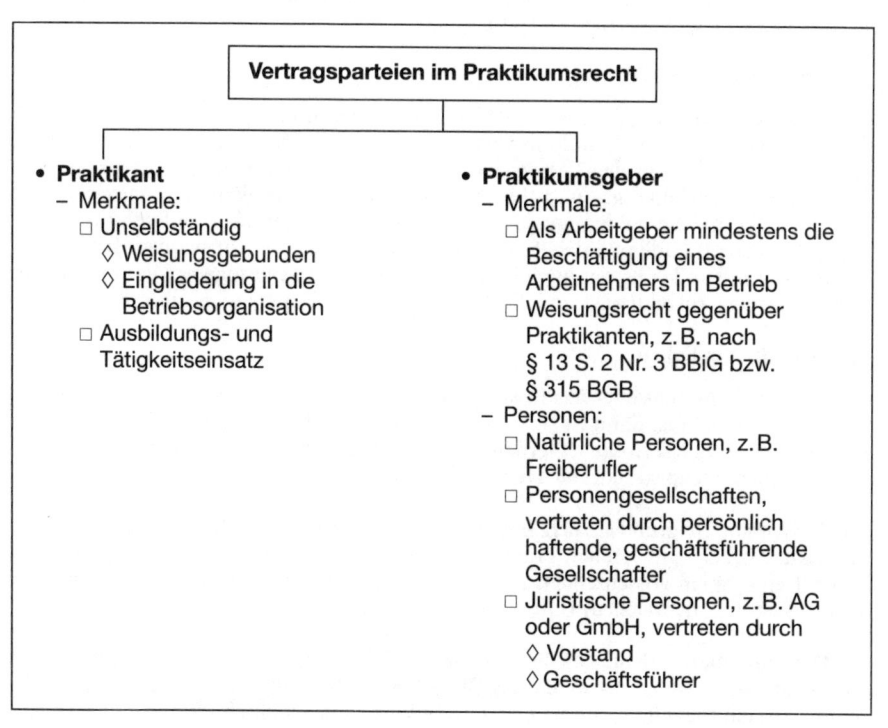

```
                    Vertragsparteien im Praktikumsrecht
                    ┌──────────────────┴──────────────────┐
            • Praktikant                          • Praktikumsgeber
              – Merkmale:                           – Merkmale:
                □ Unselbständig                       □ Als Arbeitgeber mindestens die
                   ◇ Weisungsgebunden                   Beschäftigung eines
                   ◇ Eingliederung in die                Arbeitnehmers im Betrieb
                     Betriebsorganisation            □ Weisungsrecht gegenüber
                □ Ausbildungs- und                     Praktikanten, z. B. nach
                  Tätigkeitseinsatz                    § 13 S. 2 Nr. 3 BBiG bzw.
                                                       § 315 BGB
                                                  – Personen:
                                                     □ Natürliche Personen, z. B.
                                                       Freiberufler
                                                     □ Personengesellschaften,
                                                       vertreten durch persönlich
                                                       haftende, geschäftsführende
                                                       Gesellschafter
                                                     □ Juristische Personen, z. B. AG
                                                       oder GmbH, vertreten durch
                                                        ◇ Vorstand
                                                        ◇ Geschäftsführer
```

Abb. 5: Vertragsparteien im Praktikumsrecht

I. Praktikant

124 Im Rahmen des Praktikumsrechts ist der Praktikant die eine Vertragspartei des Praktikumsvertrags. Der Praktikant verpflichtet sich durch den Praktikumsvertrag zum Ausbildungseinsatz sowie außerdem zu einer vereinbarten Tätigkeit. Die Auffassung, ein Praktikant würde nur ausgebildet, ohne für den Praktikumsgeber tätig zu sein, war früher und ist auch heute nicht sachgerecht. Zwar ist der Ausbildungszweck im Rahmen eines Praktikumsverhältnisses vorrangig.[122] Der Praktikant ist aber verpflichtet, im Rahmen des Praktikumsvertrags auch zu arbeiten.[123] Denn das Erlernen von praktischen Fähigkeiten gehört schließlich zur Ausbildung.

1. Begriff

125 In keinem Gesetz ist der Begriff des Praktikanten definiert. Nach der Rechtsliteratur ist Praktikant, welcher auf Grund eines privatrechtlichen Vertrags, ohne Arbeitnehmer oder Auszubildender i. S. v. § 1 Abs. 2 BBiG zu sein, zur Vorbereitung auf seinen Hauptberuf in einem zeitlich begrenzten betrieblichen Ausbildungsverhältnis steht, welches Teil einer geordneten beruflichen Grundausbildung ist.[124] Es handelt sich um eine zielgerichtete Teilausbildung in beruflichen Kenntnissen und Fertigkeiten, die ihm vom späteren Ausbildenden oder der Hochschule, an der er studieren möchte, vorgeschrieben werden.[125] Trotz einer solchen umfassenden Definition ist es oft nicht leicht abzugrenzen, ob eine Person wirklich als Praktikant oder z. B. als Volontär für einen anderen tätig ist. Insofern ist an Hand verschiedener Kriterien zu prüfen, ob die Praktikanteneigenschaft einer Person besteht.

2. Privatrechtlicher Vertrag

126 Ein Praktikumsverhältnis zwischen Praktikumsgeber und Praktikant kommt durch einen rechtswirksamen Praktikumsvertrag zustande. Er begründet ein Dauerschuldverhältnis, weil die von den Vertragsparteien nach Vertragsabschluss zu erbringenden Leistungen – Ausbildungs- und Tätigkeitseinsatz des Praktikanten einerseits sowie Ausbildungs- und Beschäftigungspflicht für den Praktikumsgeber andererseits – fortlaufend bis zur Beendigung des Praktikumsverhältnisses erbracht werden. Beim Praktikumsvertrag handelt es sich um einen sehr stark personenbezogenen Vertrag, da der Praktikant den Ausbildungs- und Tätigkeitseinsatz höchstpersönlich zu erbringen hat.

3. Unselbständigkeit

127 Bildet das Arbeitsrecht über das Berufsbildungsgesetz auch die Rechtsgrundlage für ein Praktikumsverhältnis, dann ist die unselbständige Tätigkeit ebenfalls die Basis für das Praktikanten-/Praktikumsgeberverhältnis. Das gilt auch für Praktikanten, die verpflichtende Studierendenpraktika mit Hochschulbezug zu absolvieren haben.

128 Ein Praktikant ist grundsätzlich fremdbestimmt während des Praktikums. Denn der Praktikumsgeber kann seinem Praktikanten detailliert durch einen Ausbildungs- und Beschäftigungsplan vorschreiben, zu welcher Zeit er welche Ausbildung und Tätigkeit an welchem Ort in welchem Umfang zu absolvieren hat.

129 a. Weisungsgebundenheit. Der Praktikant ist üblicherweise weisungsgebunden.[126] Ist das Berufsbildungsgesetz gemäß § 26 BBiG anwendbar auf ein Vor- oder Nachpraktikum bzw. ein freiwilliges Studierendenpraktikum ohne Hochschulbezug, gilt § 13 S. 2

---

122 Vgl. Walle, S. 35
123 Vgl. Lakies, AR-Blattei SD, 2007, Rn. 102
124 Vgl Leinemann/Taubert, § 26 Rn. 8; BAG, Urteil v. 5. 8. 1965 – 2 AZR 439/64 = AP Nr. 2 zu § 21 KSchG; D. Stuhr/H.-J. Stuhr, BB 1981, S. 916
125 Vgl. Schmidt, BB 1971, S. 313
126 Vgl. Lakies, AR-Blattei SD, 2007, Rn. 98

Nr. 3 BBiG. Danach ist auch der Praktikant verpflichtet, den Weisungen des Praktikumsgebers zu folgen. Das gilt sinngemäß bzw. nach § 315 BGB auch für Praktikanten bei einem verpflichtenden Studierendenpraktikum mit Hochschulbezug.

b. Eingliederung in die Betriebsorganisation. Ein weiteres Kriterium, welches die Praktikantenstellung unterstreicht, ist die Eingliederung des Praktikanten in die Organisation des Betriebs. Zwar ist dieses Merkmal insbesondere auf die Arbeitnehmereigenschaft einer Person anwendbar. Ausbildung und Einsatz eines Praktikanten sind aber auch in die organisatorischen Abläufe eines Betriebs eingebunden. Diese Eingliederung in die Betriebsorganisation ist eng verbunden mit der Weisungsgebundenheit; die Betriebseingliederung in die Organisation des Praktikumsgebers führt zwangsläufig zu einem umfangreichen Weisungsrecht des Praktikumsgebers.[127] Die Eingliederung des Praktikanten in die Betriebsorganisation erfolgt z. B. dadurch, dass die Ausbildung und der Einsatz des Praktikanten, z. B. in einem Industriebetrieb, etwa in Dienst- oder Schichtpläne integriert wird.

4. Ausbildung und Beschäftigung

Berufsbildung i. S. d. Berufsbildungsgesetzes sind nach § 1 Abs. 1 BBiG die Berufsausbildungsvorbereitungen, die Berufsausbildung, die berufliche Fortbildung und die berufliche Umschulung. Lernort des Praktikanten ist üblicherweise der Betrieb in der Wirtschaft sowie des öffentlichen Dienstes. Der Ausbildungsvertrag kann formfrei geschlossen werden. Das besagt insbesondere § 26 BBiG, nachdem auf die Vertragsniederschrift verzichtet werden kann. Im Sinne von § 11 Abs. 1 S. 1 BBiG kann der Praktikumsgeber freiwillig auch bei Praktikanten nach Abschluss des Praktikumsvertrags den wesentlichen Inhalt schriftlich fixieren, z. B. im Sinne von § 11 Abs. 1 S. 2 BBiG

Nr. 1 Art, sachliche und zeitliche Gliederung sowie Ziel der Ausbildung und des Einsatzes insgesamt;
Nr. 2 Beginn und Dauer des Praktikums;
Nr. 3 Dauer der regelmäßigen täglichen Ausbildungszeit;
Nr. 4 Dauer der Probezeit;
Nr. 5 Zahlung und Höhe einer Vergütung;
Nr. 6 Dauer des Urlaubs;
Nr. 7 Hinweise auf die Tarifverträge, Dienst- oder Betriebsvereinbarungen, die eventuell auch auf das Praktikumsverhältnis anzuwenden sind.

Auch Praktikanten haben sich nach § 13 S. 1 BBiG zu bemühen, die berufliche Handlungsfähigkeit zu erwerben, die zum Erreichen eines wenn auch befristeten Ausbildungsziels erforderlich ist. Nach der Beendigung des Praktikums hat der Praktikumsgeber dem Praktikanten nach § 16 Abs. 1 S. 1 BBiG ein schriftliches Zeugnis auszustellen.

Auf ein verpflichtendes Studierendenpraktikum mit Hochschulbezug findet das Berufsbildungsgesetz nach herrschender Meinung keine Anwendung. Praktikanten derartiger Praktikumsverhältnisse dient daher als wichtigste Rechtsgrundlage der Praktikumsvertrag. Insofern haben sie den Praktikumsvertrag zu prüfen und die aus ihrer Sicht fehlenden Regelungen, die in § 11 Abs. 1 S. 2 BBiG aufgeführt sind, mit dem Praktikumsgeber zu erörtern und zu vereinbaren.

---

127 Vgl. BAG, Beschluss v. 30. 10. 1991 – 7 ABR 19/91 = AP Nr. 59 zu § 611 BGB, Abhängigkeit = NZA 1992, S. 407

5. Probezeit

134 Auch das Praktikum beginnt üblicherweise mit einer Probezeit. Die Probezeit kann von beiden Vertragsparteien sehr kurz vereinbart werden, insbesondere, wenn das Praktikum nur drei Monate oder kürzer dauert. Dann mag auch eine Probezeit von weniger als einem Monat, wie in § 26 BBiG normiert, sinnvoll sein. Ein völliger Wegfall der Probezeit widerspricht allerdings den Vorgaben des § 26 BBiG, weil die Regelung nur eine Verkürzung zulässt.[128]

II. Praktikumsgeber

1. Begriff

135 Der Praktikumsgeber ist die Vertragspartei des Praktikanten. Nach Abschluss des Praktikumsvertrags kann der Praktikumsgeber vom Praktikanten den zeitlich vereinbarten Einsatz im Rahmen der Ausbildung und der Tätigkeit verlangen. Praktikumsgeber können natürliche Personen, juristische Personen wie z. B. eine Aktiengesellschaft oder die Gesellschaft mit beschränkter Haftung sowie rechtsfähige Personengesellschaften gemäß § 14 II BGB sein. Maßgeblich für die Praktikumsgeberstellung ist das Weisungsrecht, mit dem der Praktikumsgeber einseitig, z. B. nach Maßgabe des § 13 S. 2 Nr. 3 BBiG oder nach § 315 BGB, die im Praktikumsvertrag nur allgemein angesprochene Ausbildung und Tätigkeit des Praktikanten nach Art, Ort sowie Zeit und Umfang konkretisiert.[129]

2. Praktikumsgeberwechsel durch Betriebsübergang

136 Mangels Nachfolgeregelung, aber auch aus sonstigen Gründen kann sich ein Unternehmer entscheiden, seinen Betrieb zu verkaufen. Maßgebliche Rechtsnorm für den Betriebsübergang ist im Arbeitsrecht § 613a BGB. Geht nach § 613a Abs. 1 S. 1 BGB ein Betrieb oder ein Betriebsteil durch Rechtsgeschäft auf einen anderen Inhaber über, so tritt dieser nicht nur in die Rechte und Pflichten aus den im Zeitpunkt des Übergangs bestehenden Arbeitsverhältnisse sondern grundsätzlich auch in die bestehenden Praktikumsverhältnisse ein. Damit ist der Wechsel an einen neuen Rechtsträger gemeint, der durch wirksames Rechtsgeschäft den Betrieb übernimmt und in die Rechte und Pflichten auch aus allen Praktikumsverhältnissen kraft Gesetzes eintritt, welche im Zeitpunkt des Übergangs bestehen und dem übergegangenen Betrieb oder Betriebsteil zuzuordnen sind.[130] Daher muss es sich allerdings um Praktikumsverhältnisse handeln, auf die die Arbeitsgesetze anwendbar sind, also zumindest um Praktikumsverhältnisse, die als „Andere Vertragsverhältnisse" i. S. v. § 26 BBiG angesehen werden.

137 Sind diese Rechte und Pflichten durch Rechtsnormen eines Tarifvertrags oder durch eine Betriebsvereinbarung geregelt, so werden sie dann auch Inhalt des Praktikumsverhältnisses zwischen dem neuen Inhaber und dem Praktikanten nach § 613a Abs. 1 S. 1 BGB.

138 Nach der Rechtsprechung und der herrschenden Meinung in der Rechtsliteratur sind die für den Arbeitsvertrag geltenden Rechtsvorschriften und Rechtsgrundsätze aber auf ein verpflichtendes Studierendenpraktikum mit Hochschulbezug nicht anwendbar.

---

128 Leinemann/Taubert, § 26 Rn. 35
129 Vgl. Lipperheide, § 1 I 3.3
130 Vgl. BAGE 104, S. 324, 331 = AP Nr. 243 zu § 613a BGB, Aktienoptionsplan = NZA 2003, S. 487; dazu Junker, Rn. 143 sowie seine Anmerkung zu BAGE 104, S. 324 = WuB IX., 2003, § 613a BGB, S. 1

Daher ist es denkbar, dass der neue Inhaber des Betriebs ein solches Praktikumsverhältnis sofort kündigen kann. Ein derartiges Praktikumsverhältnis fällt somit grundsätzlich nicht unter die Schutzvorschrift des § 613a BGB.

§ 4 Inhalt von Praktikumsverträgen

I. Grundlagen

Praktikumsgeber und Praktikant schließen einen Praktikumsvertrag, aus dem sich die Rechte und Pflichten der jeweiligen Vertragsparteien ergeben.

Pflichten des Praktikanten

- **Hauptpflicht**
  - Ausbildungs- und Tätigkeitseinsatz
    - Art des Einsatzes
    - Ort des Einsatzes
    - Zeitlicher Umfang

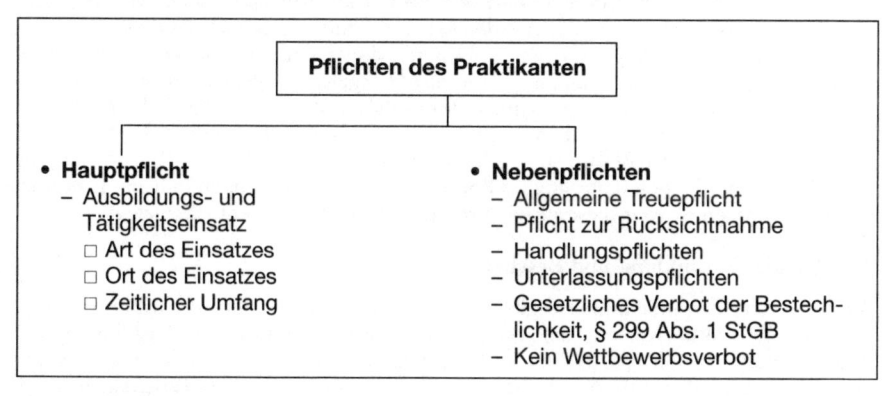

- **Nebenpflichten**
  - Allgemeine Treuepflicht
  - Pflicht zur Rücksichtnahme
  - Handlungspflichten
  - Unterlassungspflichten
  - Gesetzliches Verbot der Bestechlichkeit, § 299 Abs. 1 StGB
  - Kein Wettbewerbsverbot

Abb. 6: Pflichten des Praktikanten

II. Pflichten des Praktikanten

1. Hauptpflicht: Ausbildungs- und Tätigkeitseinsatz

Nach § 311 I BGB ist zur Begründung eines Schuldverhältnisses durch Rechtsgeschäft sowie zur Änderung des Inhalts eines Schuldverhältnisses grundsätzlich ein Vertrag zwischen den Beteiligten erforderlich. Die Pflicht des Praktikanten – sein Ausbildungs- und Tätigkeitseinsatz – ist dessen Hauptpflicht. Der Praktikumsvertrag selbst ist nicht nur die einzige Rechtsquelle zur Ausbildungs- und Tätigkeitspflicht; weitere Einzelheiten können sich auch, z.B. wenn das Arbeitsrecht auf ein Praktikumsverhältnis anwendbar ist, aus gesetzlichen Vorschriften, eventuell aus Tarifverträgen, Betriebsvereinbarungen, allgemeinen Arbeitsbedingungen, dem Gleichbehandlungsgrundsatz und der Weisungsbefugnis des Praktikumsgebers ergeben.[131] In erster Linie ist ein Praktikant verpflichtet, alles zu tun, um das Ausbildungsziel zu erreichen.[132] Der Praktikant hat den Ausbildungs- und Tätigkeitseinsatz höchstpersönlich zu erfüllen.

Vom Praktikanten muss erwartet werden, dass er über die Ausbildung hinaus Nebentätigkeiten erledigt, die im Zusammenhang mit den betrieblichen Belangen stehen und

---
[131] Vgl. Dütz, Rn. 138
[132] Schmidt, BB 1971, S. 313, 316

somit keine reine Ausbildungsarbeiten darstellt.[133] Dadurch darf der Ausbildungszweck aber nicht vereitelt werden. Außerdem sind Praktikanten verpflichtet, die ihnen übertragenen Arbeiten zu verrichten, da diese „Arbeitspflicht" neben der Lernpflicht besteht.[134] Dieses gilt auch für Praktikanten in einem verpflichtenden Studierendenpraktikum mit Hochschulbezug.

2. Art der Praktikumsleistung

142 Grundlage für die Bestimmung der Art der Praktikumsleistung ist der zwischen dem Praktikumsgeber und dem Praktikanten abgeschlossene Praktikumsvertrag, entweder nach §§ 26, 10 BBiG i. V. m. § 311 Abs. 1 BGB oder nur nach § 311 Abs. 1 BGB, wenn die gesetzlichen Regelungen des Berufsbildungsgesetzes nicht anwendbar sein sollen. Nach § 13 S. 1 BBiG hat sich ein Praktikant zu bemühen, die beruflichen Fertigkeiten, Kenntnisse, Fähigkeiten oder beruflichen Erfahrungen zu erwerben, die zum Erreichen des Ausbildungsziels erforderlich sind. Zusätzlich können zum einen Arbeitsgesetze und Tarifvereinbarungen bei der Art der Arbeitsleistung zu berücksichtigen sein; zum anderen hat das sog. Weisungsrecht, auch Direktionsrecht genannt, große Bedeutung für die Tätigkeit des Praktikanten. § 106 GewO regelt das Weisungsrecht des Arbeitgebers gegenüber seinen Arbeitnehmer. Ein solches Weisungsrecht steht auch dem Praktikumsgeber gegenüber dem Praktikanten zu, entweder nach § 13 S. 2 Nr. 3 BBiG oder nach § 315 BGB. Danach kann der Praktikumsgeber den Inhalt, d. h. die Ausbildung und die Beschäftigung im Rahmen des Praktikums nach billigem Ermessen näher bestimmen, soweit diese nicht durch den Praktikumsvertrag festgelegt sind.

3. Ort der Ausbildung und Beschäftigung

143 Auch der Ort der Ausbildung ergibt sich grundsätzlich aus dem Praktikumsvertrag. Fehlt im Praktikumsvertrag die Vereinbarung über den Ort der Ausbildung und Beschäftigung, so gilt § 269 Abs. 2 BGB. Danach hat der Schuldner die Leistung grundsätzlich an dem Ort zu erbringen, an dem der Gläubiger der Tätigkeit, hier der Praktikumsgeber, zur Zeit der Entstehung des Schuldverhältnisses seine Niederlassung hat, d. h. wo sich dessen Betrieb befindet. Abweichend von § 269 BGB, welcher als üblichen Ort für die Schuld die Holschuld ansieht, handelt es sich auf Grund der Natur des Schuldverhältnisses, hier Praktikumsvertrag, um eine Bringschuld, da der Praktikant seine Einsatzpflicht im Betrieb des Praktikumsgebers zu erbringen hat.[135] Der Praktikumsgeber kann allerdings auch beim Ort der Praktikumsleistung von seinem Weisungsrecht Gebrauch machen und den Praktikanten verpflichten, seine Ausbildung außerhalb der Betriebsstätte zu erbringen, so z. B. typischerweise im Außendienst mit Vertriebs- und Verkaufsmitarbeitern, als Assistenz von Unternehmensberatern in Betrieben, welche die Beratungsgesellschaft beauftragt haben, oder als Praktikant im Handwerk bei Kunden.

4. Zeitlicher Umfang des Praktikumseinsatzes

144 Der zeitliche Umfang des vom Praktikanten zu erbringenden Praktikumseinsatzes ergibt sich, sofern § 26 BBiG auf Praktikumsverhältnisse anwendbar ist, aus § 17 Abs. 3 BBiG bzw. aus dem Arbeitszeitgesetz (ArbZG). Das Arbeitszeitgesetz ist für alle Praktikumsverhältnisse anwendbar. Obwohl die Rechtsprechung und die herrschende Meinung in der Rechtsliteratur das verpflichtende Studierendenpraktikum

---

133 Vgl. Schmidt, BB 1971, S. 313, 315; dazu Horstmeier, JR 2006, S. 313, 314
134 Vgl. Lakies, AR-Blattei SD, 2007, Rn. 102
135 Vgl. Brox/Rüthers/Henssler, Rn. 199; Hromadka/Maschmann, Bd. 1, § 6 Rn. 91; Preis, Bd. 1, § 26 III 2

mit Hochschulbezug nicht als Ausbildungsverhältnis i. S. v. § 26 BBiG anerkennen, muss das Arbeitszeitgesetz auch auf ein derartiges Praktikumsverhältnis zum Schutz des Praktikanten zumindest analog anzuwenden sein.

Arbeitszeit i. S. d. Arbeitszeitgesetzes ist nach § 2 Abs. 1 S. 1 ArbZG die Zeit vom Beginn bis zum Ende der Arbeit ohne die Ruhepausen. Zweck des Arbeitszeitgesetzes ist es nach § 1 ArbZG, die Sicherheit und den Gesundheitsschutz bei der Arbeitszeitgestaltung zu gewährleisten und die Rahmenbedingungen für flexible Arbeitszeiten zu verbessern. Außerdem sollen die Sonntage sowie die staatlich anerkannten Feiertage als Tage der Arbeitsruhe und der seelischen Erhebung auch für die Praktikanten geschützt werden. Nach § 2 Abs. 2 ArbZG gilt das Arbeitszeitgesetz grundsätzlich für alle Arbeitnehmer und Auszubildende. Es hat ebenso für Praktikanten aller Arten von Praktikumsverhältnissen zu gelten. **145**

a. Bereitschaft zum Ausbildungs- und Tätigkeitseinsatz. Nach § 2 Abs. 1 S. 1 ArbZG ist Arbeitszeit i. S. d. Arbeitszeitgesetzes die Zeit vom Beginn bis zum Ende der Arbeit ohne die Ruhepausen. Diese Definition zur Arbeitszeit umfasst allerdings nicht die Situation, in der ein Arbeitnehmer im Rahmen einer Arbeitsbereitschaft durch vereinbarten Bereitschaftsdienst oder eine Rufbereitschaft zwar nicht unmittelbar tätig ist, seine Arbeitsleistung aber dann abrufbar ist, wenn sie benötigt wird. Für Praktikanten gilt, dass die Ausbildungs- und Tätigkeitszeit als „Arbeitszeit" i. S. d. Arbeitszeitgesetzes anzusehen ist. **146**

b. Höchstdauer der Ausbildungs- und Tätigkeitszeit. Das Arbeitszeitgesetz hat in den §§ 3–5 ArbZG die Höchstarbeitszeit sowie notwendige Ruhepausen und Ruhezeiten festgelegt. Nach § 3 S. 1 ArbZG darf die werktägliche Arbeitszeit der Arbeitnehmer, ebenso die der Praktikanten, acht Stunden nicht überschreiten. Sie kann auf bis zu zehn Stunden nur verlängert werden, wenn innerhalb von sechs Kalendermonaten oder innerhalb von vierundzwanzig Wochen im Durchschnitt grundsätzlich acht Stunden werktäglich nicht überschritten werden. Das gilt eher für ein langfristiges Praktikum. **147**

Die Arbeitszeit ist durch Ruhepausen zu unterbrechen. Nach § 4 S. 1 ArbZG ist die Arbeit durch im Voraus feststehende Ruhepausen von mindestens dreißig Minuten bei einer Arbeitszeit von sechs bis zu neun Stunden und fünfundvierzig Minuten bei einer Arbeitszeit von mehr als neun Stunden insgesamt zu unterbrechen. Länger als sechs Stunden hintereinander dürfen auch Praktikanten nicht ohne Ruhepause beschäftigt werden. **148**

Nach Beendigung der täglichen Ausbildungs- und Tätigkeitszeit hat auch der Praktikant i. S. v. § 5 Abs. 1 ArbZG Anspruch auf eine ununterbrochene Ruhezeit von mindestens elf Stunden. Eine Verkürzung dieser ununterbrochenen Ruhezeit um bis zu einer Stunde kann für Praktikanten beim Ausbildungs- und Tätigkeitseinsatz ausnahmsweise in Krankenhäusern und anderen Einrichtungen zur Behandlung, Betreuung und Pflege von Personen, in Gaststätten und in anderen Einrichtungen zur Bewirtung und Beherbergung, in Verkehrsbetrieben, beim Rundfunk sowie in der Landwirtschaft und in der Tierhaltung möglich sein, wenn jede Verkürzung der Ruhezeit innerhalb eines Monats oder innerhalb von vier Wochen durch Verlängerung einer anderen Ruhezeit auf mindestens zwölf Stunden ausgeglichen wird. **149**

c. Vertraglich vereinbarte Ausbildungs- und Tätigkeitszeit im Praktikum. Unter Beachtung des Arbeitszeitgesetzes können eine Vereinbarung im Praktikumsvertrag oder der Tarifvertrag, wenn dieser auch auf ein Praktikumsverhältnis anwendbar ist, eine andere wöchentliche Arbeitszeit vorsehen. Je nach Branche werden in Deutschland wöchent- **150**

lich zwischen 35 und bis zu 42 Stunden, z. B. im öffentlichen Dienst, gearbeitet. In den meisten Branchen regeln Tarifverträge den zeitlichen Umfang für die zu erbringende Arbeitsleistung. Betriebsvereinbarungen über Arbeitszeiten kommen aufgrund des Tarifvorbehalts in § 77 Abs. 3 S. 1 BetrVG grundsätzlich nicht vor, es sei denn, der Tarifvertrag lässt im Rahmen einer Öffnungsklausel nach § 77 Abs. 3 S. 2 BetrVG den Abschluss ergänzender Betriebsvereinbarungen ausdrücklich zu. Nach § 87 Abs. 1 Nr. 3 BetrVG hat der Betriebsrat über eine vorübergehende Verlängerung der betriebsüblichen Arbeitszeit mitzubestimmen. Die Ausbildungs- und Tätigkeitszeit eines Praktikanten kann sich daher eventuell auch aus Regelungen eines Tarifvertrags ergeben, die eine bestimmte Branche betreffen. Wird die vereinbarte regelmäßige tägliche Ausbildungs- und Tätigkeitszeit überschritten, ist diese Zeit nach § 17 Abs. 3 BBiG entweder besonders zu vergüten oder durch entsprechende Freizeit auszugleichen. Das gilt wieder grundsätzlich nicht für Praktikanten aus verpflichtenden Studierendenpraktika mit Hochschulbezug, auf deren Praktikumsverhältnisse das Berufsbildungsgesetz nicht anwendbar ist.

151 Minderjährige Praktikanten dürfen nach § 8 Abs. 1 JArbSchG nicht mehr als acht Stunden täglich und nicht mehr als 40 Stunden wöchentlich beschäftigt werden. Nur bei vorübergehenden und unaufschiebbaren Arbeiten in Notfällen lässt § 21 JArbSchG eine Ausnahme zu, wenn erwachsene Beschäftigte nicht zur Verfügung stehen. Die Mehrarbeit ist dann nach § 21 Abs. 2 JArbSchG durch eine entsprechende Verkürzung der Ausbildungs- und Tätigkeitszeit innerhalb der folgenden drei Wochen auszugleichen.

152 **d. Einteilung der Ausbildungs- und Tätigkeitszeit im Praktikum.** Das Weisungsrecht gibt dem Praktikumsgeber die Möglichkeit, gegenüber den Praktikanten den Anfang und das Ende der täglichen Ausbildungs- und Tätigkeitszeit festzusetzen. Zu beachten hat der Praktikumsgeber diesbezüglich zum einen Regelungen über Arbeitszeiten im Praktikumsvertrag sowie gesetzliche und eventuell tarifvertragliche Regelungen. Zu berücksichtigen sind in diesem Zusammenhang zum anderen z. B. die gleitende Arbeitszeit, eventuell auch die Nacht- und Schichtarbeitszeiten nach § 6 ArbZG.

153 **e. Arbeitsruhe an Sonn- und Feiertagen.** An Sonn- und Feiertagen ruht die Arbeit. Diese besondere Arbeitnehmerschutzregelung ist in Art. 140 GG i. V. m. Art. 139 WRV normiert. § 9 ArbZG regelt die Sonn- und Feiertagsruhe für Arbeitnehmer. Danach dürfen Arbeitnehmer an Sonn- und gesetzlichen Feiertagen von null bis vierundzwanzig Uhr grundsätzlich nicht beschäftigt werden. Ausnahmen lässt das Arbeitszeitgesetz in § 9 Abs. 2, 3 ArbZG sowie in einem umfassenden, abschließenden Ausnahmenkatalog in § 10 ArbZG zu. Weist der Arbeitgeber Sonn- und Feiertagsarbeit an, besteht für den Betriebsrat ein Zustimmungsrecht nach § 87 Abs. 1 Nr. 2 BetrVG. Selbst bei zulässiger Sonn- und Feiertagsbeschäftigung müssen nach § 11 Abs. 1 ArbZG fünfzehn Sonntage im Jahr beschäftigungsfrei bleiben. Außerdem steht Arbeitnehmern, die an einem Sonntag beschäftigt werden, ein Ersatzruhetag zu, der innerhalb eines den Beschäftigungstag einschließenden Zeitraums von zwei Wochen zu gewähren ist.

154 Dieser umfassende Schutz des Arbeitszeitgesetzes gilt auch für Praktikanten. Denn in einzelnen Branchen sind Ausbildung und Tätigkeit für Praktikanten auch an Sonn- und Feiertagen zu erbringen. Daher müssen die für Arbeitnehmer normierten Schutzregelungen auch für Praktikanten gelten.

155 **f. Probezeit.** Normalerweise vereinbaren Praktikumsgeber und Praktikant eine Probezeit. Üblich ist im Arbeitsrecht bei einem unbefristeten Arbeitsverhältnis eine bis zu sechs Monaten anfängliche echte Erprobungszeit, bei der eine möglichst schnelle

Auflösung des Arbeitsverhältnisses während der Probezeit möglich sein soll, sobald eine mangelnde Eignung oder Neigung festgestellt wird.[136] Diese Probezeit fällt bei einem Praktikum erheblich kürzer aus. § 20 S. 1 BBiG lässt eine Probezeit von einem Monat bei einem Ausbildungsverhältnis zu. In der Rechtsliteratur finden sich Meinungen, die bei kurzen Praktikumsverhältnissen von nur zwei oder drei Monaten auch eine zweiwöchige Probezeit für rechtmäßig halten.[137] Die Dauer der Probezeit hat sich nach der Länge des Praktikums zu richten. Auf die Probezeit kann nicht ganz verzichtet werden.[138]

g. Ausbildungsnachweis. Verlangt die Hochschule, ob bei einem Vorpraktikum oder einem verpflichtenden Studierendenpraktikum mit Hochschulbezug, einen Ausbildungsnachweis über das Praktikum, gilt § 14 Abs. 1 Nr. 4 BBiG für Praktikumsverhältnisse, auf die das Berufsbildungsgesetz anwendbar ist. Für Praktikanten von verpflichtenden Studierendenpraktika mit Hochschulbezug ergibt sich die Verpflichtung grundsätzlich aus der jeweiligen Studienordnung. **156**

5. Nebenpflichten

Für den Praktikanten bestehen umfangreiche Nebenpflichten. Sie lassen sich in Handlungs-, Unterlassungspflichten und sonstige Pflichten einteilen. Einerseits bestehen sie auf Grund des Praktikumsvertrags i. V. m. §§ 241 Abs. 2, 242 BGB; zum anderen können eventuell gesetzliche oder tarifvertragliche Regelungen derartige Nebenpflichten begründen. **157**

a. Allgemeine Treuepflicht sowie Pflicht zur Rücksichtnahme. Auf Grund des Praktikumsvertrags i. V. m. §§ 241 Abs. 2, 242 BGB besteht für den Praktikanten gegenüber dem Praktikumsgeber eine unbedingte Treuepflicht.[139] Der Begriff „Treuepflicht" resultierte insbesondere aus der früher für den Arbeitnehmer verstandenen Pflicht, den Weisungen des Arbeitgebers Folge zu leisten, d.h. einer Gehorsamspflicht zu genügen.[140] In der heutigen Zeit geht die herrschende Meinung in der Rechtsprechung und Rechtsliteratur davon aus, dass der Begriff „Treuepflicht" nicht nur veraltet ist, sondern auch die Nebenpflichten des Arbeitnehmers gegenüber dem Arbeitgeber zu sehr einschränken.[141] Denn § 241 Abs. 2 BGB besagt, dass das Schuldverhältnis nach seinem Inhalt jeden Teil, also hier den Praktikanten, zur Rücksicht auf die Rechte, Rechtsgüter und Interessen des anderen Teils, hier des Praktikumsgebers, verpflichtet. Dazu zählt nicht nur eine ordentliche Verhaltenspflicht des Praktikanten gegenüber dem Praktikumsgeber, die auch die Pflicht zur Befolgung von Weisungen beinhaltet; in materieller Hinsicht resultiert die Pflicht zur Rücksichtnahme aus der Eigenheit des Praktikumsverhältnisses als Dauerschuldverhältnis, dass dem Praktikanten besondere Einwirkungsmöglichkeiten auf die Rechte, Rechtsgüter und Interessen des Praktikumsgebers eröffnet.[142] Dazu gehören verschiedene Pflichten des Praktikanten, welche entweder durch ein aktives Tun oder ein Unterlassen erfüllt werden. **158**

b. Handlungspflichten. Handlungspflichten als Nebenpflichten bestehen für den Praktikanten insbesondere dann, wenn er seinen Praktikumsgeber durch aktives Tun vor einem Schaden schützen kann. **159**

---

136 Vgl. Dütz, Rn. 127
137 Vgl. Hirdina, NZA 2008, S. 916, 919
138 Fangmann, AuR 1977, S. 201, 205; a. A. Monjau, DB 1969, S. 1847
139 So z.B. auch Schmidt, BB 1971, S. 313, 316; Fangmann, AuR 1977, S. 201, 206
140 So z.B. für die ältere Rechtsliteratur Hueck/Nipperdey, Bd. 1, § 37 I; Nikisch, Bd. 1, S. 448
141 Vgl. dazu Brox/Rüthers/Henssler, Rn. 218; Schaub/Linck, § 55 Rn. 2
142 Vgl. Krause, § 7 Rn. 2

160 Ist das Berufsbildungsgesetz auf ein Praktikumsverhältnis anwendbar, hat der Praktikant nach § 13 S. 2 Nr. 1 BBiG die ihm im Rahmen seiner Ausbildung aufgetragenen Aufgaben sorgfältig auszuführen. Nach § 13 S. 2 Nr. 5 BBiG müssen Praktikanten z. B. Werkzeug, Maschinen und sonstige Einrichtungen des Praktikumsgebers pfleglich behandeln. Diese Grundsätze gelten für Praktikanten aller Praktikumsverhältnisse.

161 Der Praktikant muss auch handeln, um z. B. seiner Schadensabwendungspflicht gegenüber dem Praktikumsgeber zu genügen. Wenn z. B. ein Feuer im Betrieb ausgebrochen ist, hat der Praktikant, der eventuell dieses Feuer zuerst bemerkt, die Feuerwehr zu rufen, bei einem kleineren Brand selbst Löschmaßnahmen zu ergreifen und insbesondere den Praktikumsgeber zu informieren. Eine spezialgesetzliche Handlungspflicht des Praktikanten ergibt sich außerdem aus § 16 I ArbSchG. Danach haben die Beschäftigten dem Arbeitgeber oder dem zuständigen Vorgesetzten jede von ihnen festgestellte unmittelbare erhebliche Gefahr für die Sicherheit und Gesundheit sowie jeden an den Schutzsystemen festgestellten Defekt unverzüglich zu melden. Das gilt auch für den Praktikanten. Dieselbe Anzeigenpflicht ergibt sich für den Praktikanten, wenn er Straftaten, z. B. einen Diebstahl eines anderen Praktikanten oder eines Arbeitnehmers, im Betrieb bemerkt.

162 **c. Unterlassungspflichten.** Der Praktikant hat grundsätzlich alles zu unterlassen, was den Rechten, Rechtsgütern oder den Interessen des Praktikumsgebers zuwiderläuft. Oberster Maßstab ist, dass der Praktikant alles unterlässt, was der wirtschaftlichen Leistungsfähigkeit des Betriebs schadet. Der Praktikant darf nicht den Betriebsfrieden stören, den Konkurrenten des Praktikumsgebers Betriebsgeheimnisse preisgeben oder gar Sach- bzw. Personenschäden verursachen. Keine Verletzung der Verschwiegenheitspflicht liegt allerdings dann vor, wenn der Praktikant Straftaten des Praktikumsgebers der Staatsanwaltschaft oder der Polizei oder drohende gesundheitliche Schäden der Berufsgenossenschaft oder dem Gewerbeaufsichtsamt (z. B. Verletzung von Arbeitsschutzvorschriften) anzeigt.[143] Dabei handelt es sich um das im Arbeitsrecht anerkannte sog. Whistleblowing.

163 Die Verschwiegenheitspflicht ist die bedeutendste Unterlassungspflicht des Praktikanten. Ist das Berufsbildungsgesetz auf ein Praktikumsverhältnis anwendbar, ist die Verschwiegenheitspflicht des Praktikanten in § 13 S. 2 Nr. 6 BBiG geregelt. Für Praktikanten in verpflichtenden Studierendenpraktika mit Hochschulbezug gilt die Verschwiegenheitspflicht zumindest nach § 241 Abs. 2 BGB i. V. m. § 242 BGB.

164 Verletzt der Praktikant die Verschwiegenheitspflicht, kann er sich u. U. strafbar machen. § 17 Abs. 1 UWG regelt die Strafbarkeit bei Verrat eines Betriebs- oder Geschäftsgeheimnisses, wenn der Praktikant aus Eigennutz zu Gunsten eines Dritten oder in der Absicht, dem Inhaber des Geschäftsbetriebs Schaden zuzufügen, diese an jemanden offenbart. Unter Umständen besteht eine Schadensersatzpflicht gegenüber dem Praktikumsgeber nach § 17 Abs. 1 UWG i. V. m. § 823 Abs. 2 BGB. Desweiteren besteht eine – logische – Verschwiegenheitspflicht für den Praktikanten dafür, keine konkrete Geschäfts- und Betriebsgeheimnisse insbesondere einem zum Praktikumsgeber im Wettbewerb stehenden Unternehmen mitzuteilen. Zu diesen Geheimnissen gehören z. B. technisches Know-How, Kundenlisten oder Warenbezugsquellen, nicht aber bereits übliche Verfahren und allgemein bekannte Tatsachen.[144] Die Verpflichtung zum Stillschweigen über Betriebs- und Geschäftsgeheimnisse besteht als sog. nach-

---

143 Senne, Kap. F II 2
144 Brox/Rüthers/Henssler, Rn. 225

vertragliche Verschwiegenheitspflicht auch über das Bestehen des Praktikumsverhältnisses hinaus.[145]

d. Gesetzliches Verbot der Bestechlichkeit. § 299 Abs. 1 StGB stellt Bestechlichkeit unter Strafe. Denn wer als Angestellter oder Beauftragter eines geschäftlichen Betriebs im geschäftlichen Verkehr einen Vorteil für sich oder einen Dritten als Gegenleistung dafür fordert, sich versprechen lässt oder annimmt, dass er einen anderen bei dem Bezug von Waren oder gewerblichen Leistungen im Wettbewerb in unlauterer Weise bevorzugt, wird mit Freiheitsstrafe bis zu drei Jahren oder mit Geldstrafe bestraft. Sind die §§ 26, 10 Abs. 2 BBiG auf das Praktikumsverhältnis anwendbar, fällt auch der Praktikant unter den vom Strafgesetzbuch verwendeten Begriff „Angestellter". Der Praktikant ist somit wie ein Arbeitnehmer auch zur Treue verpflichtet, und dazu gehört ebenfalls, dass er sich nicht bestechen lässt.[146]

Die Möglichkeit besteht am Arbeitsplatz, wenn der Praktikant für pflichtwidriges Handeln durch Schmiergeldannahme bestochen wird. Der Praktikant nimmt z.B. Einfluss auf die Erteilung eines Auftrags an einen Geschäftspartner, obwohl das Produkt teurer ist als bei der Konkurrenz; er schadet somit seinem Praktikumsgeber. Das Handeln des Praktikanten ist nach § 138 BGB sittenwidrig. Der Praktikumsgeber, welcher durch die Bestechung seines Praktikanten geschädigt wurde, hat nach §§ 667, 687 Abs. 2 S. 1, 681 BGB einen Anspruch auf Herausgabe des Schmiergelds aus unerlaubter Eigengeschäftsführung.[147] Als Anspruchsgrundlage sind auch §§ 675, 667 BGB anerkannt.[148] Hat sich der Praktikant bestechen lassen, steht dem Praktikumsgeber das Recht zu, den Praktikanten aus wichtigem Grund grundsätzlich nach § 22 BBiG bzw. bei einem verpflichtenden Studierendenpraktikum mit Hochschulbezug nach § 314 BGB fristlos zu kündigen.[149]

e. Wettbewerbsverbot. Ein gesetzliches Wettbewerbsverbot ist im Handelsgesetzbuch in § 60 Abs. 1 HGB geregelt. Danach darf ein Handlungsgehilfe ohne Einwilligung des Geschäftsherrn weder ein Handelsgewerbe betreiben, noch in dem Handelszweig des Geschäftsherrn für eigene oder fremde Rechnung Geschäfte machen. Diese Regelung bringt den verallgemeinerungsfähigen Rechtsgedanken zum Ausdruck, dass man dem Unternehmen, von dessen Erträgen man lebt, nicht gleichzeitig Konkurrenz machen kann.[150]

Für Praktikanten gilt ein solches Wettbewerbsverbot grundsätzlich nicht. So regelt schon § 12 Abs. 1 BBiG für Ausbildungsverhältnisse, auf die das Berufsbildungsgesetz anwendbar ist: Eine Vereinbarung, die Auszubildende für die Zeit nach Beendigung des Berufsausbildungsverhältnisses in der Ausübung ihrer beruflichen Tätigkeit beschränkt, ist nichtig. Diese Regelung ist auf Praktikumsverhältnisse übertragbar.

III. Pflichten des Praktikumsgebers

Der zwischen Praktikumsgeber und Praktikant geschlossene Praktikumsvertrag verpflichtet den Praktikumsgeber ebenfalls zu Haupt- und Nebenleistungspflichten. Wäh-

---

145 Senne, Kap. F II 2
146 Vgl. Schmidt, BB 1971, S. 313, 316
147 Vgl. BAGE 11, S. 208, 212
148 Vgl. BGHZ 38, S. 171, 175
149 Vgl. BAG, Urteil v. 17.8.1972 – 2 AZR 415/71 = AP Nr. 65 zu § 626 BGB
150 Vgl. Krause, § 7 Rn. 3

rend jedenfalls Hauptleistungspflichten Ausbildung und Beschäftigung sind, ist aus Sicht des Verfassers grundsätzlich auch die Vergütung eine Hauptleistung. Außerdem obliegen dem Praktikumsgeber gegenüber dem Praktikanten als Nebenpflichten besondere Schutzpflichten nach §§ 241 Abs. 2, 242 BGB.

```
Pflichten des Praktikumsgebers
├── Hauptpflichten
│     – Ausbildungs- und Beschäftigungspflicht
│     – Vergütungspflicht (nach Ansicht des Verfassers)
└── Nebenpflichten
      – Fürsorgepflicht
      – Rücksichtspflicht
      – Besondere Schutzpflichten
          □ Schutz von Leben und Gesundheit
          □ Schutz von Persönlichkeitsrechten
      – Pflicht zur Urlaubsgewährung (nach Ansicht des Verfassers)
      – Pflichten bei Beendigung des Praktikumsverhältnisses
          □ z. B. Zeugniserteilung
```

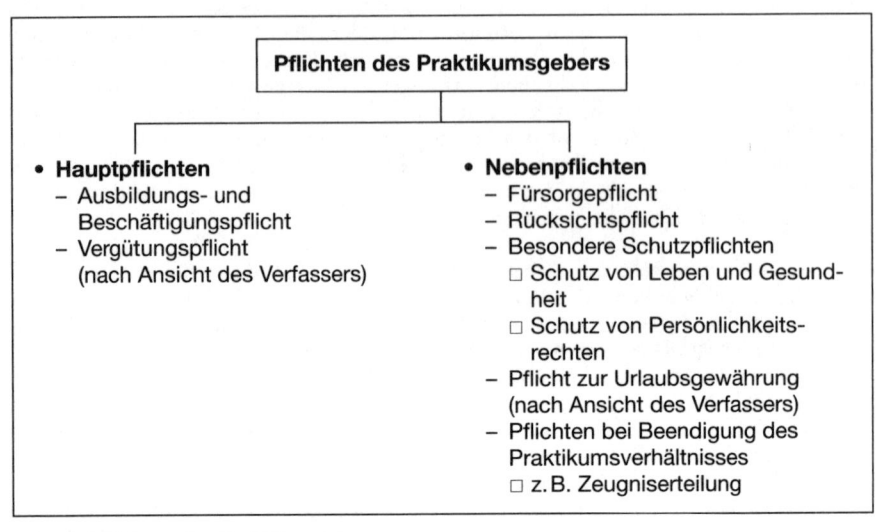

Abb. 7: Pflichten des Praktikumgebers

1. Hauptpflicht: Ausbildungs- und Beschäftigungspflicht

170 Die Ausbildungs- und Beschäftigungspflicht des Praktikanten ist die wichtigste Hauptpflicht des Praktikumsgebers. Haben Praktikumsgeber und Praktikant einen wirksamen Praktikumsvertrag geschlossen, besteht für den Praktikumsgeber die Pflicht, den Praktikanten auszubilden, um ihm die beruflichen Fertigkeiten, Kenntnisse, Fähigkeiten und beruflichen Erfahrungen beizubringen. Diese Hauptpflicht des Praktikumsgebers folgt wie beim Arbeitsverhältnis aus dem Recht der freien Entfaltung der Persönlichkeit und aus der personalen Würde des Praktikanten gemäß Art. 2 GG i. V. m. Art. 1 Abs. 1 GG.[151] Somit besteht auch für den Praktikumsgeber praktisch eine „Abnahmepflicht".[152] Der Praktikant ist daher vom Praktikumsgeber auszubilden und zu beschäftigen.

2. Vergütungspflicht

171 Die Vergütungspflicht ist aus Sicht des Verfassers auch eine Hauptpflicht des Praktikumsgebers. Unbestritten gilt diese Meinung für Vor- und Nachpraktika, auf die nach § 26 BBiG der § 17 BBiG anwendbar ist. Wenn das Praktikumsverhältnis zutreffend unter § 26 BBiG subsumiert wird, ergibt sich die Pflicht zur Zahlung einer angemessenen Vergütung zwingend aus § 17 BBiG.[153] Der Vergütungsanspruch des Praktikanten, auf dessen Praktikumsverhältnis das Berufsbildungsgesetz anwendbar ist, ist nach

---

151 Vgl. Brox/Rüthers/Henssler, Rn. 330
152 Otto, Rn. 573
153 Maties, RdA 2007, S. 135, 139; so auch D. Stuhr/H.-J. Stuhr, BB 1981, S. 916, 918

Meinung der Rechtsliteratur unabdingbar.[154] Ist die Höhe der Vergütung nicht angemessen nach § 17 Abs. 1 S. 1 BBiG, ist diese Vereinbarung nach § 25 BBiG unwirksam. Die Pflicht zu einer angemessenen Vergütung gilt ebenso für freiwillige Studierendenpraktika ohne Hochschulbezug. Der Verfasser vertritt außerdem die Auffassung, dass auch Praktikanten im Rahmen eines verpflichtenden Studierendenpraktikums mit Hochschulbezug eine angemessene Vergütung zusteht.[155] Denn ein Praktikant, egal ob im Rahmen eines Studierendenpraktikums ohne oder mit Hochschulbezug, arbeitet immer auch im Rahmen seiner Ausbildung.[156]

Sehr viele Praktikumsgeber schließen faire Praktikumsverträge ab, in denen für jede Art des Praktikums eine angemessene Vergütung geregelt ist. Solange aber die Rechtsprechung und die herrschende Meinung in der Rechtsliteratur bei verpflichtenden Studierendenpraktika mit Hochschulbezug die Anwendung der in §§ 26, 17 BBiG geregelten Vergütungspflicht ablehnen, solange schließt immer noch einer Minderheit von Praktikumsgebern mit Praktikanten auch Praktikumsverträge über einen Mehrmonatszeitraum ohne einen Vergütungsanspruch ab. Das widerspricht nach Ansicht des Verfassers der notwendigen Gleichbehandlung aller Praktikumsverhältnisse, aber auch der menschengerechten Behandlung der Praktikanten bei verpflichtenden Studierendenpraktika mit Hochschulbezug. Diese Praktikanten müssen dann versuchen, mit dem Praktikumsgeber eine Regelung für die Vergütung im Praktikumsvertrag zu vereinbaren oder, in letzter Konsequenz, auch einmal ein Praktikumsverhältnis ohne Vergütungsanspruch ablehnen.

Die Vergütung ist i. S. v. § 107 Abs. 1 GewO in Euro zu berechnen und auszuzahlen. Sie bemisst sich i. S. v. § 18 BBiG nach Monaten und wird üblicherweise am letzten Arbeitstag im Monat bezahlt. Die Vergütung für Praktikanten ist grundsätzlich nicht tariflich geregelt und hat meist den Charakter einer Unterhalts- oder Ausbildungsbeihilfe.[157] Die Höhe sollte angemessen sein. Denkbar ist z. B. eine Orientierung an der monatlichen Vergütung von Auszubildenden im ersten Lehrjahr. Eine zu niedrige Vergütung für Praktikanten mit erfolgreichem Hochschulabschluss in einem Nachpraktikum kann nach § 138 Abs. 2 BGB sittenwidrig sein. Das ist dann der Fall, wenn der Wert der Arbeitsleistung des Praktikanten, gemessen an der Dauer, dem Schwierigkeitsgrad, der Beanspruchung zum vereinbarten Entgelt in einem auffallendem Missverhältnis stehen und der Praktikumsgeber eine Zwangslage, die Unerfahrenheit, den Mangel an Urteilsvermögen oder eine erhebliche Willensschwäche ausnutzt.[158]

Zu beachten ist im Rahmen der Vergütung innerhalb eines Praktikums, inwieweit die Ausbildungsförderung mach dem Bundesausbildungsförderungsgesetz (BAföG) in Konkurrenz zur Praktikumsvergütung steht. Nach § 23 Abs. 3 BAföG werden die Ansprüche durch die Vergütung aus einem Praktikum beschränkt, so dass die Vergütung aus einem Praktikumsverhältnis bei der Berechnung der Freibeträge vom Einkommen des Studenten voll angerechnet werden.[159]

---

154 Vgl. z. B. Scherer, NZA 1986, S. 280, 282; Schaub/Schaub, § 175 Rn. 3; Herold/Hohn/Romanovszky, S. 245; Roscher, BB 1978, S. 1119, 1120
155 So auch D. Stuhr/H.-J. Stuhr, BB 1981, S. 916, 919
156 Siehe Schade, PR, Rn. 141; a. A. herrschende Meinung in der Rechtsliteratur, z. B. Hirdina, NZA 2008, S. 916, 917
157 Vgl. Hoffmann/Ditlmann, BB 1959, Beilage zu Heft 26, S. 1, 2
158 Vgl. Horstmeier, JR 2006, S. 313, 315, der z. B. den Praktikanten, der bereits erfolgreich ein Studium abgeschlossen hat, als vollwertiger Arbeitnehmer ansieht.
159 Dazu ausführlich Fangmann, AuR 1977, S. 201, 205; Lakies, AR-Blattei SD, 2007, Rn. 81 f.

3. Nebenpflichten

175 Aus dem mit dem Praktikanten geschlossenen Praktikumsvertrag ergeben sich für den Praktikumsgeber vielfältige Nebenpflichten. Die Nebenpflichten sind zum überwiegenden Teil Schutzpflichten; dazu treten Pflichten, die zwar ebenfalls dem Schutz bestimmter Interessen des Praktikanten dienen, die aber ihrer Funktion nach über den bloßen Schutz weit hinausgreifen im Sinne einer echten Förderung.[160]

176 a. **Fürsorge- und Rücksichtspflichten.** Zum einen besteht eine Fürsorge des Praktikumsgebers gegenüber seinem Praktikanten.[161] Bei der Fürsorgepflicht handelt es sich sozusagen um die Treuepflicht des Praktikumsgebers gegenüber seinem Praktikanten. Als Nebenpflicht ergibt sich ihre Rechtsgrundlage aus dem Praktikumsvertrag i. V. m. §§ 241 Abs. 2, 242 BGB. Desweiteren besteht für den Praktikumsgeber auch die Pflicht zur Rücksichtnahme; er hat innerhalb des Praktikumsverhältnisses die Rechte, Rechtsgüter und Interessen des Praktikanten zu wahren.

177 b. **Besondere Schutzpflichten. – aa. Schutz von Leben und Gesundheit.** Die Pflicht zum Schutz von Leben und Gesundheit des Arbeitnehmers ist in § 618 Abs. 1 BGB, § 62 Abs. 1 HGB geregelt. Dieser Schutz muss selbstverständlich auch für einen Praktikanten gelten. Daher ist auch der Arbeitgeber in seiner Rolle als Praktikumsgeber verpflichtet, die Geschäftsräume und die für den Geschäftsbetrieb bestimmten Vorrichtungen und Gerätschaften so zu gestalten sowie den Geschäftsbetrieb und die Arbeitszeit so zu regeln, dass der Praktikant gegen eine Gefährdung seiner Gesundheit, soweit es die Natur des Betriebs gestattet, geschützt und die Aufrechterhaltung des Anstands und der guten Sitten gesichert ist.

178 Besondere Bedeutung kommt in diesem Zusammenhang dem Arbeitsschutzgesetz zu. Nach § 1 Abs. 1 S. 1 ArbSchG dient das Arbeitsschutzgesetz dazu, Sicherheit und Gesundheitsschutz der Beschäftigten bei der Arbeit durch Maßnahmen des Arbeitsschutzes zu sichern und zu verbessern. Insbesondere ist der Arbeitgeber verpflichtet, erforderliche Maßnahmen des Arbeitsschutzes unter Berücksichtigung der Umstände zu treffen, die Sicherheit und Gesundheit der Beschäftigten bei der Arbeit beeinflussen. Außerdem hat er die getroffenen Maßnahmen auf ihre Wirksamkeit zu überprüfen und, falls erforderlich, diese den geänderten Gegebenheiten anzupassen. Das gilt selbstverständlich auch für alle Praktikanten. Deshalb hat der Praktikumsgeber die Ausbildung und Beschäftigung des Praktikanten insbesondere so zu gestalten, dass eine Gefährdung für Leben und Gesundheit vermieden wird. Für bestimmte Praktikanten, z. B. Jugendliche, gelten zusätzliche Schutzpflichten für den Praktikumsgeber, welche in besonderen Schutzgesetzen wie z. B. dem Jugendarbeitsschutzgesetz (JArbSchG) geregelt sind.

179 bb. **Schutz von Persönlichkeitsrechten.** Der Praktikumsgeber ist verpflichtet, den Praktikanten auch in seinen Persönlichkeitsrechten zu schützen. So hat der Praktikumsgeber den Praktikanten gegen ungerechte Behandlung durch Vorgesetzte, gegen Mobbing von Arbeitnehmern im Betrieb bzw. anderen Praktikanten oder gegen unberechtigte Vorwürfe Dritter im Zusammenhang mit seiner Ausbildung bzw. seiner Tätigkeit in Schutz zu nehmen.[162] Den Praktikumsgeber trifft insbesondere die Pflicht,

---

160 Vgl. Zöllner/Loritz/Hergenröder, § 17
161 Vgl. Fangmann. AuR 1977, S. 201, 206; Lakies, AR-Blattei SD, 2007, Rn. 74
162 Vgl. Zöllner/Loritz/Hergenröder, § 17 I 2; lesenswert dazu Stangel-Meseke/Hohoff, S. 289 ff., insbesondere S. 318 ff.

die Ausbildung und die Beschäftigung wie bei einem normalen Arbeitsverhältnis für seine Praktikanten menschengerecht zu gestalten.

Zum Schutz der Persönlichkeit des Praktikanten gehört auch die Pflicht des Praktikumsgebers, den Praktikanten nach § 2 Abs. 1 BeschSchG vor sexueller Belästigung am Arbeitsplatz zu schützen, sowie die Verpflichtung nach §§ 1, 6, 19, 27 BDSG, die vom Praktikanten erhaltenen persönlichen Informationen, wie z.B. Zeugnisse, vor Dritten zu schützen, insbesondere dann, wenn diese an den Praktikumsgeber auf elektronischem Weg übermittelt wurden. In diesem Zusammenhang hat der Praktikumsgeber insbesondere Daten über den Praktikanten, welche er in einer Personalakte sammelt, vor Zugriffen Dritter zu schützen.

c. Pflicht zur Urlaubsgewährung. Die Pflicht zur Urlaubsgewährung im Rahmen von Praktikumsverhältnissen unterliegt bedauerlicherweise immer noch der Unterscheidung in die vier Arten von Praktika. Während beim Vor- oder Nachpraktikum und für freiwillige Studierendenpraktika ohne Hochschulbezug nach §§ 26, 10 Abs. 2 BBiG grundsätzlich auch die für den Arbeitsvertrag geltenden Rechtsvorschriften Anwendung finden, besteht für solche Praktikanten ein Urlaubsanspruch nach § 1 ff. BUrlG.

Nach der Rechtsprechung und der herrschenden Meinung in der Rechtsliteratur sind Arbeitsgesetze über das Berufsbildungsgesetz aber auf verpflichtende Studierendenpraktika mit Hochschulbezug nicht anwendbar. Das hat zur Folge, dass heutzutage immer noch einige Praktikumsgeber mit Praktikanten bei derartigen Praktika Praktikumsverträge über mehrere Monate ohne Urlaubsgewährung abschließen. Das empfindet der Verfasser nicht nur als unfair, sondern auch nicht als menschengerecht. Der Verfasser fordert deshalb auch für ein verpflichtendes Studierendenpraktikum mit Hochschulbezug ebenfalls i.S.v. § 10 Abs. 2 BBiG die Pflicht des Praktikumsgebers auf Urlaubsgewährung für den Praktikanten. Denn auch da, wo eine ausdrückliche Gesetzesvorschrift fehlt, wird man einen Urlaubsanspruch des Praktikanten bejahen müssen, sofern er dem Betrieb eine Zeit angehört, die für andere Arbeitnehmer bzw. Jugendliche einen Urlaubsanspruch begründet.[163] Da auch der individuell durch Studierende abzuschließende Vertrag für ein verpflichtendes Studierendenpraktikum mit dem Praktikumsgeber eindeutig einen privatrechtlichen Akt darstellt, richten sich auch die hierdurch begründeten Folgen nach privatrechtlichen Normen, d.h. auch nach den arbeitsrechtlichen Grundsätzen.[164] Somit soll auch der Praktikant aus einem derartigen Praktikumsverhältnis einen Anspruch auf Urlaub haben.

Nach aktueller Rechtslage hat der Praktikant deshalb insbesondere bei Abschluss eines Praktikumsvertrags darauf zu achten, dass eine Regelung zur Urlaubsgewährung zwischen den Vertragsparteien vereinbart wird. Der Praktikumsgeber ist nach Ansicht des Verfassers verpflichtet, dem Praktikanten den im Bundesurlaubsgesetz festgelegten Mindesturlaub nach §§ 1 ff. BUrlG zu gewähren. Bei der zeitlichen Festlegung des Urlaubs sind die Wünsche des Praktikanten vom Praktikumsgeber zu berücksichtigen, es sei denn, dass ihrer Berücksichtigung dringende betriebliche Belange entgegenstehen. Insofern gelten dieselben Grundsätze wie im Arbeitsrecht.

d. Pflichten bei Beendigung des Praktikumsverhältnisses. Endet ein Praktikumsverhältnis oder kündigt eine Vertragspartei den Praktikumsvertrag, so hat der Praktikant bei allen Arten von Praktikumsverhältnissen, d.h. auch bei einem verpflichtenden

---

163 Hoffmann/Ditlmann, BB 1959, Beilage zu Heft 26, S. 1, 2; siehe auch LAG Hannover, Urteil v. 1.9.1958 in: Nieders. MinBl. 1959, S. 34
164 Vgl. D. Stuhr/H.-J. Stuhr, BB 1981, S. 916, 918

Studierendenpraktikum mit Hochschulbezug, einen Anspruch auf ein schriftliches Zeugnis. Dieser Anspruch ergibt sich zumindest für das Vor- oder Nachpraktikum bzw. für das freiwillige Studierendenpraktikum ohne Hochschulbezug aus § 16 BBiG. Das gilt auch für den Praktikanten eines verpflichtenden Studierendenpraktikums mit Hochschulbezug.

185 Das Zeugnis muss Angaben enthalten über Art, Dauer und Ziel der Ausbildung und Beschäftigung sowie über die erworbenen beruflichen Fertigkeiten, Kenntnisse und Fähigkeiten des Praktikanten. Auf Verlangen des Praktikanten sind auch Angaben über Verhalten und Leistung aufzunehmen. Der Praktikumsgeber hat das Zeugnis schriftlich abzufassen auf Originalbriefpapier des Unternehmens mit Originalunterschriften, entweder des Inhabers oder Geschäftsführers; in großen Unternehmen genügen die Unterschriften von einem Vorstand bzw. Geschäftsführer und einem leitenden Angestellten in der Personalabteilung, welche im Rahmen einer Vollmacht, mindestens mit Prokura nach §§ 48 f. HGB, nach außen vertretungsberechtigt sind.[165] Ist das Zeugnis unrichtig, so kann der Praktikant die Erstellung eines richtigen Zeugnisses verlangen und dieses notfalls mit einer Erfüllungsklage durchsetzen.[166] Die Erteilung eines Zeugnisses in elektronischer Form ist nach § 16 Abs. 1 S. 2 BBiG ausgeschlossen.

§ 5 Grundsatz der Gleichbehandlung

I. Inhalt und Rechtswirkungen des Gleichbehandlungsgrundsatzes

186 Sind die für einen Arbeitsvertrag geltenden Rechtsvorschriften und Rechtsgrundsätze über §§ 26, 10 Abs. 2 BBiG auf ein Praktikumsverhältnis anwendbar, hat auch der Grundsatz der Gleichbehandlung Auswirkungen auf Praktikumsverhältnisse. Entgegen Rechtsprechung und der herrschenden Meinung in der Rechtsliteratur muss dieser Grundsatz nach Ansicht des Verfasser auch für ein verpflichtendes Studierendenpraktikum mit Hochschulbezug gelten.

187 Der Grundsatz der Gleichbehandlung aller Arbeitnehmer in einem Betrieb, zumindest aber einzelner Arbeitnehmergruppen, ist im Arbeitsrecht seit langer Zeit manifestiert und gewohnheitsrechtlich anerkannt. Rechtsliteratur und Rechtsprechung stellen fest, dass sich der Grundsatz der Gleichbehandlung nicht aus dem Gleichheitsgebot des Art. 3 Abs. 1, 2 GG unmittelbar herleiten lässt, da die später entstandenen grundrechtlichen Garantien des Art. 3 GG, also der allgemeine Gleichheitssatz des Art. 3 Abs. 1 GG, der Gleichberechtigungssatz des Art. 3 Abs. 2 GG und das Benachteiligungsverbot des Art. 3 Abs. 3 GG, unmittelbar nur die staatlichen Gewalten sowie die Tarifpartner binden.[167] Die Rechtsliteratur geht davon aus, dass der Grundsatz der Gleichbehandlung sich im Gebot der Verwirklichung austeilender Gerechtigkeit herleiten lässt, dessen Geltung überall da anzunehmen ist, wo die Rechtsordnung einem Machtträger Befugnisse von Vor- und Nachteilen innerhalb einer durch Gemeinschaftsbande verbundenen Personengruppe einräumt.[168]

---

165 Zur Zeugnissprache ausführlich Wörlen/Kokemoor, Rn. 222 ff.; Schleßmann, BB 1988, S. 1325 ff.; Weuster, BB 1992, S. 58 ff.
166 Vgl. BAG, Urteil v. 14.10.2003 – 9 AZR 12/03 = AP Nr. 28 zu § 630 BGB = NZA 2004, S. 842
167 Vgl. Dütz, Rn. 49; dazu BAG NZA 1998, 715, 716; 2003, S. 147, 149
168 Zöllner/Loritz/Hergenröder, § 18 I

188 Zu berücksichtigen ist in diesem Zusammenhang allerdings der Grundsatz der Privatautonomie. Die Rechtsprechung hat eine individuelle Bevorzugung einzelner Arbeitnehmer bei der Höhe des Arbeitsentgelts bzw. zusätzlichen Vergütungsbestandteilen, z. B. Dienstwagennutzung durch einen leitenden Angestellten, als zulässig erachtet.[169] Denn der Grundsatz der Vertragsfreiheit geht dem Grundsatz der Gleichbehandlung aller Arbeitnehmer im Betrieb weiterhin vor. Anzunehmen ist ein Verstoß gegen den allgemeinen Gleichbehandlungsgrundsatz bei Praktikumsverhältnissen, wenn der Praktikumsgeber einzelne Praktikanten bzw. Praktikantengruppen bevorzugt oder benachteiligt. Der allgemeine Gleichbehandlungsgrundsatz führt somit zu einem Willkürverbot des Praktikumsgebers.

189 Der allgemeine Gleichbehandlungsgrundsatz gilt aber nicht nur für den Abschluss von Praktikumsverträgen. Auch das Weisungsrecht des Praktikumsgebers wird durch den Grundsatz der Gleichbehandlung erfasst. Denn üblicherweise erteilt der Praktikumsgeber nicht nur individuell einem Praktikanten eine Weisung; die Weisung kann auch eine Personengruppe, so z. B. alle im Betrieb eingesetzten Praktikanten betreffen. Im Sinne von § 13 S. 2 Nr. 3 BBiG hat der Praktikumsgeber sein Weisungsrecht nach billigem Ermessen, d. h. nach sachlichen und betriebsspezifischen Erwägungen auszuüben. Eine Ungleichbehandlung liegt demzufolge dann vor, wenn eine Praktikantengruppe in ein und demselben Unternehmen beschäftigt ist und einzelne Praktikanten bessergestellt sind als andere.

II. Benachteiligungsverbot nach dem Allgemeinen Gleichbehandlungsgesetz

190 Der bundesdeutsche Gesetzgeber hat mit dem Erlass des Allgemeinen Gleichbehandlungsgesetzes (AGG) die Richtlinien der Europäischen Union
- 2000/43/EG zur Anwendung des Gleichbehandlungsgrundsatzes ohne Unterschied der Rasse oder der ethnischen Herkunft;
- 2000/78/EG zur Festlegung eines allgemeinen Rahmens für die Verwirklichung der Gleichbehandlung in Beschäftigung und Beruf;
- 2002/73/EG zur Verwirklichung des Grundsatzes der Gleichbehandlung von Männern und Frauen hinsichtlich des Zugangs zur Beschäftigung, zur Berufsbildung und zum beruflichen Aufstieg sowie in Bezug auf die Arbeitsbedingungen;
- 2004/113/EG zur Verwirklichung des Grundsatzes der Gleichbehandlung von Männern und Frauen beim Zugang zu und bei der Versorgung mit Gütern und Dienstleistungen

umgesetzt. Dabei spielt der Schutz vor Diskriminierung im Beruf und während eines Ausbildungsverhältnisses, zu dem auch ein Praktikumsverhältnis gehört, eine wichtige Rolle.

191 Ziel ist es nach § 1 AGG, welcher auf Art. 19 AEUV Bezug nimmt, Benachteiligungen aus Gründen der Rasse oder wegen der ethnischen Herkunft, des Geschlechts, der Religion oder der Weltanschauung, einer Behinderung, des Alters oder der sexuellen Identität zu verhindern oder zu beseitigen. Die enumerative Aufzählung der Merkmale ist abschließend. Der deutsche Gesetzgeber hat diese Aufzählung gegenüber den in der Europäischen Union verabschiedeten Richtlinien sogar noch erweitert. Für die Anwen-

---

169 Siehe dazu BAG NZA 2000, 1050, 1051; BAG NZA 2003, S. 215, 216

dung im Arbeitsrecht ist § 2 AGG besonders zu beachten. Danach sind Benachteiligungen unzulässig in Bezug auf

Nr. 1 die Bedingungen, einschließlich Auswahlkriterien und Einstellungsbedingungen für den Zugang zu unselbständiger und selbständiger Erwerbstätigkeit, unabhängig vom Tätigkeitfeld und beruflicher Position sowie für den beruflichen Aufstieg,

Nr. 2 die Beschäftigungs- und Arbeitsbedingungen einschließlich Arbeitsentgelt und Entlassungsbedingungen, insbesondere in individual- und kollektivrechtlichen Vereinbarungen und Maßnahmen bei der Durchführung und Beendigung eines Beschäftigungsverhältnisses sowie beim beruflichen Aufstieg,

Nr. 3 den Zugang zu allen Formen und allen Ebenen der Berufsberatung, der Berufsbildung einschließlich der Berufsausbildung, der beruflichen Weiterbildung und der Umschulung sowie der praktischen Berufserfahrung,

Nr. 4 die Mitgliedschaft und Mitwirkung in einer Beschäftigten- oder einer Arbeitgebervereinigung oder einer Vereinigung, deren Mitglieder einer bestimmten Berufsgruppe angehören, einschließlich der Inanspruchnahme der Leistungen solcher Vereinigungen,

Nr. 5 den Sozialschutz einschließlich der sozialen Sicherheit und der Gesundheitsdienste,

Nr. 6 die sozialen Vergünstigungen,

Nr. 7 die Bildung,

Nr. 8 den Zugang zu und die Versorgung mit Dienstleistungen und Gütern, die der Öffentlichkeit zur Verfügung stehen, einschließlich von Wohnraum.

192 Das Allgemeine Gleichbehandlungsgesetz gilt nicht nur nach § 6 Abs. 1 S. 1 Nr. 1 AGG für Arbeitnehmerinnen und Arbeitnehmer, sondern auch für Auszubildende nach § 6 Abs. 1 S. 1 Nr. 2 AGG und somit folglich auch für Praktikanten.

1. Praktikumsverhältnisse ohne Hochschulbezug

193 Für Vor- oder Nachpraktikumsverhältnisse gelten über §§ 26, 10 Abs. 2 BBiG die für den Arbeitsvertrag geltenden Rechtsvorschriften, ebenso für freiwillige Studierendenpraktika ohne Hochschulbezug. Auf diese Praktikumsverhältnisse ist somit das Allgemeine Gleichbehandlungsgesetz mit den §§ 1–18 AGG über das Berufsbildungsgesetz anwendbar.

194 In § 7 AGG ist das Benachteiligungsverbot manifestiert. Danach dürfen Beschäftigte nicht wegen eines in § 1 AGG genannten Grundes benachteiligt werden. Das AGG unterscheidet zwischen einer unmittelbaren und einer mittelbaren Benachteiligung. Eine unmittelbare Benachteiligung besteht nach § 3 Abs. 1 S. 1 AGG, wenn eine Person wegen eines in § 1 AGG genannten Grundes eine weniger günstige Behandlung als eine andere Person in einer vergleichbaren Situation erfährt, erfahren hat oder erfahren würde. Eine mittelbare Benachteiligung liegt nach § 3 Abs. 2 AGG vor, wenn dem Anschein nach neutrale Vorschriften, Kriterien oder Verfahren Personen wegen eines in § 1 AGG genannten Grundes gegenüber anderen Personen in besonderer Weise benachteiligen können, es sei denn, die betreffenden Vorschriften, Kriterien oder Verfahren sind durch ein rechtmäßiges Ziel sachlich gerechtfertigt, und die Mittel sind zur Erreichung dieses Ziels angemessen und erforderlich. So kann z.B. das Verlangen nach „akzentfreiem Deutsch" Personen wegen der ethnischen Herkunft benachteiligen, deren Muttersprache nicht Deutsch ist.[170] Zulässige unterschiedliche Behandlungen von Arbeitnehmern sind in § 8 AGG wegen beruflicher Anforderungen,

---

170 Senne, Kap. D III 1 a)

in § 9 AGG wegen der Religion oder Weltanschauung sowie nach § 10 AGG wegen des Alters normiert. Diese Ausnahmen gelten, wenn auf ein Praktikumsverhältnis anwendbar, auch für Praktikanten.

§§ 11, 12 AGG regeln die Organisationspflichten des Praktikumsgebers. Zum einen darf der Praktikumsgeber einen Praktikumsplatz nicht unter Verstoß gegen § 7 I AGG ausschreiben. So muss ein freier Praktikumsplatz grundsätzlich geschlechtsneutral angeboten werden; der Hinweis auf eine Differenzierung im Stellenangebot ist nur dann rechtmäßig, wenn die Differenzierung, z.B. bei notwendigen Qualifikationen, etwa bei der Zulassung zu bestimmten Berufen (Staatsexamen, Approbation) im Rahmen eines Nachpraktikums bzw. das Alter oder eine bestimmte Konfession rechtmäßig ist. Differenzierende Merkmale des Anforderungsprofils dürfen folglich nur genannt werden, wenn dafür einschlägige, eine Differenzierung rechtfertigende sachliche Gründe bestehen.[171]

§ 12 AGG erweitert die Pflichten des Praktikumsgebers, den Praktikanten vor Benachteiligungen zu schützen. Denn § 12 Abs. 2–4 AGG normieren, dass für den Praktikumsgeber auch die Pflicht besteht, seinen Praktikanten z.B. vor Benachteiligungen bzw. von dritten Personen zu schützen. Eingeschränkt wird dieser weiträumige Schutz vor Benachteiligung durch § 12 Abs. 2 S. 1 AGG sowie durch den Grundsatz der Verhältnismäßigkeit.

Verstößt der Praktikumsgeber gegen Vorschriften des Allgemeinen Gleichbehandlungsgesetzes, stehen dem Praktikanten folgende Rechte zu:
- Beschwerderecht nach § 13 AGG;
- Leistungsverweigerungsrecht nach § 14 AGG;
- Materieller Schadensersatz nach § 15 Abs. 1 AGG;
- Immaterieller Schadensersatz nach § 15 Abs. 2 AGG.

2. Praktikumsverhältnisse mit Hochschulbezug

Auf ein verpflichtendes Studierendenpraktikum mit Hochschulbezug sind die §§ 1–18 AGG nicht anwendbar. Für diese Art von Praktikum gelten aber die §§ 19–21 AGG, die den Schutz der Benachteiligung im Zivilrechtsverkehr normieren. Danach ist eine Benachteiligung ebenfalls aus Gründen der Rasse oder wegen der ethnischen Herkunft, wegen des Geschlechts, der Religion, einer Behinderung, des Alters oder der sexuellen Identität bei der Begründung, Durchführung oder Beendigung zivilrechtlicher Schuldverhältnisse unzulässig.

Ausnahmen von einer zivilrechtlichen Benachteiligung können sich aufgrund einer zulässigen unterschiedlichen Behandlung nach § 20 AGG ergeben. Die bereits formulierten Aussagen über Einstellungs-, Beschäftigungs- und Arbeitsbedingungen, zu unmittelbarer und mittelbarer Benachteiligung sowie zur Organisationspflicht des Praktikumsgebers[172] haben Allgemeingültigkeit und sind auch dann anwendbar, wenn für das verpflichtende Studierendenpraktikum mit Hochschulbezug nur die §§ 19 ff. AGG gelten. Schadensersatzansprüche ergeben sich für einen derartigen Praktikanten bei einer Benachteiligung nach § 21 Abs. 2 S. 1 AGG bei einem materiellen Schaden, nach § 21 Abs. 2 S. 3 AGG bei einem immateriellen Schaden.

---

171 Zöllner/Loritz/Hergenröder, § 18 VIII 5; vgl. Däubler/Bertzbach/Buschmann, § 11 Rn. 8; vgl. Bauer/Göpfert/Krieger, § 8 Rn. 6 ff.
172 Siehe Schade, PR, Rn. 194 ff.

§ 6 Leistungsstörungen im Praktikumsverhältnis

I. Grundlagen

200 Der normierte Praktikumsvertrag ist ein zweiseitiges Schuldverhältnis, entweder nach § 26 BBiG i. V. m. § 311 Abs. 1 BGB oder nur nach § 311 Abs. 1 BGB, auf den die §§ 320 ff. BGB Anwendung finden. Somit sind die im Allgemeinen Teil des Schuldrechts des Bürgerlichen Gesetzbuches normierten Tatbestände der Leistungsstörungen wie z. B. Unmöglichkeit, Verzug oder Schlechterfüllung auch auf den Praktikumsvertrag anwendbar. Folglich sind die Situationen einer eventuellen Unmöglichkeit der Ausbildung und der Tätigkeit, einer möglichen Verspätung der Praktikumsleistung sowie einer mangelhaften Praktikumsleistung denkbar.

201 Allerdings gehen viele spezialgesetzliche Regelungen, entweder aus dem BGB selbst, hier z. B. die §§ 614 ff. BGB, oder arbeitsrechtliche Spezialregelungen wie das Bundesurlaubsgesetz oder das Entgeltfortzahlungsgesetz den allgemeinen schuldrechtlichen Vorschriften des Bürgerlichen Gesetzbuches vor, sofern man wie der Verfasser davon ausgeht, dass auf alle Arten von Praktikumsverhältnissen die für den Arbeitsvertrag geltenden Rechtsvorschriften und Rechtsgrundsätze anwendbar sind. Dagegen können eventuell gesetzliche Regelungen des Schuldrechts auf den Praktikumsvertrag als Dauerschuldverhältnis nicht anwendbar sein. Meist sehen arbeitsrechtliche Spezialregelungen dann Ausnahmen vom allgemeinen Leistungsstörungsrecht vor. Sollen nach der Rechtsprechung und der herrschenden Meinung in der Rechtsliteratur die Arbeitsgesetze grundsätzlich nicht für ein verpflichtendes Studierendenpraktikum mit Hochschulbezug gelten, ist zu klären, welche rechtlichen Regelungen auf ein solches Praktikumsverhältnis anwendbar sind.

Leistungsstörungen im Praktikumsverhältnis

- **Pflichtverletzungen des Praktikanten**
  - Nichterbringung des Ausbildungs- und Tätigkeitseinsatzes
  - Schlechterfüllung des Ausbildungs- und Tätigkeitseinsatzes
  - Verletzung von Nebenpflichten
  - Rechtsfolgen:
    - ☐ Verlust des Anspruchs auf die vereinbarte Praktikumsvergütung
    - ☐ Schadensersatz
    - ☐ Abmahnung
    - ☐ Kündigung

- **Pflichtverletzungen des Praktikumsgebers**
  - Keine Ausbildung und keine Beschäftigung
  - Keine Vergütung, obwohl vereinbart
  - Verletzung von Nebenpflichten
    - ☐ Fürsorgepflicht
    - ☐ Schutzpflichten
    - ☐ Förderungspflichten
    - ☐ Gleichbehandlungspflicht
    - ☐ Gewährung von Erholungsurlaub (nach Ansicht des Verfassers)
  - Rechtsfolgen:
    - ☐ Klage auf Vergütung
    - ☐ Schadensersatzansprüche

Abb. 8: Leistungsstörungen im Praktikumsverhältnis

II. Pflichtverletzungen des Praktikanten

Wenn der Praktikant seine Pflichten (Hauptpflicht oder Nebenpflichten) verletzt, kommen mehrere Reaktionsmöglichkeiten des Praktikumsgebers in Betracht:
- Verweigerung einer vereinbarten Vergütung;
- Erteilung einer Abmahnung;
- Ausspruch einer außerordentlichen Kündigung.[173]

Eine ordentliche Kündigung ist nach § 22 BBiG für den Arbeitgeber als Ausbilder in einem Ausbildungsverhältnis nicht vorgesehen. Da dies auch auf das Praktikumsverhältnis zutrifft, kann ein Praktikumsgeber den Praktikumsvertrag mit dem Praktikanten ebenfalls nicht ordentlich kündigen.

Hauptpflicht des Praktikanten ist der im Praktikumsvertrag mit dem Praktikumsgeber vereinbarte Ausbildungs- und Tätigkeitseinsatz. Erbringt der Praktikant diesen Einsatz überhaupt nicht oder schlecht, kann er gegenüber dem Praktikumsgeber eine Pflichtverletzung begehen. Auch das Außerachtlassen von Nebenpflichten kann zu einer Pflichtverletzung führen.

1. Nichterbringung des Ausbildungs- und Tätigkeitseinsatzes

Kommt der Praktikant seiner vertraglichen Verpflichtung zu Ausbildung und Tätigkeit nicht nach, könnte man grundsätzlich davon ausgehen, dass der Praktikant die nicht geleistete Tätigkeit zu einem späteren Zeitpunkt nachholen muss. Die Erbringung der Praktikumsleistung zu einem bestimmten Zeitpunkt ist aber juristisch betrachtet ein absolutes Fixgeschäft, so dass eine nicht erbrachte Leistung nicht mehr nachgeholt werden kann. Das gilt, wenn Praktikumsgeber und Praktikant eine gleitende Arbeitszeit vereinbart haben, auch für die Kernarbeitszeit, in der der Praktikant zwingend seiner Ausbildung und seiner Tätigkeit nachzukommen hat. Nichtleisten bedeutet somit Verwirklichung des Tatbestands der Unmöglichkeit nach § 275 BGB.

Ist es dem Praktikanten unmöglich oder unzumutbar, seine Leistung zu erbringen, ist nach § 275 Abs. 1–3 BGB der Anspruch des Praktikumsgebers auf Leistung ausgeschlossen. Der Grundsatz im Arbeitsrecht „Ohne Arbeit keinen Lohn" kommt auch bei Praktikumsverhältnissen in einer solchen Situation ebenfalls zur Geltung, wenn von beiden Vertragsparteien eine Vergütung vereinbart wurde. Denn nach § 326 Abs. 1 S. 1 BGB entfällt der Anspruch auf die Gegenleistung, wenn der Schuldner nach § 275 Abs. 1–3 BGB nicht zu leisten braucht. Für das Praktikumsverhältnis bedeutet dies, dass der Praktikumsgeber von seiner Pflicht zur Zahlung einer eventuell vereinbarten Vergütung grundsätzlich vermindert für den Zeitraum befreit wird, in dem es dem Praktikanten unmöglich ist, seine Tätigkeit zu erbringen. Ausnahmen dazu bilden § 326 Abs. 2 BGB, wenn der Praktikumsgeber allein oder weit überwiegend für den Grund der Nichtleistung des Praktikanten verantwortlich ist, wenn sich der Praktikumsgeber im Annahmeverzug mit der Tätigkeit befindet oder wenn der Praktikumsgeber trotz einer vorübergehenden Verhinderung des Praktikanten, z.B, eine ärztliche Untersuchung, die Vergütung nach § 19 Abs. 1 Nr. 2 b BBiG weiter in voller Höhe zu bezahlen hat. Es kommt also grundsätzlich darauf an, welche Vertragspartei bei einem Praktikumsverhältnis die Unmöglichkeit zu vertreten hat, oder ob eine gesetzliche Regelung besteht, die eine der beiden Vertragsparteien verpflichtet, ihrer Leistungspflicht nachzukommen, obwohl die andere Vertragspartei ihre Leistung nicht erbringt.

---

173 Vgl. Krause, § 9 Rn. 2

2. Schlechterfüllung des Ausbildungs- und Tätigkeitseinsatzes

207 Im Gegensatz zum Kaufvertrags- und Werksvertragsrecht, bei denen für die Schlechterfüllung die §§ 434, 435 BGB bzw. § 633 BGB maßgeblich sind, fehlen derartige gesetzliche Regelungen für den Arbeits- bzw. Praktikumsvertrag. Grund ist, dass ein Arbeitsvertrag nach § 611 BGB und insbesondere auch ein Praktikumsvertrag nicht an einen bestimmten Erfolg geknüpft sind. Eine unterdurchschnittliche Leistung zieht somit grundsätzlich keine rechtlichen Konsequenzen nach sich, es sei denn, dem Praktikanten unterlaufen nicht nur unwesentliche Fehler. Zwar schuldet der Praktikant keinen erfolgreichen Ausbildungs- und Tätigkeitseinsatz, er schuldet aber einen Einsatz mit höchster Sorgfalt i. S. v. § 13 S. 2 Nr. 1 BBiG. Insofern handelt es sich bei der Schlechterfüllung der Tätigkeit ebenfalls um eine Pflichtverletzung des Praktikanten i. S. v. § 280 Abs. 1 BGB, aus der sich eventuell für den Praktikumsgeber ein Schadensersatzanspruch gegenüber dem Praktikanten ergeben kann.

3. Verletzung von Nebenpflichten

208 Auch bei der Verletzung von Nebenpflichten erfüllt der Praktikant den Tatbestand der Pflichtverletzung nach § 280 Abs. 1 BGB. Pflichtverletzungen von Nebenpflichten umfassen insbesondere Schutz- und Rücksichtnahmepflichten aus § 241 Abs. 2 BGB. Voraussetzung ist, dass der Praktikant die Pflichtverletzung nach § 276 BGB zu vertreten hat.

4. Rechtsfolgen bei Pflichtverletzungen des Praktikanten

209 Die Rechtsfolgen für die Nichterbringung des Ausbildungs- und Tätigkeitseinsatzes, für die Schlechterfüllung des Praktikumseinsatzes oder die Nichterfüllung von Nebenpflichten sind sehr unterschiedlich. Grundvoraussetzung für etwaige Ansprüche des Praktikumsgebers ist, dass der Praktikant sein Verhalten i. S. d. § 276 BGB zu vertreten hat.

210 a. **Verlust des Anspruchs auf die Praktikumsvergütung.** Erbringt der Praktikant seine vertraglich vereinbarte Leistung nicht, wird der Praktikumsgeber grundsätzlich nach § 326 Abs. 1 BGB von der Zahlung einer vereinbarten Vergütung für die Dauer der Nichtleistung befreit. Ob der Praktikant die Nichtleistung zu vertreten hat oder nicht, ist unbedeutend. Er verliert grundsätzlich seinen Vergütungsanspruch, ob er nun wegen Unlust einen Tag nicht erscheint, sich wegen eines Getriebeschadens an seinem PKW verspätet, wegen eines Unwetters, z. B. Eisglätte oder Windbruch, den Weg zum Betrieb des Praktikumsgebers nicht antreten kann oder durch einen rechtmäßigen Streik an seinem Ausbildungs- und Tätigkeitseinsatzes gehindert wird. Nur wenn der Praktikumsgeber i. S. d. § 326 Abs. 2 BGB allein oder weit überwiegend für die Nichtleistung des Praktikanten verantwortlich ist, steht dem Praktikanten der Vergütungsanspruch weiterhin in vollem Umfang zu.

211 b. **Schadensersatz.** Begeht der Praktikant im Rahmen des Praktikumsverhältnisses eine Pflichtverletzung, welche er zu vertreten hat, und entsteht daraus ein Schaden für den Praktikumsgeber, kann der Praktikant zum Schadensersatz verpflichtet sein. Es wird i. S. v. § 280 Abs. 1 S. 2 BGB vermutet, dass der Praktikant die Pflichtverletzung zu vertreten hat. Ist Arbeitsrecht auf das Praktikumsverhältnis anwendbar, gilt § 619a BGB. Dann hat der Praktikumsgeber die Beweislast.

212 Ist das Berufsbildungsgesetz über § 26 BBiG auf ein Praktikumsverhältnis anwendbar, kann weder vom Praktikumsgeber, noch vom Praktikumsnehmer bei vorzeitiger Lösung des Vertragsverhältnisses nach Ablauf der Probezeit abweichend von § 23

Abs. 1 S. 1 BBiG Schadensersatz verlangt werden. Aus anderen Gründen bleiben Schadensersatzansprüche unberührt. Den Maßstab für den Umfang des Schadensersatzanspruchs bilden §§ 249 ff. BGB.

Auch eine Schlechterfüllung der Tätigkeit ist vom Praktikumsgeber i. S. v. § 619 a BGB zu beweisen. Bei der Schlechterfüllung handelt es sich wiederum um eine Pflichtverletzung des Praktikanten,[174] so dass sich Schadensersatzansprüche des Praktikumsgebers gegenüber dem Praktikanten aus § 280 Abs. 1 BGB ergeben können, wenn sein Einsatz mangelhaft ist. Daneben können auch Schadensersatzansprüche aus Delikt nach §§ 823 ff. BGB vorliegen, wenn der Praktikant, z. B. auf Grund mangelnder Sorgfalt, das Eigentum des Praktikumsgebers beschädigt.

Neben eventuellen Schadensersatzansprüchen kann dem Praktikumsgeber zusätzlich das Recht auf Kündigung, entweder bei Anwendbarkeit des Berufsbildungsgesetz nach § 22 Abs. 2 Nr. 1 BBiG oder ansonsten aus § 314 Abs. 1 BGB, zustehen.

c. **Abmahnung.** Die Abmahnung kommt in der Praxis häufig vor. Sie ist nicht nur für Arbeits- sondern auch für Praktikumsverhältnisse bedeutsam. In einer Abmahnung bringt der Praktikumsgeber seine Missbilligung für ein vertragswidriges Verhalten des Praktikanten zum Ausdruck; zugleich droht er Rechtsfolgen für die Zukunft an, sofern das missbilligte Verhalten nicht geändert wird.[175] Die Abmahnung wird auch als Gläubigerrecht des Praktikumsgebers, den Praktikant zu vertragsgerechtem Verhalten anzuhalten, angesehen.[176] Der Abmahnung liegen folgende Funktionen zu Grunde:
– Hinweisfunktion auf die Verfehlungen des Praktikanten;
– Ermahnungsfunktion zu pflichtgemäßem Verhalten in der Zukunft;
– Androhungs- bzw. Warnfunktion, dass für den Wiederholungsfall mit einer Kündigung zu rechnen ist;
– Dokumentationsfunktion, dass das fehlerhafte Verhalten des Praktikanten festgehalten wird.[177]

Bereits an die formale Voraussetzung einer Abmahnung werden hohe Anforderungen gestellt.[178] Die Abmahnung hat zwar nicht die ausdrückliche Androhung der Kündigung zu enthalten; sie muss aber doch erkennen lassen, dass weitere Pflichtverletzungen den Inhalt oder den Bestand des Praktikumsverhältnisses gefährden.[179] Mit der Abmahnung muss der Praktikumsgeber den Praktikanten deutlich und ernsthaft ermahnen und auffordern, ein genau bezeichnetes Fehlverhalten zu ändern bzw. aufzugeben.[180] Außerdem wird die Androhungs- bzw. Warnfunktion der Abmahnung durch den Praktikumsgeber dann aufgehoben, wenn der Praktikumsgeber nach Androhung der Kündigung „keine Taten folgen lässt", d.h. die Kündigung nicht in die Tat umsetzt; somit handelt es sich um eine sog. leere Drohung, eine „entwertete" Abmahnung".[181] Abmahnungsgründe können das unentschuldigte Fernbleiben vom Betrieb, der mehrfach verspätete Beginn des täglichen Ausbildungs- und Tätigkeitseinsatzes, das verspätete Einreichen eines ärztlichen Attests bei Krankheit oder eine Verletzungshand-

---

174 Vgl. Schade, WP, Rn. 255
175 Vgl. Dütz, Rn. 213; siehe dazu BAG NZA 1985, S. 124, 125
176 Vgl. Etzel/Griebeling/Liebscher, 2. Teil, B 1 e)
177 Siehe dazu ausführlich Dütz, Rn. 213
178 Lieb/Jacobs, Rn. 359; Bedenken dagegen äußert Walker, NZA 1995, S. 601, 605
179 Wörlen/Kokemoor, Rn. 176
180 Wörlen/Kokemoor, Rn. 176; Ascheid/Dörner, § 1 KSchG Rn. 430 b
181 Vgl. BAG NZA 2005, S. 459, 461

lung gegenüber Arbeitnehmern bzw. anderen Praktikanten sein. Eine Abmahnung reicht für eine verhaltensbedingte Kündigung grundsätzlich aus.

217 **d. Kündigung.** Der Praktikumsgeber hat außerdem das Recht, den Praktikanten bei gravierendem Fehlverhalten zu kündigen. Ist das Berufsbildungsgesetz auf das Praktikumsverhältnis anwendbar, steht dem Praktikumsgeber nach § 22 Abs. 1 BBiG während der Probezeit das Recht zu, den Praktikumsvertrag mit dem Praktikanten ohne Einhalten einer Kündigungsfrist zu kündigen. Nach der Probezeit kann der Praktikumsgeber gegenüber dem Praktikanten nach § 22 Abs. 2 Nr. 1 BBiG nur aus einem wichtigen Grund kündigen. Soll das Berufsbildungsgesetz auf Praktikumsverhältnisse mit Hochschulbezug nicht anwendbar sein, gilt § 314 Abs. 1 BGB.

III. Pflichtverletzungen des Praktikumsgebers

218 Aus dem Praktikumsvertrag ergeben sich für den Praktikumsgeber Hauptpflichten und Nebenpflichten. Hauptpflichten sind einerseits die Pflicht zur Ausbildung und Beschäftigung; andererseits ergibt sich entweder aus dem Berufsbildungsgesetz oder aus dem Praktikumsvertrag eine Vergütungspflicht des Praktikumsgebers. Nebenpflichten können z. B. Förderungspflichten sein.

1. Verletzung von Hauptpflichten

219 **a. Ausbildungs- und Beschäftigungspflicht.** Erste Hauptpflicht des Praktikumsgebers gegenüber dem Praktikant ist die Ausbildungs- und Beschäftigungspflicht. Die tatsächliche Nichtbeschäftigung des Praktikanten stellt daher eine Praktikumsvertragsverletzung dar, weil dem Praktikumsgeber keine einseitige Gestaltungsmacht zur Freistellung des Praktikanten zusteht.[182] Nach der Rechtsprechung des Bundesarbeitsgerichts reicht es für den Arbeitnehmer nicht aus, dass dieser vom Arbeitgeber zwar das Arbeitsentgelt erhält, eine Beschäftigung des Arbeitnehmers in der im Arbeitsvertrag vereinbarten Art und Weise aber nicht stattfindet.[183] Dieser Grundsatz ist auch auf ein Praktikumsverhältnis anzuwenden. Der Praktikant soll dadurch in die Lage versetzt werden, neue beruflichen Fertigkeiten, Kenntnisse, Fähigkeiten und berufliche Erfahrungen hinzuzuerwerben.[184] Der Anspruch auf die Ausbildung und Beschäftigung geht allerdings dann unter, wenn der Betrieb bzw. Betriebsteile stillgelegt werden, oder z. B. durch strafbare Handlungen des Praktikanten, wie z. B. Diebstahl oder Körperverletzung. Strafbare Handlungen sind wichtige Gründe für eine fristlose Kündigung, durch die das Praktikumsverhältnis vom Praktikumsgeber beendet werden kann.

220 **b. Vergütungspflicht.** Zahlt der Praktikumsgeber an den Praktikanten keine Vergütung, erfüllt der Praktikumsgeber dann eine Hauptpflicht aus dem Praktikumsvertrag gegenüber dem Praktikant nicht, wenn einerseits nach § 17 BBiG für den Praktikanten einen Vergütungsanspruch bei einem Vor- oder Nachpraktikum bzw. bei einem freiwilligen Studierendenpraktikum ohne Hochschulbezug besteht. Andererseits ist eine Vereinbarung über eine Vergütung zwischen Praktikumsgeber und Praktikant im Praktikumsvertrag insbesondere dann notwendig bei einem Praktikumsvertrag im

---

182 Vgl. Dütz, Rn. 182
183 Vgl. BAG, Beschluss v. 25. 11. 1980 – 6 ABR 108/78 = AP Nr. 2 zu § 1 BetrAVG, Auskunft; BAG, Urteil v. 10. 3. 1988 – 8 AZR 420/85 = AP Nr. 99 zu § 611 BGB, Fürsorgepflicht; BAG, Urteil v. 29. 9. 2005 – 8 AZR 571/04 = AP Nr. 2 zu § 2 SGB III
184 Vgl. Zöllner/Loritz/Hergenröder, § 17 II 1

Rahmen eines verpflichtenden Studierendenpraktikums mit Hochschulbezug. Zahlt der Praktikumsgeber eine vereinbarte Vergütung nicht fristgemäß, befindet er sich nach § 286 BGB im Verzug. Einer Mahnung des Praktikanten gegenüber dem Praktikumsgeber auf Entgeltzahlung bedarf es nach § 286 Abs. 2 Nr. 1 BGB nicht, da der Praktikumsgeber die Zahlung üblicherweise zu einem festen Termin bewirken muss. Dem Praktikanten steht dann ein Schadensersatzanspruch aus §§ 280 Abs. 1, 2, § 286 BGB zu. Der Praktikant kann bei Nichtleistung des Praktikumsgebers nach §§ 2 Abs. 1 Nr. 3 a, Abs. 5, § 46 ff. ArbGG, §§ 495, 253 ff. ZPO auch eine Vergütungsklage gegen den Praktikumsgeber anstrengen, wenn die Arbeitsgerichtsbarkeit zuständig ist.

2. Verletzung von Nebenpflichten

Für den Praktikumsgeber ergeben sich gegenüber dem Praktikanten bedeutende vertragliche Nebenpflichten. Dabei handelt es sich insbesondere um Schutz- und Förderungspflichten sowie um Fürsorgepflichten im Gegensatz zu den Treuepflichten des Praktikanten.[185] Dazu kommt eventuell die Nebenpflicht zur Gewährung von Erholungsurlaub sowie zwischen Praktikumsgeber und Praktikant besonders vereinbarte Nebenpflichten.

221

a. Fürsorgepflicht. Die Fürsorgepflicht des Praktikumsgebers gegenüber seinem Praktikanten entspricht spiegelbildlich der Treuepflicht des Praktikanten gegenüber seinem Praktikumsgeber. Der Praktikant vertraut sich, wenn auch nur befristet, dem Praktikumsgeber zu einem Zeitpunkt an, zu dem er den Praktikumsvertrag mit dem Praktikumsgeber abschließt. Der Praktikant erwartet eine fundierte Ausbildung, üblicherweise gegen eine Vergütung. Dieses uneingeschränkte Vertrauen gegenüber dem Praktikumsgeber hat dieser durch eine umfassende Fürsorgepflicht gegenüber seinem Praktikanten zu erwidern. Unter die Fürsorgepflicht des Praktikumsgebers fallen zum einen die Schutz- und Förderungspflichten;[186] zum anderen geht die Fürsorgepflicht des Praktikumsgebers über Schutz- und Förderungspflichten weiter hinaus. So hat der Praktikumsgeber z. B. einen Praktikanten zu unterstützen, der sich im Betrieb dem sog. Mobbing von Arbeitnehmern oder anderen Praktikanten ausgesetzt sieht.

222

b. Schutzpflichten. Nach § 618 Abs. 1 BGB, § 62 Abs. 1 HGB hat der Arbeitgeber Betrieb, Arbeitsmittel und Arbeitsablauf so zu gestalten, dass der Arbeitnehmer vor Gefahren für Leben und Gesundheit sowie nach den Umständen und insbesondere nach der Art der Arbeitsleistung möglichst geschützt ist. Das muss auch für den Praktikanten gelten. In verschiedenen Arbeitsschutzgesetzen, so z. B. im Arbeitszeitgesetz oder im Jugendarbeitsschutzgesetz, werden die Schutzpflichten des Praktikumsgebers zusätzlich konkretisiert, sofern die Arbeitsgesetze, wie vom Verfasser gefordert, auf alle Praktikumsverhältnisse anwendbar sind.

223

Neben einer vertraglichen Haftung des Praktikumsgebers gegenüber seinem Praktikanten aus § 280 Abs. 1 BGB besteht dann gemäß § 618 Abs. 3 BGB auch eine deliktische Haftung des Praktikumsgebers gegenüber dem Praktikanten. Neben der Pflicht des Praktikumsgebers zum Schutz von Leben und Gesundheit des Praktikanten besteht nach § 83 Abs. 1 BetrVG außerdem ein Anspruch des Praktikanten auf Schutz von persönlichen Belangen, so z. B. die Sicherheit von personenbezogenen Daten gegen Missbrauch, ebenso die Pflicht zur Sorge für eingebrachte Sachen und das Vermögen des Praktikanten. Desweiteren hat der Praktikumsgeber die ordnungsmäßige Anmel-

224

---

185 Siehe Schade. PR, Rn. 176
186 Vgl. Schade, PR, Rn. 177

dung des Praktikanten zur Sozialversicherung und Steuer durchzuführen sowie für die Abführung der Beiträge zu sorgen,[187] sofern dafür eine Notwendigkeit besteht.[188]

225 **c. Förderungspflichten.** Aus dem Praktikumsverhältnis ergeben sich Förderungspflichten für den Praktikumsgeber gegenüber seinem Praktikanten.

226 Zu den Förderungspflichten des Praktikumsgebers gehören zum einen die Erteilung eines schriftlichen Zeugnisses, z.B. nach § 16 BBiG. Zum anderen kann für den Praktikumsgeber die Notwendigkeit bestehen, einen Praktikanten trotz eines beendeten Praktikumsverhältnisses bei einem längerfristigen Praktikum von mehr als sechs Monaten wieder einzustellen, z.B. wenn die außerordentliche Kündigung gegenüber dem Praktikanten unrechtmäßig war und die Weiterbeschäftigung den Praktikant rehabilitiert.[189]

227 **d. Gleichbehandlungspflicht.** Der Praktikumsgeber hat seine Praktikanten grundsätzlich gleich zu behandeln. Neben dem Benachteiligungsverbot des AGG gilt ebenfalls der erörterte allgemeine Gleichbehandlungsgrundsatz.[190]

228 **e. Gewährung von Erholungsurlaub.** Sind die Arbeitsgesetze über §§ 26, 10 Abs. 2 BBiG auf ein Praktikumsverhältnis anwendbar, hat der Praktikant nach § 1 BUrlG Anspruch auf bezahlten Erholungsurlaub. Der Urlaub beträgt nach § 3 Abs. 1 BUrlG jährlich mindestens 24 Werktage. Keine Werktage sind ausschließlich Sonn- und gesetzliche Feiertage. Urlaub bedeutet Freistellung von der Arbeit.[191] Jugendliche erhalten nach § 19 JArbSchG und Schwerbehinderte gemäß § 125 SGB IX eine höhere Anzahl von Urlaubstagen. Für befristete Beschäftigungsverhältnisse, so z.B. für ein Praktikum, gilt, dass der Praktikant i.S.v. § 5 Abs. 1 BurlG Anspruch auf ein Zwölftel des Jahresurlaubs für jeden vollen Monat für das Bestehen des Praktikumsverhältnisses hat.

229 Nach § 3 Abs. 2 Nr. 1 BBiG ist das Berufsbildungsgesetz auf verpflichtende Studierendenpraktika mit Hochschulbezug nicht anwendbar. Folglich gilt § 10 Abs. 2 BBiG nicht, nachdem die für den Arbeitsvertrag geltenden Rechtsvorschriften und Rechtsgrundsätze auf ein Ausbildungsverhältnis anzuwenden sind. Daher hat das Bundesurlaubsgesetz für verpflichtende Studierendenpraktika mit Hochschulbezug keine Rechtskraft. Das hat zur Folge, dass immer noch Praktikumsgeber den Praktikanten keinen Urlaub bei dieser Art von Praktikum gewähren. Deshalb hat der Praktikant dann zu versuchen, mit dem Praktikumsgeber eine Anzahl von Urlaubstagen, z.B. sechs freie Tage bei einem dreimonatigen Praktikum, im Praktikumsvertrag zu vereinbaren.

3. Rechtsfolgen bei Pflichtverletzungen des Praktikumsgebers

230 Entweder nach § 17 Abs. 1 BBiG oder aufgrund des Praktikumsvertrags ist die Vergütungspflicht eine der beiden Hauptpflichten des Praktikumsgebers. Pflichtverletzungen des Praktikumsgebers betreffen auch die Ausbildung und Beschäftigung. Der

---

187 Vgl. Wörlen/Kokemoor, Rn. 205
188 Siehe dazu ausführlich Schade, PR, Rn. 350 ff.
189 Vgl. dazu BAG, Urteil v. 14.12.1956 – 1 AZR 29/55 = AP Nr. 3 zu § 611 BGB, Fürsorgepflicht; BAG, Urteil v. 24.11.1956 – 2 AZR 345/56 = AP Nr. 4 zu § 611 BGB, Fürsorgepflicht, m. Anm. Lorenz
190 Siehe dazu ausführlich Schade, PR, Rn. 186
191 Vgl. BAG, Urteil v. 29.1.1982 – 6 AZR 571/79 = AP Nr. 11 zu § 3 BUrlG, Rechtsmissbrauch; BAG, Urteil v. 8.3.1984 – 6 AZR 600/82 = AP Nr. 14 zu § 3 BUrlG, Rechtsmissbrauch; BAG, Urteil v. 28.8.2001 – 9 AZR 611/99 = AP Nr. 80 zu § 7 BUrlG, Abgeltung

Anspruch auf Beschäftigung ergibt sich für den Praktikanten aus dem Praktikumsvertrag nach § 14 BBiG bzw. § 311 Abs. 1 BGB i.V.m. seinem Persönlichkeitsrecht nach Artt. 1, 2 Abs. 1 GG. Der Praktikant kann zwar theoretisch diesen Anspruch gegebenenfalls einklagen. Die Urteilsvollstreckung erfolgt hier gemäß § 888 Abs. 1 ZPO; einstweilige Verfügungen sind möglich nach § 62 Abs. 2 ArbGG i.V.m. §§ 935, 940 ZPO.[192] Aufgrund des befristeten Praktikumsverhältnisses ist eine derartige Klage aber wohl sinnlos.

Entscheidender ist hier ein eventueller Anspruch des Praktikanten auf Schadensersatz. **231** Bei einer verspäteten oder entfallenen Vergütung kann für den Praktikanten ein zivilrechtlicher Schadensersatzanspruch entstehen. Anspruchsgrundlage ist grundsätzlich § 280 Abs. 1 BGB. Kommt der Praktikumsgeber mit der Zahlung der Vergütung in Verzug, ist Anspruchsgrundlage §§ 280 Abs. 1, 2, 286 BGB. Denkbar ist auch eine Vergütungsklage des Praktikanten.

Für den Praktikanten können neben dem vertraglichen Schadensersatzanspruch aus **232** § 280 Abs. 1 BGB auch Schadenersatzansprüche aus unerlaubter Handlung nach §§ 823 ff. BGB vorliegen. Außerdem steht dem Praktikanten insbesondere bei der Verletzung der Ausbildungs- und Beschäftigungspflicht des Praktikumsgebers ein außerordentliches Kündigungsrecht nach § 22 Abs. 2 BBiG bei Anwendbarkeit des Berufsbildungsgesetzes, ansonsten nach § 314 Abs. 1 BGB zu.

IV. Einschränkung der Haftung des Praktikanten

Ein Schuldner hat grundsätzlich nach §§ 280 Abs. 1, 823 BGB Schadensersatz zu **233** leisten hat, wenn er den Schaden nach § 276 Abs. 1 BGB zu vertreten hat. Das gilt für Vorsatz wie für fahrlässiges Handeln. Der Schadensausgleich gilt grundsätzlich auch dann, wenn der Schuldner die schadensherbeiführende Handlung leicht fahrlässig begangen hat.

Im Arbeitsrecht wird dies aber als unbillig angesehen. Denn es ist im Verlauf eines **234** Arbeitsverhältnisses angesichts der menschlichen Unzulänglichkeit unvermeidbar, dass selbst dem sorgfältigen und gewissenhaften Arbeitnehmer gelegentlich Fehler unterlaufen, mag der einzelne Fehler auch für sich betrachtet konkret vermeidbar gewesen, also fahrlässig verursacht sein.[193] Es reicht aus, wenn Schäden durch eine betriebsbedingte Tätigkeit verursacht worden sind. Folglich genügt für eine Haftungsbeschränkung des Arbeitnehmers eine betriebliche Tätigkeit, welche der Arbeitnehmer im Interesse des Arbeitgebers verrichtet. Maßstab für die Haftung des Arbeitnehmers ist der Verschuldungsgrad. Der Arbeitnehmer haftet bei vorsätzlich verursachten Schäden in vollem Umfang. Bei grober Fahrlässigkeit geht die Rechtsprechung des Bundesarbeitsgerichts ebenfalls von einer vollen Haftung des Arbeitnehmers aus; eine Haftungserleichterung ist letztendlich unter Abwägung des Einzelfalls denkbar, wenn der Arbeitnehmer einen äußerst hohen Schaden zu begleichen hat und dabei seine Existenz bedroht ist.[194] Bei normaler Fahrlässigkeit ist der Arbeitnehmer verpflichtet, den Schaden anteilig zu begleichen. Nur bei leichter (leichtester) Fahrlässigkeit ist der Arbeitnehmer von der Haftung befreit. Das von der Rechtsprechung entwickelte

---

192 Dütz, Rn. 220
193 Dütz, Rn. 198
194 Vgl. BAG, Urteil v. 18.4.2002 – 8 AZR 348/01 = AP Nr. 122 zu § 611 BGB, Haftung des Arbeitnehmers

Konzept der Haftungsbeschränkung ist als Arbeitnehmerschutzrecht einseitig zwingend und kann somit nicht zum Nachteil des Arbeitnehmers abgeschwächt werden.[195]

235 Dieser Grundsatz der Haftungsbeschränkung muss bei einer betrieblichen Tätigkeit auch auf alle Arten von Praktikumsverhältnissen anwendbar sein. Auf das Vor- oder Nachpraktikum ist der Grundsatz der Haftungsbeschränkung über §§ 26, 10 Abs. 2 BBiG direkt anzuwenden. Auf ein freiwilliges Studierendenpraktikum ohne Hochschulbezug kommt dieser Grundsatz ebenso über §§ 26, 10 Abs. 2 BBiG zur Geltung. Für das verpflichtende Studierendenpraktikum mit Hochschulbezug sind aber im Gegensatz zur Meinung des Verfassers nach der Rechtsprechung und der herrschenden Meinung der Rechtsliteratur arbeitsrechtliche Rechtsgrundsätze nicht anwendbar. Dieser Ansicht kann insbesondere im Hinblick auf die Haftungsbeschränkung nicht gefolgt werden. „Denn wo gehobelt wird, da fallen auch Späne", so der Volksmund. Und deshalb kann es nicht darauf ankommen, ob es sich um ein verpflichtendes Studierendenpraktikum mit Hochschulbezug handelt oder um ein rechtlich anders einzuordnendes Praktikum. Ausbildungs- und Tätigkeitseinsatz sind i. d. R. bei keinem Praktikum unterschiedlich. Deshalb muss der Grundsatz der Haftungsbeschränkung auch zum Vorteil des Praktikanten bestehen, der ein verpflichtendes Studierendenpraktikum mit Hochschulbezug absolviert.

236 Gegenüber Dritten haftet der Praktikant nach § 823 BGB grundsätzlich unbeschränkt. Allerdings hat der schadensersatzpflichtige Praktikant im Rahmen der Haftungsbeschränkung gegenüber dem Praktikumsgeber einen sog. Freistellungsanspruch, wenn es sich um eine betriebliche Tätigkeit gehandelt hat, die unter das Praktikumsverhältnis fällt.[196]

V. Unverschuldeter Ausfall des Ausbildungs- und Tätigkeitseinsatzes

237 Die Hauptleistungspflicht des Praktikanten ist die Pflicht, den vereinbarten Ausbildungs- und Tätigkeitseinsatz aus dem Praktikumsvertrag zu erbringen. Die Nichtleistung stellt daher grundsätzlich eine Pflichtverletzung dar, aus der der Praktikumsgeber nach § 280 Abs. 1 BGB eventuell einen Schadensersatzanspruch ableiten kann.

1. Grundsatz „Ohne Praktikumseinsatz keine Vergütung"

238 Ohne Erfüllung seiner Hauptpflicht, d. h. die Erbringung der Leistung für den Praktikumsgeber, erhält der Praktikant keine vereinbarte Vergütung. Das gilt insbesondere dann, wenn es dem Praktikanten nach § 275 Abs. 1–3 BGB unmöglich ist, seine Leistung zu erbringen. Bei der Leistung handelt es sich um eine absolute Fixschuld. Da die versäumte Leistung nicht nachholbar ist, liegt somit Unmöglichkeit nach § 275 BGB vor. Folge ist, dass der Praktikumsgeber nach § 326 Abs. 1 BGB von seiner Verpflichtung befreit wird, die vereinbarte Vergütung an den Praktikanten zu bezahlen. § 326 Abs. 1 BGB ist damit der dogmatische Anknüpfungspunkt des arbeitsrechtlichen Prinzips „Ohne Arbeit keinen Lohn",[197] der grundsätzlich auch für Praktikumsverhältnisse gilt.

---

195 Zöllner/Loritz/Hergenröder, § 20 II 1 f); siehe BAG, Urteil v. 5. 2. 2004 – 8 AZR 91/03 = AP Nr. 126 zu § 611 BGB, Haftung des Arbeitnehmers
196 Vgl. Lakies, AR-Blattei SD, 2007, Rn. 113
197 Brox/Rüthers/Henssler, Rn. 364

2. Ausnahmen vom Grundsatz „Ohne Praktikumseinsatz keine Vergütung"

Einzelne, in Arbeitsgesetzen normierte Tatbestände wie Krankheit, vorübergehende Verhinderung, Urlaub, Annahmeverzug des Arbeitgebers oder Mutterschutz sowie der allgemeine Grundsatz der Lehre vom Betriebsrisiko sind von Gesetzgeber, Rechtsprechung und Rechtsliteratur entwickelt und verankert worden, welche bei Zutreffen dem Arbeitgeber die Vergütungspflicht aufbürden, ohne dass der Arbeitnehmer seiner Hauptpflicht, der Erbringung seiner Arbeitsleistung, nachkommen muss. Es ist folglich zu prüfen, ob diese, in Arbeitsgesetzen normierten Tatbestände, auch auf Praktikumsverhältnisse anwendbar sind.

Annahmen vom Grundsatz „Ohne Praktikumseinsatz keine Vergütung"		
	Praktikumsverhältnisse ohne Hochschulbezug	Praktikumsverhältnisse mit Hochschulbezug*)
– Entgeltfortzahlung an Feiertagen, §§ 1 Abs.1, 2 EFZG	ja	nein
– Entgeltfortzahlung im Krankheitsfall, §§ 1 Abs. 1, 3 EFZG	ja	nein
– Vorübergehende Verhinderung, § 616 BGB	ja	nein
– Urlaub, §§ 1, 11 BUrlG	ja	nein
– Annahmeverzug des Praktikumsgebers, § 615 S. 1 BGB	ja	nein
– Betriebsrisiko, § 615 S. 3 BGB	ja	nein

*) im folgenden die Aussagen der Rechtsprechung und der herrschenden Meinung in der Rechtsliteratur

Abb. 9: Ausnahmen vom Grundsatz „Ohne Praktikumseinsatz keine Vergütung"

a. Praktikumsverhältnisse ohne Hochschulbezug. Sind die Arbeitsgesetze über §§ 26, 10 Abs. 2 BBiG auf Praktikumsverhältnisse anwendbar, gilt für diese Praktikumsverhältnisse das Entgeltfortzahlungsgesetz. Das betrifft einerseits das Vor- oder Nachpraktikum sowie andererseits das freiwillige Studierendenpraktikum ohne Hochschulbezug.

aa. Entgeltfortzahlung an Feiertagen. Nach § 1 EFZG regelt das Entgeltfortzahlungsgesetz die Zahlung des Arbeitsentgelts an gesetzlichen Feiertagen und die Fortzahlung des Arbeitsentgelts im Krankheitsfall an Arbeitnehmer sowie die wirtschaftliche Sicherung im Bereich der Heimarbeit für gesetzliche Feiertage und im Krankheitsfall. Das Entgeltfortzahlungsgesetz gilt für Arbeitnehmer und Angestellte sowie für die zu ihrer Berufsbildung Beschäftigen, also über §§ 26, 10 Abs. 2 BBiG auch für die unter das Berufsbildungsgesetz fallenden Praktikumsverhältnisse.

Im Sinne von § 2 EFZG hat dann der Praktikumsgeber dem Praktikanten für Ausbildungs- und Tätigkeitszeit, die in Folge eines gesetzlichen Feiertags ausfällt, die vereinbarte Vergütung zu zahlen, die er ohne den Ausfall erhalten hätte. §§ 9 ff. ArbZG regeln, dass Arbeitnehmer an Sonn- und gesetzlichen Feiertagen grundsätzlich nicht beschäftigt werden dürfen. Zusätzliche Regelungen, insbesondere abweichende Feiertage, finden sich in den gesetzlichen Feiertagsregelungen der einzelnen Bundesländer. Das gilt auch für Praktikanten, deren Praktikumsverhältnis unter die Regelungen des Berufsbildungsgesetzes fällt.

243 **bb. Entgeltfortzahlung im Krankheitsfall.** Im Krankheitsfall ergibt sich der Anspruch auf Entgeltfortzahlung für den Praktikanten bei Anwendbarkeit der Arbeitsgesetze über §§ 26, 10 Abs. 2 BBiG aus § 3 Abs. 1 S. 1 EFZG. Danach hat der Praktikant einen Anspruch auf Entgeltfortzahlung im Krankheitsfall durch den Praktikumsgeber für die Zeit der Ausbildungs- und Einsatzunfähigkeit bis zur Dauer von sechs Wochen, wenn ein Praktikant durch Ausbildungs- und Einsatzunfähigkeit in Folge von Krankheit an seiner Tätigkeit verhindert wird, ohne dass ihn ein Verschulden trifft. Das Entgeltfortzahlungsgesetz stellt einen Forderungskatalog auf, nach dem folgende Voraussetzungen vorliegen müssen, damit ein Entgeltfortzahlungsanspruch gegenüber einem Arbeitgeber entsteht:
– das Bestehen eines Arbeitsverhältnisses i. S. v. § 1 EFZG;
– der Grund der Arbeitsunfähigkeit ist eine Krankheit und
– der Arbeitnehmer darf die Krankheit nicht verschuldet haben.

244 Sinngemäß gilt dieser Forderungskatalog auch für Praktikumsverhältnisse. Im Sinne von § 3 Abs. 3 EFZG entsteht ein Anspruch auf Entgeltfortzahlung erst nach vierwöchiger ununterbrochener Dauer des Praktikumsverhältnisses. Die Arbeitsunfähigkeit muss dazu geführt haben, dass der Praktikant nicht einsatzfähig ist. Krankheit im medizinischen Sinne ist jeder regelwidrige körperliche oder geistige Zustand, welcher der Heilbehandlung bedarf.[198] Zur Einsatzunfähigkeit führt die Erkrankung, wenn der Praktikant durch sie gehindert ist, die vertraglich geschuldete Leistung zu erbringen, oder wenn er nur unter der Gefahr der Verschlimmerung seines Zustands tätig sein kann.[199] Ist der Praktikant krank, ist er zu Teilleistungen nicht verpflichtet, insbesondere auch dann nicht, wenn es sich nur um eine leichte Erkrankung, wie z. B. erhöhte Temperatur, Husten oder Heiserkeit handelt. Auch der vermindert Arbeitsfähige ist arbeitsunfähig krank, weil er seine vertraglich vereinbarte Arbeitsleistung nicht voll erbringen kann.[200]

245 **(1) Unverschuldete Krankheit.** Der Anspruch auf Entgeltfortzahlung im Krankheitsfall besteht für den Praktikanten nur dann, wenn er unverschuldet krank geworden ist. Der Verschuldensmaßstab ergibt sich grundsätzlich aus § 276 BGB. Vorsätzliches oder fahrlässiges Handeln, welches eine Krankheit zur Folge hat, würde somit dazu führen, dass der Praktikant den Entgeltfortzahlungsanspruch verliert. Eine krankheitsbedingte Ausbildungsunfähigkeit ist vom Praktikanten aber nur dann verschuldet, wenn die der Krankheit vorausgehende Handlung äußerst grob gegen das von einem verständigen Menschen im eigenen Interesse zu erwartende Verhalten verstößt.[201] Vom Praktikanten kann indessen nicht erwartet werden, dass er sich – noch dazu in seinem Privatleben – keinen gesundheitlichen Gefahren aussetzt.[202] Der Verschuldensmaßstab beim Hervorrufen einer Krankheit bedeutet i. S. d. Entgeltfortzahlungsgesetzes, dass der Praktikant

---

198 Vgl. Schmitt, Rn. 44; dazu auch BAG, Urteil v. 1. 6. 1983 – 5 AZR 536/80 = AP Nr. 52 zu § 1 LohnFG
199 Vgl. Brox/Rüthers/Henssler, Rn. 370
200 Vgl. BAG NZA 1992, S. 643, 644
201 Vgl. BAG DB 1987, S. 1495; 1988, S. 402
202 Vgl. Otto, Rn. 537

vorsätzlich oder grob fahrlässig gegen sich selbst gehandelt hat und dadurch eine Krankheit entstanden ist.²⁰³

246 Das gilt für Krankheiten, welche durch Sportunfälle hervorgerufen werden, nur dann, wenn es sich um besonders gefährliche Sportarten handelt. So hat die Rechtsprechung eine besonders gefährliche Sportart nur dann angenommen, wenn das Verletzungsrisiko bei objektiver Betrachtung so groß ist, dass auch einem ausgebildeten Sportler bei Beachtung der vorhandenen Sicherheitsregeln so große Gefahren drohen, dass er diese nicht oder kaum vermeiden kann.²⁰⁴ Sportunfälle bei der Ausübung typischer Sportarten, wie z. B. Skifahren, Bergsteigen, Boxen, Surfen, Kite-Surfen, Fußballspielen oder Rennradfahren sind zwar nicht ungefährlich; Unfälle bei diesen Sportarten werden von der Rechtsprechung aber als unverschuldet angesehen.²⁰⁵ Das gilt auch für die Ausübung von Sportarten wie z. B. Drachenfliegen, Fallschirmspringen, Moto-Cross-Rennen, Motorradrennen, Skispringen oder Kick-Boxen.²⁰⁶

247 **(2) Verschuldete Krankheit.** Das Verschulden einer Krankheit wird z. B. dann bejaht, wenn der Praktikant als Verkehrsteilnehmer in Folge von übermäßigem Alkoholgenuss, durch Nichtanlegen eines Sicherheitsgurts, durch Fahren mit überhöhter Geschwindigkeit bei schlechter Sicht bzw. mit Sommerreifen bei winterlichen Wetterbedingungen einen Verkehrsunfall verursacht. Bei Trunkenheit am Steuer ist es allerdings erforderlich, dass der Alkoholmissbrauch den Unfall bzw. die daraus folgende Krankheit verursacht hat. Sie darf nicht durch andere Umstände bedingt sein, die dem Praktikanten nicht zugerechnet werden können.²⁰⁷

248 **(3) Mitteilungspflicht.** Nach § 5 Abs. 1 S. 1 EFZG ist auch der Praktikant verpflichtet, dem Praktikumsgeber die Unfähigkeit des Ausbildungs- und Tätigkeitseinsatzes und deren voraussichtliche Dauer unverzüglich mitzuteilen. Dauert die Unfähigkeit des Ausbildungs- und Tätigkeitseinsatzes länger als drei Kalendertage, hat der Praktikant eine ärztliche Bescheinigung über die bestehende Unfähigkeit sowie deren voraussichtliche Dauer spätestens an dem darauffolgenden Arbeitstag vorzulegen. Dauert die Unfähigkeit des Ausbildungs- und Tätigkeitseinsatzes länger als in der Bescheinigung angegeben, ist der Praktikant verpflichtet, eine neue ärztliche Bescheinigung vorzulegen. Der Praktikumsgeber ist nach § 5 Abs. 1 S. 3 EFZG berechtigt, die Vorlage der ärztlichen Bescheinigung früher zu verlangen.

249 **(4) Höhe der Entgeltfortzahlung.** Rechtsfolge einer unverschuldeten und rechtzeitig bekannt gemachten Krankheit gegenüber dem Praktikumsgeber unter Vorlage einer ärztlichen Bescheinigung ist, dass nach § 4 Abs. 1 EFZG dem Praktikanten gegenüber seinem Praktikumsgeber der vereinbarte Vergütungsanspruch in voller Höhe zusteht.

250 Praktikumsgeber wie Praktikant können die Regelungen des Entgeltfortzahlungsgesetzes durch vertragliche Vereinbarungen im Praktikumsvertrag nicht verändern; sie sind, sofern über das Berufsbildungsgesetz die für den Arbeitsvertrag geltenden Rechtsvorschriften und Rechtsgrundsätze anwendbar sind, unabdingbar. Endet das Praktikumsverhältnis vor Ablauf der in § 3 Abs. 1 EFZG festgelegten Zeit von sechs Wochen nach dem Beginn der Arbeitsunfähigkeit, so entfällt der Anspruch mit dem Ende des Praktikumsverhältnisses.

---

203 Vgl. BAG, Urteil v. 23.11.1971 – 1 AZR 388/70 = AP Nr. 8 zu § 1 LohnFG; Treber, Rn. 42
204 Vgl. BAG DB 1982, S. 706
205 Vgl. Schaub/Linck, § 98 Rn. 41
206 Vgl. Wörlen/Kokemoor, Rn. 121
207 Vgl. BAG DB 1982, S. 707, 708

251 b. **Praktikumsverhältnisse mit Hochschulbezug.** Nach der Rechtsprechung und der herrschenden Meinung der Rechtsliteratur sind die Arbeitsgesetze und arbeitsrechtlichen Rechtsgrundsätze auf ein verpflichtendes Studierendenpraktikum mit Hochschulbezug grundsätzlich nicht anwendbar. Folglich gilt das Entgeltfortzahlungsgesetz nicht, und eine Entgeltfortzahlung an Feiertagen und im Krankheitsfall durch den Praktikumsgeber ist gegenüber dem Praktikanten nicht erforderlich. Diese Situation stellt insbesondere den Praktikanten eines verpflichtenden, mehrere Monate dauernden Studierendenpraktikums mit Hochschulbezug erheblich schlechter als z.B. Praktikanten, die während ihres Studiums ein freiwilliges Studierendenpraktikum ohne Hochschulbezug absolvieren. Denn auf ein solches Praktikum ist über §§ 26, 10 Abs. 2 BBiG das Entgeltfortzahlungsgesetz anwendbar. Aus Sicht des Verfassers sollten Praktikanten eines verpflichtenden Studierendenpraktikums mit Hochschulbezug daher grundsätzlich versuchen, mit dem Praktikumsgeber eine Vergütung für den Ausbildungs- und Tätigkeitseinsatz selbst, aber auch eine Entgeltfortzahlung im Krankheitsfall im Praktikumsvertrag zu vereinbaren.

252 c. **Vorübergehende Verhinderung.** Ist Arbeitsrecht über §§ 26, 10 Abs. 2 BBiG auf Praktikumsverhältnisse anwendbar, regelt § 19 Abs. 1 Nr. 2b BBiG die Fortzahlung der Vergütung auch für den Praktikanten bei vorübergehender Verhinderung. Danach entfällt für den Praktikanten der Vergütungsanspruch dann nicht, wenn er durch einen in seiner Person liegenden Grund ohne sein Verschulden an der Praktikumsleistung verhindert ist.

253 Erforderlich ist ein subjektiver Verhinderungsgrund des Praktikanten. Für eine persönliche Verhinderung muss kein Unvermögen i.S.v. § 275 Abs. 1. Alt. BGB vorliegen, sondern es genügt, wenn dem Praktikanten die Leistung unter Abwägung mit dem Interesse des Praktikumsgebers i.S.v. § 275 Abs. 3 BGB unzumutbar ist. Dabei ist die Treuepflicht des Praktikanten zu berücksichtigen.[208] Objektive Verhinderungsgründe wie z.B. widrige Wetterbedingungen, ein Verkehrsstau oder eine Naturkatastrophe fallen nicht unter die Regelung des § 19 Abs. 1 Nr. 2b BBiG. Demzufolge sind nur individuelle persönliche Verhinderungsgründe maßgeblich. Subjektive Verhinderungsgründe können bedeutende Familienangelegenheiten wie die eigene Hochzeit, die Hochzeit aber auch der Todesfall oder die Beerdigung engster Angehöriger, die Geburt eigener Kinder, medizinisch notwendige Arztbesuche sowie behördliche oder gerichtliche Vorladungen sein.[209]

254 Zur Erhaltung der Fortzahlung der Vergütung ist erforderlich, dass der Praktikant die persönliche Verhinderung nicht verschuldet hat. Grundsätzlich ergibt sich der Verschuldensmaßstab aus § 276 BGB. Wie bereits bei der Entgeltfortzahlung im Krankheitsfall erörtert,[210] geht es beim Verschuldensmaßstab i.S.v. § 19 Abs. 1 Nr. 2b BBiG wiederum nicht um ein Vertretenmüssen nach § 276 BGB gegenüber dem Praktikumsgeber sondern erneut um ein Verschulden gegen sich selbst.[211]

255 Auf ein verpflichtendes Studierendenpraktikum mit Hochschulbezug ist nach herrschender Meinung das Berufsbildungsgesetz nicht anwendbar. Daher steht Praktikanten ein vereinbarter Vergütungsanspruch bei einer unverschuldeten Verhinderung der Ausbildungsleistung nicht i.S.v. § 19 Abs. 1 Nr. 2b BBiG zu.

---

208 Vgl. Dütz, Rn. 232
209 Vgl. ErfK/Schlachter, § 19 BBiG Rn. 6
210 Siehe Schade, PR, Rn. 245
211 Vgl. BAG, Urteil v. 5.4. 1962 – 2 AZR 182/61 = AP Nr. 28 zu § 63 HGB

d. Urlaub. – aa. Praktikumsverhältnisse ohne Hochschulbezug. Ein Vor- oder Nach- 256
Praktikum und das freiwillige Studierendenpraktikum ohne Hochschulbezug sind
„Andere Vertragsverhältnisse" nach § 26 BBiG. Auf diese Praktikumsverhältnisse
sind nach § 10 Abs. 2 BBiG die für den Arbeitsvertrag geltenden Rechtsvorschriften
und Rechtsgrundsätze anwendbar. Für diese Arten von Praktikumsverhältnissen gilt
somit das Bundesurlaubsgesetz (BUrlG).

(1) Grundlagen. Jeder Praktikant eines Vor- oder Nachpraktikums bzw. eines freiwil- 257
ligen Studierendenpraktikums ohne Hochschulbezug hat nach § 1 BUrlG während der
Praktikumszeit Anspruch auf bezahlten Erholungsurlaub. Insofern besteht für den
Praktikumsgeber die Pflicht, während der urlaubsbedingten Abwesenheit des Praktikanten die Vergütung weiterhin vorzunehmen.[212] Urlaub bedeutet, dass ein Praktikant
vom Praktikumsgeber freie Zeit für Erholung und Regeneration unter Beibehaltung
seines Vergütungsanspruchs während des Praktikumsverhältnisses zur Verfügung
gestellt bekommt.[213] Der Vergütungsanspruch ist in § 11 BUrlG geregelt. Die Dauer
des Urlaubs beträgt nach § 3 Abs. 1 BUrlG i. V. m. § 5 Abs. 1 BUrlG bei einer
befristeten Beschäftigung ein Zwölftel der gesetzlich festgelegten oder in der Branche
tarifvertraglich vereinbarten Urlaubstage. Als Werktage gelten alle Kalendertage, die
nicht Sonn- oder gesetzliche Feiertage sind. Beträgt die Arbeitswoche nur fünf Tage,
sind zwanzig Urlaubstage pro Jahr zu gewähren.[214] Nach § 19 JArbSchG haben
Jugendliche und gemäß § 125 SGB IX auch Schwerbehinderte einen Anspruch auf
zusätzliche Urlaubstage. Erkrankt ein Praktikant während des Urlaubs, so werden nach
§ 9 BUrlG die durch ärztliches Zeugnis nachgewiesenen Tage der Arbeitsunfähigkeit
auf den Urlaub nicht angerechnet.

Im Gegensatz zu § 4 BUrlG wird der Urlaub aufgrund des befristeten Ausbildungs- und 258
Beschäftigungsverhältnisses nach Absprache mit dem Praktikumsgeber flexibel genommen. Auf die Urlaubsgestaltung des Praktikanten hat der Praktikumsgeber grundsätzlich keinen Einfluss. Daraus folgt, dass der Praktikant den Urlaub, obwohl sinnvoll,
nicht nur zu Erholungszwecken zu verwenden braucht.

(2) Urlaubszeitpunkt und Urlaubszeitraum. Dem Praktikumsgeber steht auf Grund 259
seines Weisungsrechts nach § 13 S. 2 Nr. 3 BBiG das Recht zu, sowohl den Urlaubszeitpunkt als auch den Urlaubszeitraum festzulegen. Der Praktikant hat somit nicht das
Recht, seine Urlaubstage selbst festzulegen.[215] Nach § 7 Abs. 1 S. 1 BUrlG sind bei der
zeitlichen Festlegung des Urlaubs die Urlaubswünsche des Praktikanten aber zu berücksichtigen. Heutzutage übt der Praktikumsgeber, zumindest in der Dienstleistungs-
branche, sein Weisungsrecht zur Bestimmung des Urlaubszeitpunkts eher selten aus;
üblicherweise nimmt der Praktikant in Absprache mit dem Praktikumsgeber einvernehmlich Urlaub.

Billigt der Praktikumsgeber dem Praktikanten trotz gesetzlicher Verpflichtung bei 260
einem Vor- oder Nachpraktikum bzw. bei einem freiwilligen Studierendenpraktikum
ohne Hochschulbezug keinen Urlaubsanspruch zu, besteht für den Praktikanten die
Möglichkeit, den Urlaubsanspruch einzuklagen bzw. eine einstweilige Verfügung
gegenüber dem Praktikumsgeber zu bewirken.[216] Vereinbaren Praktikumsgeber und
Praktikant bei einer Kündigung des Praktikumsverhältnisses die sofortige Freistellung

---

212 Vgl. BAG NZA 1993, S. 750
213 Siehe zum Urlaubsanspruch des Arbeitnehmers Schade, AR, Rn. 296 ff.
214 So BAG NZA 1984, S. 160
215 Vgl. BAG NZA 1994, S. 548, 550; vgl. Hohmeister/Goretzki, § 7 Rn. 1; Neumann/Fenski, Rn. 6
216 Vgl. Hohmeister/Goretzki, § 7 Rn. 69–73

des Praktikanten vom Ausbildungs- und Tätigkeitseinsatz, so ist vom Praktikumsgeber eine Regelung in die Vereinbarung aufzunehmen, dass durch die Freistellung auch eventuelle Urlaubsansprüche mitabgegolten werden. Ansonsten bleibt der Urlaubsanspruch des Praktikanten trotz Freistellung bestehen. Dieser Urlaubsanspruch ist dann am Ende des Praktikumsverhältnisses finanziell abzugelten.

261 bb. **Praktikumsverhältnis mit Hochschulbezug.** Die Rechtsprechung und die herrschende Meinung in der Rechtsliteratur billigen Praktikanten bei einem verpflichtenden Studierendenpraktikum mit Hochschulbezug keinen Urlaub zu, da das Bundesurlaubsgesetz nicht anwendbar sein soll.[217] Diese Meinung ist heutzutage nicht mehr nachzuvollziehen. Wird der Arbeitsschutz des Arbeitnehmers zu recht immer größer, ändert sich gegenüber Praktikanten bei verpflichtenden Studierendenpraktika mit Hochschulbezug seit über 50 Jahren nichts zum Positiven. Die Situation von Praktikanten hat sich aber in der heutigen Zeit noch einmal gegenüber früher erheblich verschärft, weil Praktikanten heutzutage einerseits in den auf 6 Semester verkürzten Bachelor-Studiengängen intensiver studieren müssen und durch Pflichtpraktika in der vorlesungsfreien Zeit kaum freie Urlaubstage haben; andererseits werden Praktikanten wegen der gestiegenen Arbeitskosten von Unternehmen leider auch als preiswerte Arbeitskräfte angesehen, denen weder eine Vergütung, noch Urlaub zusteht.[218] Insofern kann der Verfasser den Ausführungen der Rechtsprechung, zuletzt wohl bestätigt durch das Landesarbeitsgericht Baden-Württemberg,[219] sowie der herrschenden Meinung in der Rechtsliteratur nicht folgen. Studierende, die durch die Verschulung des Studiums aufgrund der Umstellung auf Bachelor- und Masterstudiengänge mit einer kurzen Studiendauer einem höheren Leistungsdruck gegenüberstehen und mittlerweile oft zwei verpflichtende Hochschulpraktika über eine Dauer von jeweils bis zu 3 Monaten zu absolvieren haben, brauchen ebenso Urlaub wie Arbeitnehmer oder Praktikanten in Praktikumsverhältnissen ohne Hochschulbezug. Aus Sicht des Verfassers sollte daher auch Praktikanten bei verpflichtenden Studierendenpraktika mit Hochschulbezug ein Urlaubsanspruch zustehen.

262 Aufgrund der aktuellen Rechtslage sollte der Praktikant versuchen, mit seinem Praktikumsgeber eine einvernehmliche Urlaubsanspruchsregelung im Praktikumsvertrag eines verpflichtenden Studierendenpraktikums mit Hochschulbezug aufzunehmen. Viele Unternehmen gewähren auch von sich aus fairerweise Urlaubstage ohne Rechtspflicht durch Vereinbarungen im Praktikumsvertrag.

263 e. **Annahmeverzug des Praktikumsgebers.** Kommt der Praktikumsgeber nach § 326 Abs. 2 BGB mit der Annahme des Ausbildungs- und Tätigkeitseinsatzes des Praktikanten in Verzug, so kann der Praktikant für die in Folge des Verzugs nicht geleistete Tätigkeit die vereinbarte Vergütung verlangen, ohne jemals zur Nachleistung verpflichtet zu sein. Ist das Berufsbildungsgesetz auf ein Praktikumsverhältnis anwendbar, gilt nach § 19 Abs. 1 Nr. 2a BBiG, dass dem Praktikanten die Vergütung auch dann zu zahlen ist, wenn er sich für den Ausbildungs- und Tätigkeitseinsatz bereithält, dieser aber ausfällt.

264 Andererseits wäre es naheliegend, § 615 BGB entsprechend der allgemeinen rechtlichen Abgrenzung von Unmöglichkeit und Verzug dann anzuwenden, wenn die Arbeits-

---

217 Vgl. BAG, Urteil v. 19.6. 1974 – 4 AZR 436/73 = AP Nr. 3 zu § 3 BAT; BAG, Urteil v. 3.9. 1998 – 8 AZR 14/97, unveröffentlicht; Leinemann/Taubert, § 26 Rn. 2; Maties, RdA 2007, S. 135, 139; Scherer, NZA 1986, S. 280, 283; Lakies, AR-Blattei SD, 2007, Rn. 94
218 Vgl Scheriau, AiB 2006, S. 623; Düwell, FA 2008, S. 138, 139
219 Vgl. LAG Baden-Württemberg, Urteil v. 8.2. 2008 – 5 Sa 45/07 = NZA 2008, S. 768, 769

leistung nachholbar ist, bei Nichtnachholbarkeit hingegen, je nach Verschulden, den Entgeltanspruch gemäß § 326 Abs. 1 BGB oder § 326 Abs. 2 BGB zu bestimmen.[220] § 615 BGB soll aber auch dann anwendbar sein, wenn der Praktikumsgeber die tatsächlich angebotene Leistung des Praktikanten nicht annimmt und diese Tätigkeit, die nicht mehr nachholbar ist, durch die Nichtannahme unmöglich wird.[221] Findet § 615 S. 1 BGB Anwendung, sind die Voraussetzungen der §§ 293 ff. BGB zu prüfen. Annahmeverzug des Praktikumsgebers liegt vor, wenn er die ordnungsgemäß angebotene Leistung des Praktikanten nicht annimmt, §§ 293, 294 BGB, d. h. wenn er den Praktikanten nicht ausbildet und beschäftigt, z. B. weil er ihm keine Tätigkeit zuweist oder ihm keine Geräte bzw. kein Material zur Verfügung stellt.[222]

265 Der Praktikant muss dem Praktikumsgeber seine Leistung so, wie sie zu bewirken ist, tatsächlich anbieten und zwar zur rechten Zeit, am rechten Ort und in der rechten Weise. Dabei genügt ein wörtliches Angebot des Praktikanten, wenn der Praktikumsgeber ihm erklärt, dass er dessen Leistung nicht annehmen kann, so z. B. aufgrund eines Brandes nicht in der Lage ist, die Arbeitsräume bzw. Produktionsmittel wie Maschinen oder Arbeitsgeräte zur Verfügung zu stellen. Fehlt ein wörtliches Angebot i. S. d. § 295 BGB, so gerät der Praktikumsgeber unter den weiteren Voraussetzungen der §§ 293 ff. BGB, explizit nach § 296 BGB in Annahmeverzug, wenn der Praktikant den Ausbildungs- und Tätigkeitseinsatz nur erbringen kann, falls der Praktikumsgeber einen funktionsfähigen Ausbildungs- und Beschäftigungsplatz bereit hält und dem Praktikanten eine Tätigkeit zuweist; darin liegt eine notwendige Mitwirkungshandlung des Praktikumsgebers, deren Zeit nach dem Kalender bestimmt ist, so dass es keines Angebots mehr bedarf.[223] Nach § 299 BGB ist für den Annahmeverzug des Praktikumsgebers kein Verschulden erforderlich.

266 Befindet sich der Praktikumsgeber im Annahmeverzug, hat der Praktikant Anspruch auf die vereinbarte Vergütung. Der Praktikant muss sich nach § 326 Abs. 2 S. 2 BGB aber auf seinen Vergütungsanspruch das anrechnen lassen, was er auf Grund der unterbliebenen Leistung, z. B. Fahrtkosten, erspart.

267 **f. Betriebsrisiko.** Ist das Unterbleiben der Ausbildung und der Tätigkeit von keinem Teil zu vertreten und greifen keine besonderen Vergütungsfortzahlungsregelungen ein, so hängt der Anspruch des Praktikanten auf die vereinbarte Vergütung grundsätzlich davon ab, ob das Unterbleiben der Tätigkeit auf einem Annahmeverzug des Praktikumsgebers beruht – dann gelten § 19 Abs. 1 Nr. 2a BBiG bzw. § 326 Abs. 2 BGB – oder sich sonst als Unmöglichkeit der Arbeitsleistung darstellt – dann gilt § 326 Abs. 1 BGB.[224] Annahmeverzug und Unmöglichkeit reichen aber als Argument nicht aus, um neben dem Vergütungsanspruch auch das unternehmerische Risiko des Praktikumsgebers abzudecken, welches insbesondere Auswirkungen auf das Betriebsrisiko hat. Rechtsprechung und Rechtsliteratur haben daher die Lehre vom Betriebsrisiko, die eine große Bedeutung im Arbeitsrecht hat, entwickelt, welche mittlerweile vom Gesetzgeber in § 615 S. 3 BGB normiert ist. Die Lehre vom Betriebsrisiko ist anzuwenden, falls aus beiderseits unverschuldeten betrieblich-technischen oder zwingenden rechtlichen Gründen die Erbringung der Arbeitsleistung unmöglich ist.[225] Gelangt die Betriebsstörung

---

220 Dütz, Rn. 248
221 Vgl. Dütz, Rn. 248; vgl. BAG, Urteil v. 7. 6. 1973 – 5 AZR 563/72 = AP Nr. 28 zu § 615 BGB, Betriebsrisiko = DB 1973, S. 187
222 Vgl. Zöllner/Loritz/Hergenröder, § 19 IV 1
223 Vgl. BAG NZA 1985, S. 119, 120; 1993, S. 550, 551
224 Vgl. Zöllner/Loritz/Hergenröder, § 19 V 1
225 Dütz, Rn. 249

zur Unfähigkeit des Praktikumsgebers, den Einsatz des Praktikanten abzurufen, besteht kein Annahmeverzug sondern eine Unmöglichkeit.[226] Der Praktikant hat dann unter Betriebsrisikogesichtspunkten einen Vergütungsanspruch, wenn ein Praktikumsvertrag besteht, eine Vergütung vereinbart wurde und weder der Praktikant, noch der Praktikumsgeber eine vorliegende Betriebsstörung zu vertreten haben.

268 Die Übernahme des wirtschaftlichen Risikos bei einer Betriebsstörung durch den Praktikumsgeber gilt als angemessen. Der Praktikumsgeber hat vielfach die Möglichkeit, durch technische oder personelle Vorsichtsmaßnahmen betriebliche Risiken zu minimieren. Außerdem besteht für den Praktikumsgeber die Möglichkeit, Betriebsrisiken, z. B. Brand-, Hagel- oder Wasserschäden, sowie eine Betriebsstörung wegen Naturkatstrophen zu versichern. Demgegenüber ist das Risiko der Vergütungspflicht, alleine schon wegen der Höhe und der zeitlichen Befristung, gegenüber dem Praktikanten sehr gering.

269 Da das verpflichtende Studierendenpraktikum mit Hochschulbezug nach der herrschenden Meinung nicht unter § 26 BBiG fällt, sind nach dieser Ansicht die für einen Arbeitsvertrag geltenden Rechtsvorschriften und Rechtsgrundlagen nicht anwendbar. Insofern ist fraglich, ob auf diese Art des Praktikums die Lehre vom Betriebsrisiko anzuwenden ist. Zumindest kann der Praktikumsgeber dem Praktikanten nach aktueller Rechtslage eine eventuell vereinbarte Vergütung verweigern trotz der Tatsache, dass er das wirtschaftliche Risiko trägt.

VI. Unfall während des Ausbildungs- und Tätigkeitseinsatzes

1. Grundlagen

270 Gilt das Arbeitsrecht für Praktikumsverhältnisse, sind der Arbeitsunfall und seine rechtlichen Folgen, wie z.B. die Berufskrankheit, im Sozialgesetzbuch VII geregelt. Nach § 8 Abs. 1 S. 1 SGB VII sind Arbeitsunfälle von Versicherten in Folge einer den Versicherungsschutz nach §§ 2, 3, 6 SGB VII begründeten Tätigkeit (versicherte Tätigkeit).[227] Das Sozialgesetzbuch VII regelt die gesetzliche Unfallversicherung. Unfälle sind zeitlich begrenzte, von außen auf den Körper einwirkende Ereignisse, die zu einem Gesundheitsschaden oder zum Tod führen.[228] Als Gesundheitsschaden gilt auch der Verlust oder die Beschädigung eines Hilfsmittels, z.B. einer Beinprothese. Die Beiträge für die gesetzliche Unfallversicherung werden alleine durch die Arbeitgeber aufgebracht, während Beschäftigte keine Beiträge zu entrichten haben.[229] Die versicherten Tätigkeiten ergeben sich aus § 8 Abs. 2 SGB VII, insbesondere das Zurücklegen des mit der versicherten Tätigkeit zusammenhängenden Weges nach und vor dem Ort der Tätigkeit.

271 **a. Praktikumsverhältnisse ohne Hochschulbezug.** Versichert sind alle Praktikanten eines Betriebs, allerdings nur gegen Unfallrisiken, welche sich direkt aus dem Praktikumsverhältnis ergeben. Das gilt über § 26 BBiG für alle Praktikanten, die ein Praktikum ohne Hochschulbezug absolvieren. Nach § 7 Abs. 2 SGB VII schließt selbst verbotswidriges Handeln des Praktikanten einen Versicherungsfall nicht aus. Dieses verbotswidrige Handeln betrifft allerdings nur den Verschuldensgrad der Fahrlässigkeit. Gemäß § 26 Abs. 1 SGB VII haben Versicherte nach Eintritt des Arbeitsunfalls

---

226 Vgl. LAG Frankfurt/M., Urteil v. 5.9.1956 – II LA 25/56 = AP Nr. 2 zu § 615, Betriebsrisiko; LAG Tübingen, Urteil v. 22.3.1955 – Ta 1/55 = AP Nr. 3 zu § 615, Betriebsrisiko
227 Siehe Kokemoor, Rn. 253
228 Vgl. BSG NZS 2006, S. 214, 215
229 Vgl. Kokemoor, Rn. 242

Anspruch auf Heilbehandlung einschließlich Leistungen zur medizinischen Rehabilitation oder z. B. auf Leistungen bei Pflegebedürftigkeit.

Zum Ausgleich von Schäden, die der Praktikant durch einen Arbeitsunfall an seinem Arbeitsplatz erlitten hat, haftet die gesetzliche Unfallversicherung. Verantwortlich für die Schadensregulierung ist die jeweils zuständige Berufsgenossenschaft; dabei kommt es auf die Branche des Praktikumsgebers an. Die zuständige Berufsgenossenschaft ist Trägerin der gesetzlichen Unfallversicherung. Das Unfallversicherungsrecht dient einerseits dem sozialen Schutz des Arbeitnehmers und seiner Familie und daher auch dem Schutz des Praktikanten, in dem es einen vom Verschulden unabhängigen Entschädigungsanspruch gegen eine leistungsfähige Gemeinschaft der Unternehmer einräumt; zum anderen will es die Schadensersatzpflicht des Praktikumsgebers gegenüber seinem Praktikanten ablösen, um eine betriebliche Konfliktsituation zu vermeiden. Die Beitragszahlung für die gesetzliche Unfallversicherung an die jeweilige Berufsgenossenschaft ist allerdings eine unabdingbare Pflicht des Praktikumsgebers.[230] Deshalb richtet sich der Anspruch eines durch einen Arbeitsunfall geschädigten Praktikanten primär nicht gegen seinen Praktikumsgeber oder eine andere im Betrieb beschäftigte Person. Ansprüche wegen eines Arbeitsunfalls sind gegenüber der gesetzlichen Unfallversicherung geltend zu machen. Insofern kann von einer Haftungsverlagerung auf die jeweilige Berufsgenossenschaft gesprochen werden.

b. Praktikumsverhältnisse mit Hochschulbezug. Handelt es sich um ein verpflichtendes Studierendenpraktikum mit Hochschulbezug, sind die Studierenden, die an einer Hochschule immatrikuliert sind, über die gesetzliche Unfallversicherung der jeweiligen Hochschule versichert. Auch dann gelten die Regelungen des Sozialgesetzbuches VII. Denn während seines Ausbildungs- und Tätigkeitseinsatzes beim Praktikumsgeber bleibt der Student mit allen Rechten und Pflichten Mitglied der jeweiligen Studieneinrichtung.[231]

2. Haftungsbeschränkung des Praktikumsgebers

Nach § 104 Abs. 1 S. 1 SGB VII sind Unternehmer den Versicherten, die für ihre Unternehmen tätig sind oder zu ihren Unternehmen in einer sonstigen, die Versicherung begründenden Beziehung stehen, sowie deren Angehörigen und Hinterbliebenen nach anderen gesetzlichen Vorschriften zum Ersatz des Personenschadens, den ein Versicherungsfall verursacht hat, nur verpflichtet, wenn sie den Versicherungsfall vorsätzlich oder auf einem nach § 8 Abs. 2 Nr. 1–4 SGB VII versicherten Weg herbeigeführt haben. Die jeweilige Berufsgenossenschaft als Träger der gesetzlichen Unfallversicherung übernimmt daher den Schadensausgleich nur unter folgenden Voraussetzungen:
- Der Praktikumsgeber oder die Hochschule muss den Praktikanten bei der gesetzlichen Unfallversicherung versichert haben.
- Es muss ein Ausbildungs- und Beschäftigungsunfall vorliegen, aus dem der Praktikant einen Schaden erlitten hat.
- Es darf kein Grund für eine Haftungsbeschränkung der gesetzlichen Unfallversicherung vorliegen, z. B.:
  - Vorsätzliches Handeln des Praktikumsgebers, das zum Arbeitsunfall des Praktikanten führt oder
  - Herbeiführen des Personenschadens auf einem nach § 8 Abs. 2 Nr. 1–4 SGB VII versicherten Weg.

---

230 Vgl. Brox/Rüthers/Henssler, Rn. 356
231 Leinemann/Taubert, § 26 Rn. 11; LAG Hamburg, Urteil v. 5. 9. 1980 – 3 Sa 37/80 = EzB Nr. 1 zu § 19 BBiG 1969

275 Die gesetzliche Unfallversicherung reguliert nur Körperschäden des Praktikanten, welche vom einfachen Gesundheitsschaden bis zum Todeseintritt reichen können. Notwendig ist eine Kausalität zwischen dem eingetretenen Schaden beim Praktikanten und dem Unfall im Betrieb bzw. auf dem mit der versicherten Tätigkeit zusammenhängenden unmittelbaren Weg nach und von dem Ort der Tätigkeit. Verursacht der Praktikumsgeber den Personenschaden vorsätzlich, übernimmt die gesetzliche Unfallversicherung den Schadensausgleich nicht; der Praktikumsgeber haftet als Schädiger dann selbst gegenüber seinem Praktikanten auf Schadensersatz.

276 Da die gesetzliche Unfallversicherung nur bei konkreten Körperschäden Schadensersatz leistet, kann der verletzte Praktikant kein Schmerzensgeld nach § 253 Abs. 2 BGB geltend machen. Weder gegenüber der gesetzlichen Unfallversicherung, noch gegenüber dem Praktikumsgeber besteht somit ein immaterieller Schadensersatzanspruch.

3. Haftungsbeschränkung des Praktikanten

277 Verletzt ein Praktikant z. B. einen Mitarbeiter des Praktikumsgebers oder einen anderen Praktikanten, steht diesen Personen grundsätzlich ein Schadensersatzanspruch aus § 823 Abs. 1 BGB zu. Dieser umfasst üblicherweise auch einen Anspruch auf Schmerzensgeld nach § 253 Abs. 2 BGB. Im Rahmen der gesetzlichen Unfallversicherung gilt nach § 105 Abs. 1 S. 1 SGB VII die Haftungsbeschränkung auch für Praktikanten, welche einem Mitarbeiter des Praktikumsgebers oder einem anderen Praktikanten in demselben Betrieb einen Personenschaden zufügen. Danach ist ein Praktikant, der durch eine betriebliche Tätigkeit einen Versicherungsfall von Versicherten desselben Betriebs verursacht, diesen sowie deren Angehörigen und Hinterbliebenen nach anderen gesetzlichen Vorschriften zum Ersatz des Personenschadens nur verpflichtet, wenn er den Versicherungsfall vorsätzlich oder auf einem nach § 8 Abs. 2 Nr. 1–4 SGB VII versicherten Weg herbeigeführt hat. Der Praktikant, der den Personenschaden bei einem Mitarbeiter des Praktikumsgebers verursacht hat, ist somit nur für den Schaden selbst verantwortlich, wenn er ihn vorsätzlich herbeigeführt hat.

278 Tritt die Haftungsbeschränkung des Praktikanten nach § 105 Abs. 1 S. 1 SGB VII umfassend ein, findet erneut eine Haftungsverlagerung auf die gesetzliche Unfallversicherung statt. Immaterielle Schäden, Vermögensschäden oder Beerdigungskosten werden von der gesetzlichen Unfallversicherung nicht beglichen. Wird ein Dritter durch den Praktikanten in Ausübung seines Ausbildungs- und Tätigkeitseinsatzes geschädigt, haftet der Praktikant dem Dritten gegenüber nach allgemeinen zivilrechtlichen Vorschriften. Zu prüfen ist dann eine mögliche Freistellung von der Haftung bzw. eine Einschränkung der Haftung i. S. d. Haftungsbeschränkung.[232]

4. Haftung Dritter

279 Erleidet der Praktikant einen Personen- oder Sachschaden im Betrieb durch einen betriebsfremden Dritten, z. B. einen Lieferanten, sind grundsätzlich die gesetzlichen Schadensersatzansprüche nach §§ 823 ff. BGB anwendbar. Hat die Berufsgenossenschaft den Personenschaden des Praktikanten finanziell ausgeglichen, steht ihr ein Ersatzanspruch gegenüber dem Dritten nach § 116 Abs. 1 SGB X zu. Denkbar ist auch, dass der Praktikumsgeber und ein betriebsfremder Dritter den Personenschaden beim Praktikanten gemeinsam verursacht haben. In diesem Fall gilt wiederum grundsätzlich die Haftungsbeschränkung des Praktikumsgebers nach § 104 Abs. 1 S. 1 SGB VII. Die gesetzliche Unfallversicherung übernimmt dann den Schadensanteil, den der Prakti-

---

[232] Siehe dazu Schade, PR, Rn. 235

kumsgeber gegenüber dem Praktikanten verursacht hat. Dann ist der betriebsfremde Dritte somit als Gesamtschuldner nach § 421 BGB ausnahmsweise nur anteilig für den von ihm zu vertretenden Teil des entstandenen Personenschadens verantwortlich.[233]

§ 7 Beendigung des Praktikumsverhältnisses

I. Grundlagen

Die Beendigung des Praktikumsverhältnisses ist für den Praktikanten wie den Praktikumsgeber bei einem derartigen befristeten Ausbildungs- und Tätigkeitsverhältnis eine grundsätzlich normale Situation. Das Praktikumsverhältnis endet üblicherweise durch Zeitablauf.

Weitere Beendigungsgründe für ein Praktikumsverhältnis können, wie bei einem Arbeitsverhältnis, sehr unterschiedlich sein. Sie können sich aus der Sphäre des Praktikumsgebers oder aus der Sphäre des Praktikanten ergeben. Eine derartige Unterscheidung ist deshalb besonders wichtig, weil sich, je nach Situation, unterschiedliche Rechte und Pflichten für die jeweiligen Vertragsparteien ergeben.

Beendigungsgründe für ein Praktikumsverhältnis

- Nichtigkeit des Praktikantenvertrags
  - Gesetzliches Verbot, § 134 BGB
  - Sittenwidrigkeit, § 138 BGB
- Ordentliche Kündigung des Praktikanten, z.B. nach § 22 Abs. 2 Nr. 2 BBiG
  - Kündigungserklärung
  - Kündigungsgrund
    - ☐ Aufgabe des Praktikums
    - ☐ Ausbildung und Tätigkeit im Rahmen eines anderen Praktikumsverhältnisses
  - Kündigungsfrist
  - Keine Unwirksamkeit, z.B. Formmangel, § 23 Abs. 3 BBiG oder Sittenwidrigkeit, § 138 BGB
  - Keine Unwirksamkeit, z.B. § 125 S. 1 BGB
- Außerordentliche Kündigung
  - Kündigungserklärung
  - Wichtiger Kündigungsgrund
  - Sonderfall: Verdachtskündigung
- Sonstige Beendigungsgründe, z.B.
  - Anfechtung
  - Tod des Praktikanten

Abb. 10: Beendigungsgründe für ein Praktikumsverhältnis

---

[233] Vgl. Schade, AR, Rn. 329

II. Beendigungsgründe

1. Nichtigkeit des Praktikumsvertrags

282 Ein Praktikumsvertrag kann von Anfang an nichtig sein. Verstößt ein Praktikumsvertrag gegen ein gesetzliches Verbot nach § 134 BGB, z. B. grundsätzlich beim Einsatz Minderjähriger unter 15 Jahren im Betrieb, ist der Praktikumsvertrag von Anfang an nichtig. Ist das Praktikumsverhältnis allerdings bereits in Gang gesetzt worden, so kann dieses fehlerhafte Praktikumsverhältnis nur zum aktuellen Zeitpunkt mit Wirkung für die Zukunft beendet werden. Weitere Nichtigkeitsgründe können nach § 105 BGB die Geschäftsunfähigkeit eines Praktikanten, eine sittenwidrige Tätigkeit nach § 138 BGB sowie gesetzliche Verbote nach § 134 BGB sein.

2. Ordentliche Kündigung

283 Praktikumsverhältnisse können grundsätzlich vom Praktikumsgeber wie vom Praktikanten gekündigt werden. Die Kündigung selbst ist eine einseitige, empfangsbedürftige Willenserklärung, die eine Rechtsfolge dahingehend auslöst, dass auch ein Praktikumsverhältnis mit Ablauf einer bestimmten Frist beendet wird. Nach § 22 Abs. 1 BBiG kann das Praktikumsverhältnis vom Praktikumsgeber wie vom Praktikanten während der Probezeit jederzeit ohne Einhalten einer Kündigungsfrist gekündigt werden. Dabei handelt es sich um eine ordentliche, allerdings entfristete Kündigung.[234] Ansonsten steht das Recht zur ordentlichen Kündigung nach der Probezeit gemäß § 22 Abs. 2 Nr. 2 BBiG mit einer Kündigungsfrist von vier Wochen nur dem Praktikanten zu, wenn das Berufsbildungsgesetz auf das Praktikumsverhältnis anwendbar ist.

284 Die überwiegende Zahl der Praktikumsverhältnisse ist vertraglich auf eine bestimmte Zeitdauer, d. h. befristet geschlossen worden. Nach Ablauf dieser Frist ist das Praktikumsverhältnis automatisch beendet; die Hauptleistungspflichten von Praktikumsgeber und Praktikant, einerseits zumindest Ausbildungs- und Beschäftigungspflicht und andererseits die Tätigkeitspflicht, bestehen dann nicht mehr. Nebenpflichten können für beide Vertragsparteien aber auch nach Beendigung des Praktikumsvertrags noch bestehen.

285 Für die verschiedenen Arten von Praktikumsverhältnissen, das Vor- oder Nachpraktikum, das freiwillige Studierendenpraktikum ohne Hochschulbezug sowie das verpflichtende Studierendenpraktikum mit Hochschulbezug, bestehen grundsätzlich dieselben rechtlichen Voraussetzungen für eine Kündigung des Praktikumsverhältnisses. Aufgrund der Befristung eines Praktikums gilt für alle Praktikumsverhältnisse, dass sie während der Probezeit, welche einen Zeitraum von zwei Wochen bis höchstens einen Monat umfasst, vom Praktikumsgeber wie vom Praktikanten i. S. v. § 22 Abs. 1 BBiG ohne Einhalten einer Kündigungsfrist gekündigt werden können. Das erscheint insbesondere vor dem Hintergrund eines üblicherweise nur für einen kurzen Zeitraum befristeten Ausbildungs- und Beschäftigungsverhältnisses für beide Vertragsparteien als sachgerecht.

286 Dem Praktikanten, auf dessen Praktikumsverhältnis § 26 BBiG anwendbar ist, steht nach der Probezeit während des Praktikums ein uneingeschränktes Kündigungsrecht zu; dagegen entspricht es dem Schutzgedanken des Praktikumsrechts zugunsten des Praktikanten, dass der Praktikumsgeber dem Praktikanten nur außerordentlich unter

---

[234] Vgl. ErfK/Müller-Glöge, § 620 BGB, Rn. 46

besonderen Voraussetzungen kündigen darf. Dieser Schutzgedanke ist deshalb so bedeutend, weil der Praktikant für sein erfolgreiches berufliches Fortkommen die beruflichen Fertigkeiten, Kenntnisse, Fähigkeiten und berufliche Erfahrung braucht und es insbesondere bei der hohen Anzahl von Studierenden immer schwieriger wird, ein passendes, auf einen kurzen Zeitraum befristetes Ausbildungs- und Beschäftigungsverhältnis zu vereinbaren.

287 Während dem Praktikumsgeber kein ordentliches Kündigungsrecht nach der Probezeit zusteht, wird dem Praktikanten das ordentliche Kündigungsrecht nach § 22 Abs. 2 Nr. 2 BBiG zugebilligt. Insbesondere hat der Praktikumsgeber nach § 102 I BetrVG den Betriebsrat, sofern dieser im Betrieb errichtet ist, vor jeder Kündigung anzuhören. Der Praktikumsgeber hat dem Betriebsrat die Gründe der Kündigung mitzuteilen. Eine ohne Anhörung des Betriebsrats ausgesprochene Kündigung gegenüber dem Praktikanten ist unwirksam.

288 Erforderlich ist vor dem Ausspruch einer Kündigung i. d. R. zumindest eine Abmahnung des Praktikumsgebers, die die Missbilligung des vertragswidrigen Verhaltens des Praktikanten zum Ausdruck bringen muss.[235]

289 Auf ein verpflichtendes Studierendenpraktikum mit Hochschulbezug ist das Berufsbildungsgesetz nicht anwendbar. Daher ist es für den Praktikumsgeber und den Praktikanten sinnvoll, im Praktikumsvertrag Kündigungsklauseln zu vereinbaren. Diese müssen sich an den zwingenden Vorgaben des allgemeinen Zivilrechts, insbesondere des Bürgerlichen Gesetzbuchs, messen lassen.[236] Handelt es sich um standardisierte Kündigungsvertragsklauseln, müssen diese einer Inhaltskontrolle und somit einer Überprüfung wie bei Klauseln im Rahmen von Allgemeinen Geschäftsbedingungen standhalten.[237]

290 a. **Wirksame Kündigungserklärung.** Die wirksame Kündigungserklärung ist eine einseitige Willenserklärung. Auf sie finden die Rechtsnormen des Allgemeinen Teils des Bürgerlichen Gesetzbuches (§§ 104 ff., 130 ff., 164 ff. BGB) Anwendung. Im Gegensatz zum Abschluss eines Praktikumsvertrags selbst hat die ordentliche Kündigung eines solchen Vertrags bei Anwendbarkeit des Berufsbildungsgesetzes nach § 22 Abs. 3 BBiG unter Angabe der Kündigungsgründe schriftlich zu erfolgen. Da die Rechtsprechung und die herrschende Meinung in der Rechtsliteratur die Anwendbarkeit des Berufsbildungsgesetzes auf verpflichtende Studierendenpraktika mit Hochschulbezug bisher verneinen, haben Praktikumsgeber und Praktikant im Praktikumsvertrag bei einem solchen Praktikumsverhältnis Regelungen für eine formal wirksame Kündigung aufzunehmen. Die Kündigungserklärung in elektronischer Form ist ausgeschlossen.

291 Weiterhin ist erforderlich, dass die Kündigungserklärung den Beendigungswillen des Praktikanten erkennen lässt. Folglich muss der Praktikant nicht ausdrücklich das Wort „Kündigung" in seiner schriftlichen Erklärung verwenden. Es genügt z. B., dass der Praktikant von einer Beendigung des Praktikumsverhältnisses spricht, ein Praktikumszeugnis verlangt oder durch die Verweigerung seines Einsatzes die Beendigung des Praktikumsverhältnisses zum Ausdruck bringt.[238] Die Kündigung wird erst wirksam, wenn sie dem Praktikumsgeber zugeht, d. h. so in den Machtbereich des Empfängers

---

235 Vgl Schade, PR, Rn. 215
236 Dazu ausführlich Hirdina, NZA 2008, S. 916, 917
237 Vgl. Schade, WP, Rn. 178
238 Vgl. Schaub/Linck, § 123 Rn. 2; ErfK/Müller-Glöge, § 620 BGB Rn. 18; Dütz, Rn. 283

gelangt, dass er unter normalen Umständen mit der Kenntnisnahme rechnet, § 130 Abs. 1 S. 1 BGB.[239]

292 b. **Kündigungsfrist.** Unter dem Begriff „Kündigungsfrist" ist der Zeitraum zu verstehen, welcher mit dem Zugang der Kündigungserklärung beginnt und der mit der tatsächlichen Beendigung des Praktikumsverhältnisses endet. Normalerweise wird zwischen Praktikumsgeber und Praktikant im Praktikumsvertrag keine Kündigungsfrist mit einem Beendigungszeitpunkt des Praktikumsverhältnisses vereinbart, weil es sich bei einem Praktikum um ein befristetes Ausbildungs- und Beschäftigungsverhältnis handelt, welches nach Ablauf einer meistens kurzen Zeitdauer automatisch endet. Je kürzer das Praktikum ist, je kürzer muss auch die Kündigungsfrist sein. Das gilt z.B. nach § 22 Abs. 2 Nr. 2 BBiG z.B. für Praktikanten in einem Vor- oder Nachpraktikum oder für ein freiwilliges Studierendenpraktikum ohne Hochschulbezug. Danach kann der Praktikant solche Praktikumsverhältnisse mit einer Kündigungsfrist von nur vier Wochen kündigen, wenn er das Praktikum nicht fortsetzen will oder ein anderes Praktikum absolvieren möchte. Diese Kündigungsfrist muss analog auch für ein verpflichtendes Studierendenpraktikum mit Hochschulbezug gelten.

293 c. **Anhörung des Betriebsrats.** Ist in Betrieben ein Betriebsrat errichtet, ist der Betriebsrat nach § 102 Abs. 1 S. 1 BetrVG vor jeder Kündigung, auch während der Probezeit, zu hören. Die Pflicht zur Anhörung bedeutet aber nicht, dass der Betriebsrat einer Kündigung auch zustimmen muss. Allerdings hat der Praktikumsgeber dem Betriebsrat die Gründe für die Kündigung mitzuteilen. Hat der Praktikumsgeber den Betriebsrat vor einer Kündigung nicht angehört, so kann die Kündigung gegenüber dem Praktikanten unwirksam sein.

294 d. **Keine Unwirksamkeit der Kündigung.** Die Kündigungserklärung des Praktikumsgebers darf nicht dadurch unwirksam sein, weil sie gegen die gesetzlich vorgeschriebene Form oder ein gesetzliches Kündigungsverbot verstößt.

295 aa. **Formmangel.** § 23 Abs. 3 BBiG regelt, dass die Beendigung von Praktikumsverhältnissen durch Kündigung zu ihrer Wirksamkeit der Schriftform bedarf. Wird somit die Kündigung vom Praktikumsgeber, aber auch vom Praktikanten nur mündlich ausgesprochen, so verstößt eine solche Kündigungserklärung gegen die vom Gesetz vorgeschriebene Form und ist nach § 125 S. 1 BGB nichtig.

296 bb. **Kündigungsschutz bei Betriebsübergang.** Die Kündigung ist unwirksam, wenn sie gegen ein gesetzliches Verbot verstößt. Ein solcher Verstoß liegt z.B. nach § 613a BGB vor, wenn ein Betrieb oder ein Betriebsteil durch Rechtsgeschäft auf einen anderen Inhaber übergeht und eine Kündigung des Praktikumsverhältnisses einem Praktikanten durch den bisherigen Praktikumsgeber oder durch den neuen Inhaber des Betriebs wegen des Übergangs mitgeteilt wird. Eine solche Kündigung ist i.S.v. § 613a Abs. 4 S. 1 BGB unwirksam. Dieser Kündigungsschutz muss für alle Arten von Praktikumsverhältnissen gelten, auch wenn nach herrschender Meinung die für den Arbeitsvertrag geltenden Rechtsgrundlagen auf ein verpflichtendes Studierendenpraktikum mit Hochschulbezug nicht anwendbar sind.

297 cc. **Kündigungsschutz bei Verstoß gegen § 138 BGB.** Letztlich kann eine Kündigungserklärung eines Praktikumsgebers gegenüber einem Praktikanten unwirksam sein, wenn diese nach § 138 Abs. 1 BGB gegen die guten Sitten verstößt.

---

239 Vgl. Schade, WP, Rn. 56

3. Außerordentliche Kündigung

Im Einzelfall kann der Praktikumsvertrag vom Praktikumsgeber oder vom Praktikanten ohne Einhaltung einer Kündigungsfrist gekündigt werden. Diese Kündigung wird auch als außerordentliche bzw. fristlose Kündigung bezeichnet. Eine solche Kündigung des Praktikumsverhältnisses ist von beiden Vertragsparteien aus wichtigem Grund möglich und zwar in demselben Umfang wie bei Arbeitnehmern.[240]

298

Ist das Berufsbildungsgesetz anwendbar, so beim Vor- oder Nachpraktikum bzw. beim freiwilligen Studierendenpraktikum ohne Hochschulbezug, ist für den Praktikumsgeber wie für den Praktikanten § 22 Abs. 2 Nr. 1 BBiG maßgeblich. Nach Ansicht des Verfassers gilt das auch für das verpflichtende Studierendenpraktikum mit Hochschulbezug. Nach der Rechtsprechung und der herrschenden Meinung der Rechtsliteratur ist aber das Berufsbildungsgesetz auf ein verpflichtendes Studierendenpraktikum mit Hochschulbezug nicht anwendbar. Dann gilt § 314 Abs. 1 BGB als Rechtsgrundlage für die Kündigung eines solchen Praktikumsvertrags aus wichtigem Grund ohne Einhaltung einer Kündigungsfrist.

299

a. Wirksame Kündigungserklärung. Wie bei der ordentlichen Kündigung durch den Praktikanten ist auch bei der außerordentlichen Kündigung eine wirksame Kündigungserklärung vom Praktikumsgeber oder dem Praktikanten erforderlich, die dem zu Kündigenden zugehen muss. Der Kündigende muss unmissverständlich zu erkennen geben, dass er fristlos kündigen will.[241] Außerdem ist nach § 22 Abs. 4 S. 1 BBiG erforderlich, dass die der außerordentlichen Kündigung zugrundeliegenden Tatsachen dem zu Kündigung Berechtigten nicht länger als zwei Wochen bekannt sind. Ansonsten ist die außerordentliche Kündigung unwirksam. Es besteht Schriftformerfordernis nach § 22 Abs. 3 BBiG.

300

Wie bei der ordentlichen Kündigung dürfen für eine außerordentliche Kündigung gegenüber dem Praktikanten keine Gründe vorliegen, die zur Unwirksamkeit der Kündigung führen.[242] Desweiteren ist bei Bestehen eines Betriebsrats dessen vorherige Anhörung nach § 102 I BetrVG erforderlich.

301

b. Wichtiger Kündigungsgrund. Für die Rechtmäßigkeit der außerordentlichen Kündigung ist erforderlich, dass ein wichtiger Grund Anlass für die außerordentliche Kündigung ist. Liegt ein wichtiger Grund nicht vor, ist die außerordentliche Kündigung unwirksam. Die Abwägung, wann ein wichtiger Grund für eine rechtmäßige außerordentliche Kündigung besteht oder nicht, ist oft nicht leicht zu treffen. Kann ein wichtiger Grund nicht klar und deutlich festgestellt werden, z.B. der Diebstahl von Eigentum des Praktikumsgebers aus dessen Betrieb, so ist im Einzelfall zu ermitteln, ob ein wichtiger Grund vorliegt. Diese Prüfung erfolgt in zwei Schritten: erstens, ob sich ein Sachverhalt so ereignet, dass ein wichtiger Grund für eine fristlose Kündigung vorliegt (Geeignetheit) und zweitens, ob danach der Praktikumsgeber im Rahmen einer sachlichen Interessenabwägung geprüft hat, dass die fristlose Kündigung erforderlich war.[243]

302

Für den wichtigen Grund, der zu einer fristlosen Kündigung führen kann, reicht es aus, wenn der Praktikant eine Pflichtverletzung begangen hat. Ein Verschulden des Prakti-

303

---

240 Vgl Hoffmann/Ditlmann, BB 1959, Beilage zu Heft 26, S. 1, 3; dazu ArbG Duisburg, BB 1957, S. 679
241 Dütz, Rn. 375
242 Siehe Schade, AR, Rn. 342 ff.
243 Schade, AR, Rn. 355

kanten i. S. v. § 276 BGB ist grundsätzlich nicht erforderlich. Bei einem befristeten Praktikumsverhältnis ist im Rahmen einer fristlosen Kündigung zu berücksichtigen, ob dem Praktikumsgeber die Fortsetzung des Praktikumsverhältnisses bis zum Fristablauf weiter zuzumuten ist.

304 Wichtige Gründe auf der Seite des Praktikanten können strafbare Handlungen wie z. B. Diebstahl, Sachbeschädigung, Körperverletzung, aber auch schon grobe Beleidigung gegenüber Vorgesetzten sein; auf Praktikumsgeberseite die Nichtbeachtung des Arbeitsplatzschutzes wie z. B. Lärm- oder Geruchsbelästigungen, aber auch eine gleich zu Beginn vorkommende Verweigerung der Vergütung, obwohl vertraglich vereinbart. Dabei handelt es sich um sog. objektiv wichtige Kündigungsgründe.

305 Steht der wichtige Grund fest, hat der Kündigende – Praktikumsgeber oder Praktikant – eine sachliche Interessenabwägung durchzuführen. Der Kündigende hat somit darüber zu befinden, ob die Erfüllung eines befristeten Praktikumsverhältnisses bis zum Ende der Frist nicht eher sachgemäß und somit insbesondere auch zumutbar ist. Insofern sind die Gesamtumstände des Praktikumsverhältnisses zu berücksichtigen. Dabei hat der Praktikumsgeber z. B. Gewicht und Intensität der Vertragsverletzung, bei Vorliegen eines Verschuldens dessen Grad, eine eventuelle Störung des Betriebsablaufs oder Einmaligkeit bzw. Wiederholungsgefahr der Vertragsverletzung zu berücksichtigen; der Praktikant hingegen hat die Interessenabwägung unter Berücksichtigung der befristeten Dauer seines Praktikumsverhältnisses durchzuführen.[244] Die Prüfung der Interessenabwägung führt folglich immer zu einer Prüfung des Einzelfalls.

306 Abzuwägen ist weiterhin, ob die außerordentliche Kündigung verhältnismäßig war. Sie war es nicht, wenn es ein milderes Mittel zur „Bestrafung" des Gekündigten gegeben hätte, so z. B. aus Sicht des Praktikumsgebers die weitere Ausbildung und Beschäftigung des Praktikanten mit Aussprechen einer Abmahnung; aus Praktikantensicht z. B. ein Gespräch mit dem Praktikumsgeber über eventuell mangelhafte Schutzbedingungen am Ausbildungs- und Beschäftigungsort.

4. Sonderfall: Verdachtskündigung

307 Nicht nur eine eventuell nachgewiesene Vertragsverletzung sondern bereits der Verdacht einer strafbaren Handlung oder einer sonstigen schweren Verfehlung des Praktikanten kann die Kündigung aus wichtigem Grund rechtfertigen, wenn schon durch den Tatverdacht die Eignung des Praktikanten für den vertraglich geschuldeten Einsatz entfällt.[245] Das Bundesarbeitsgericht hat bei Arbeitsverhältnissen für eine solche Verdachtskündigung strenge Voraussetzungen geschaffen, nach denen eine derartige Kündigung rechtmäßig ist:
- Es muss ein sehr starker Verdacht für eine strafbare oder vertragswidrige Handlung bestehen;
- Die vermeintliche Handlung, welche den Verdacht ausgelöst hat, muss äußerst schwerwiegend sein;
- Objektive Tatsachen müssen den Verdacht begründet haben;
- Würde das Fehlverhalten über den reinen Verdacht hinausgehen, läge ein Kündigungsgrund vor;
- Durch den Verdacht wird das Vertrauensverhältnis der Vertragsparteien zur Fortsetzung des Arbeitsverhältnisses zerstört;

---

244 Vgl. Brox/Rüthers/Henssler, Rn. 536
245 Vgl. Junker, Rn. 412; von Hoyningen-Huene/Linck, § 1 KSchG Rn. 443 ff.

– Der Arbeitgeber hat vor Aussprechen der Verdachtskündigung nach objektivem Maßstab das Erforderliche unternommen, um den Verdacht aufzuklären.[246]

Auch im Rahmen einer Verdachtskündigung kann, übertragen auf ein Praktikumsverhältnis, in sicherlich seltenen Fällen ein Praktikumsvertrag vom Praktikumsgeber gegenüber dem Praktikanten aus wichtigem Grund ohne Einhaltung einer Kündigungsfrist gekündigt werden.

III. Sonstige Beendigungsgründe

Weitere Gründe können dazu führen, dass das Praktikumsverhältnis zwischen Praktikumsgeber und Praktikant beendet wird. Dazu zählen z. B. die Anfechtung des Praktikumsvertrags sowie der Tod des Praktikanten.

1. Anfechtung des Praktikumsvertrags

a. Vom Praktikumsgeber. Denkbar ist, neben einer berechtigten Kündigung aus wichtigem Grund, für den Praktikumsgeber auch die Anfechtung eines Praktikumsvertrags.

Der Praktikumsvertrag kann vom Praktikumsgeber rechtswirksam angefochten werden, wenn ein wirksamer Anfechtungsgrund vorliegt und der Anfechtende innerhalb einer gesetzlichen Anfechtungsfrist eine Anfechtungserklärung gegenüber dem Praktikanten abgegeben hat. Anfechtungsgründe können nach § 119 Abs. 2 BGB der Irrtum über eine verkehrswesentliche Eigenschaft in der Person des Praktikanten oder nach § 123 Abs. 1 S. 1 Alt. BGB eine arglistige Täuschung sein.[247]

b. Vom Praktikanten. Auch der Praktikant hat die Möglichkeit, den Praktikumsvertrag wirksam anzufechten. Grund kann eine arglistige Täuschung des Praktikumsgebers nach § 123 Abs. 1 S. 1 Alt. BGB sein, wenn der Praktikumsgeber dem Praktikanten im Bewerbungsgespräch eine Ausbildung und eine darauf zielgerichtete Beschäftigung zugesagt hatte, diese Zusage aber schon während oder nach Ablauf der Probezeit nicht einhält. Dann kann auch der Praktikant das Vertragsverhältnis durch fristgemäße Erklärung i. S. v. §§ 124 Abs. 1, 143 BGB anfechten, worauf das Rechtsverhältnis zum Praktikumsgeber ex nunc erlischt.

c. Fehlerhaftes Praktikumsverhältnis. Das Praktikumsverhältnis ist nach Beginn des Ausbildungs- und Tätigkeitseinsatzes bereits entstanden. Eine spätere Anfechtung, ob durch den Praktikumsgeber oder durch den Praktikanten, wirkt sich nur für die Zukunft aus. Dann entfaltet der nun fehlerhafte Praktikumsvertrag ab sofort keine rechtliche Bindung mehr; das fehlerhafte Praktikumsverhältnis wird aber für die Zeit seines Bestehens wie ein wirksames Praktikumsverhältnis behandelt, aus dem quasivertragliche Ansprüche für die Vergangenheit folgen.[248] Somit stehen dem Praktikanten für diesen Zeitraum sämtliche Ansprüche wie z. B. eine vereinbarte Vergütung oder Urlaub zu, als wenn ein rechtswirksamer Praktikumsvertrag zustande gekommen

---

[246] Vgl. dazu detailliert Junker, Rn. 412; siehe auch BAG, Urteil v. 10.2. 2005 – 2 AZR 189/04 = AP Nr. 79 zu § 1 KSchG 1969 = NZA 2005, S. 1056; dazu ebenfalls ausführlich Ascheid/Dörner, § 626 BGB Rn. 345–377
[247] Siehe dazu Schade, PR, Rn. 115
[248] Vgl. zum Arbeitsvertrag Wörlen/Kokemoor, Rn. 92

wäre.[249] Für beide Vertragsparteien, Praktikumsgeber oder Praktikant, können eventuell Schadensersatzansprüche aus § 122 BGB oder aus § 826 BGB entstehen.

2. Tod des Praktikanten

314 Selbstverständlich hat der zu einem Praktikum vertraglich Verpflichtete Ausbildung und Tätigkeit höchstpersönlich zu leisten. Stirbt der Praktikant, erlischt das Praktikumsverhältnis.

IV. Keine Beendigungsgründe

315 Im Zeitverlauf treten für ein Unternehmen bedeutende Einschnitte auf, die sich auch auf das Praktikumsverhältnis zwischen Praktikumsgeber und Praktikant auswirken können. Sie führen aber grundsätzlich nicht zu einer Beendigung des Praktikumsverhältnisses. Ereignisse können etwa der Betriebsübergang, die Betriebsstilllegung, die Insolvenz des Praktikumsgebers oder der Tod des Praktikumsgebers sein.

1. Betriebsübergang

316 Nach einem gewissen Zeitraum ist es üblich, dass ein Betrieb in seiner Gesamtheit vom alten Inhaber auf einen neuen Inhaber übergeht. Beim alten Inhaber kann es sich einerseits um eine Person des Privatrechts, z.B. den Einzelunternehmer, eine Personengesellschaft oder eine Kapitalgesellschaft handeln; andererseits kann auch ein öffentlicher Rechtsträger, z.B. eine Kommune oder ein Bundesland, einen ihm gehörenden Betrieb an einen neuen Inhaber übergeben. Fraglich ist dann, welche Auswirkungen der Betriebsübergang auf ein Praktikumsverhältnis hat.

317 a. **Betriebsübergang durch Rechtsgeschäft.** Nach § 613a BGB tritt der neuer Inhaber eines Betriebs auch in die Rechte und Pflichten der im Zeitpunkt des Übergangs bestehenden Praktikumsverhältnisse ein, wenn ein Betrieb oder ein Betriebsteil durch Rechtsgeschäft, üblicherweise durch einen Kaufvertrag, auf einen anderen Inhaber übergeht. § 613a BGB ist somit typisches Arbeitnehmerschutzrecht, welches auch für alle Praktikumsverhältnisse Gültigkeit haben muss. Der neue Inhaber des Betriebs ist somit gesetzlich verpflichtet, die mit dem alten Inhaber begründeten Praktikumsverhältnisse fortzusetzen.

318 b. **Betriebsübergang per Gesetz oder Hoheitsakt.** Abzugrenzen vom rechtsgeschäftlichen Übergang des Betriebs bzw. Betriebsteils ist die Übertragung kraft Gesetzes oder kraft Hoheitsakt. Diese Möglichkeiten des Betriebsübergangs liegen dann vor, wenn z.B. die Stadt als öffentlicher Rechtsträger Funktionsteile wie z.B. die Stadtwerke privatisiert. Ebenso führt die Gesamtrechtsnachfolge, typischerweise beim Erbfall, nicht zu einem Betriebsübergang i.S.v. § 613a BGB. Auch wenn der Schutz von Praktikumsverhältnissen aus § 613a BGB bei einem Betriebsübergang durch Gesamtrechtsnachfolge ausscheidet, bleibt der Praktikant nicht schutzlos. Denn § 1922 BGB regelt z.B. bei der Gesamtrechtsnachfolge im Erbfall, dass der Erbe in die Rechte und die Pflichten des Erblassers beim Vermögensübergang einzutreten hat. Davon sind beim Übergang des Betriebs auf den Erben auch die Praktikumsverhältnisse betroffen.

---

249 Vgl. Schade, AR, Rn. 101, 373

2. Insolvenz des Praktikumsgebers

Eine Insolvenz des Praktikumsgebers führt nicht zu einer Beendigung des Praktikumsverhältnisses. Allerdings steht dem Insolvenzverwalter nach § 113 InsO ein besonderes Kündigungsrecht gegenüber den Praktikanten zu. Danach können der Insolvenzverwalter, aber auch der Praktikant, ohne Rücksicht auf eine vereinbarte Vertragsdauer oder einen vereinbarten Ausschluss des Rechts zur ordentlichen Kündigung das Praktikumsverhältnis kündigen. Die Kündigungsfrist beträgt zwar für Arbeitnehmer drei Monate zum Monatsende, wenn nicht eine kürzere Frist, z. B. für Arbeitsverhältnisse in der Probezeit, maßgeblich ist. Für Praktikumsverhältnisse gilt aber in der Probezeit keine Einhaltung einer Kündigungsfrist, so dass das Praktikumsverhältnis in der Probezeit mit der Kündigung des Insolvenzverwalters sofort erlischt. Ist die Probezeit überschritten, kommt, je nach Dauer der zeitlichen Befristung des Praktikumsverhältnisses, eine kurze Kündigungsfrist von einem Monat zum Ende eines Kalendermonats in Betracht. 319

3. Tod des Praktikumsgebers

Der Tod des Praktikumsgebers führt grundsätzlich nicht zur Beendigung des Praktikumsverhältnisses mit seinem Praktikanten. Nach §§ 1922, 1967 BGB treten die Erben im Rahmen der Gesamtrechtsnachfolge in die Rechte und Pflichten des verstorbenen Praktikumsgebers, also des Erblassers ein, somit auch bei Praktikumsverhältnissen. 320

V. Pflichten bei Beendigung des Praktikumsverhältnisses

Soll das Praktikumsverhältnis beendet werden, ergeben sich für den Praktikumsgeber wie für den Praktikanten besondere Pflichten vor und nach Beendigung des Praktikumsverhältnisses. Dabei handelt es sich um Nebenpflichten der Vertragsparteien. Eine Verletzung dieser Nebenpflichten kann zu Schadensersatzansprüchen aus §§ 280 Abs. 1, 241 Abs. 2 BGB führen. 321

1. Pflicht des Praktikumsgebers

Ist auf das Praktikumsverhältnis das Berufsbildungsgesetz anwendbar, hat ein Praktikant bei Beendigung eines Praktikumsverhältnisses nach § 16 BBiG Anspruch auf ein schriftliches Zeugnis. Das Zeugnis muss mindestens Angaben zur Art, Dauer und Ziel der Berufsausbildung sowie über die erworbenen beruflichen Fertigkeiten, Kenntnisse und Fähigkeiten des Praktikanten enthalten; dann handelt es sich um ein einfaches Zeugnis. Der Praktikant kann darüber hinaus verlangen, dass sich die Angaben zusätzlich auf Leistung und Verhalten im Praktikumsverhältnis erstrecken; dann liegt ein qualifiziertes Zeugnis vor. Das Zeugnis muss klar und verständlich formuliert sein und es darf keine Merkmale und Formulierungen enthalten, die den Zweck haben, eine andere als aus der äußeren Form oder aus dem Wortlaut ersichtliche Aussage über den Praktikanten zu treffen. Zu beachten ist, dass die Erteilung des Zeugnisses in elektronischer Form ausgeschlossen ist.[250] 322

Auf Verlangen des Praktikanten ist der Praktikumsgeber nach § 16 Abs. 2 S. 2 BBiG verpflichtet, das Verhalten und auch die Leistung des Praktikanten zu beurteilen. Dabei muss das Zeugnis wahr sein; es darf den Praktikanten nicht unberechtigt hochloben; andererseits müssen kritische Äußerungen über Leistungen oder Führung des Prakti- 323

---

250 Weitere Ausführungen zum Praktikumszeugnis siehe Schade, PR, Rn. 185

kanten maßvoll abgefasst werden, da unter Umständen schon aus bloßen Andeutungen negative Schlüsse gezogen werden.[251] Zwar besteht auch bei der Erteilung eines solchen qualifizierten Zeugnisses der Grundsatz des Wohlwollens bei der Beurteilung von Leistung und Verhalten des Praktikanten; allerdings ist es dem Praktikumsgeber u. U. gestattet, auch eine eventuell ungünstige Beurteilung des Praktikanten im Zeugnis zu erwähnen, wenn diese notwendig für eine Gesamtbeurteilung ist. Als Beispiele gelten eine längere Unterbrechung der Ausbildung und Beschäftigung durch Krankheit, wenn diese mehr als die Hälfte der gesamten Praktikumszeit umfasst,[252] oder ein falsches Verhalten auf Grund einer zu geringen Sozialkompetenz gegenüber Vorgesetzten oder Arbeitnehmern des Betriebs. Fordert der Praktikant ein qualifiziertes Zeugnis, dann muss er sich auch eine wahrheitsgemäße ungünstige Beurteilung gefallen lassen.[253] Die Beurteilung des Verhaltens erstreckt sich nur auf das Verhalten des Praktikanten am Ausbildungsplatz.

324 Desweiteren sind die Rechtsfolgen bei einem unrichtigen Zeugnis zu klären. Ein unrichtiges Zeugnis liegt vor, wenn der Praktikumsgeber entgegen der Wahrheit dem Praktikanten ein zu gutes Zeugnis ausstellt; andererseits ist das Zeugnis unrichtig, wenn der Praktikumsgeber den Praktikanten absichtlich zu negativ beurteilt. Hat der Praktikumsgeber den Praktikanten zu gut beurteilt, kann der nächste Praktikumsgeber gegenüber dem vorherigen Praktikumsgeber einen Schadensersatzanspruch aus § 826 BGB eventuell dann geltend machen, wenn der ehemalige Praktikumsgeber negative Tatsachen, die sich auf ein Praktikumsverhältnis auswirken (z. B. Körperverletzung gegenüber Arbeitnehmern im Betrieb, Beleidigung und Nötigung) verschwiegen hat und die bei einer Wiederholungstat gleichfalls zu einem Schaden beim neuen Praktikumsgeber führen können.

325 Hält der Praktikant dagegen das vom Praktikumsgeber ausgestellte Zeugnis für unrichtig, könnte er für den Erhalt eines aus seiner Sicht richtigen Zeugnisses nach ergebnislosen Gesprächen mit dem Praktikumsgeber sogar theoretisch Klage erheben. Dabei kommt es darauf an, ob die Bewertung für den Praktikanten durchschnittlich oder unterdurchschnittlich ausgefallen ist. Handelt es sich um eine durchschnittliche Bewertung seiner Leistung und seines Verhaltens, ist der Praktikant in der Pflicht zu beweisen, dass seine Leistung und sein Verhalten besser waren, als im Zeugnis formuliert. Handelt es sich dagegen um eine unterdurchschnittliche Beurteilung, steht der Praktikumsgeber in der Pflicht darzulegen, dass die unterdurchschnittliche Beurteilung den Tatsachen entspricht.[254]

326 Auch der gesetzliche Anspruch auf Erteilung eines Zeugnisses nach § 16 BBiG unterliegt, wie jeder schuldrechtliche Anspruch, der Verwirkung, wenn der Praktikant längere Zeit untätig abwartet, seinen Anspruch nicht geltend macht und dadurch zeigt, dass er dem Zeugnis keine weitere Bedeutung zumisst und somit auf seinen Anspruch verzichtet.[255] Schadensersatzansprüche bestehen für den Praktikanten bei schuldhaft unrichtiger Zeugniserteilung aus §§ 280 Abs. 1, 241 Abs. 2 BGB oder eventuell gemäß § 823 Abs. 1 BGB auf Grund einer Verletzung des allgemeinen Persönlichkeitsrechts, wenn für den Praktikanten ein Schaden entstanden ist.

---

251 Vgl. Zöllner/Loritz/Hergenröder, § 17 II 2 c)
252 Dazu BAG, Urteil v. 10. 5. 2005 – 9 AZR 261/04 = AP Nr. 30 zu § 630 BGB = NZA 2004, S. 842; vgl. Schleßmann, BB 1988, S. 1320, 1325
253 Vgl. Brox/Rüthers/Henssler, Rn. 618
254 So BAG NZA 2004, S. 842, 845
255 Vgl. Brox/Rüthers/Henssler, Rn. 621

Praktikanten, die im Rahmen eines verpflichtenden Studierendenpraktikums mit Hochschulbezug ein Praktikum absolvieren, sollten eine Regelung in den Praktikumsvertrag aufnehmen, dass ihnen zum Ende des Praktikums ein Zeugnis ausgestellt wird. Das Zeugnis soll sich neben den jeweiligen Erfordernissen des Ausbildungsziels auch auf den Erfolg der Ausbildung und/oder auf die Eignung erstrecken.[256] Auf Verlangen des Praktikanten sind auch Informationen über sein Verhalten und seine Leistung aufzunehmen. **327**

2. Pflichten des Praktikanten

Auch für den Praktikanten bestehen nach Beendigung des Praktikumsverhältnisses noch nachvertragliche Nebenpflichten. Dabei kann es sich z.B. um Herausgabepflichten oder um die Pflicht zur Verschwiegenheit bzw. um den Anspruch des Praktikumsgebers auf Unterzeichnung einer Ausgleichsquittung handeln. **328**

a. Herausgabepflicht. Gemäß §§ 611, 675, 667 BGB ist der Praktikant nach Beendigung des Praktikumsverhältnisses verpflichtet, alle ihm während des Praktikumsverhältnisses zur Verfügung gestellten Vermögenswerte wie z.B. Laptop oder Notebook, Werkzeug oder Geschäftsunterlagen zurückzugeben. Das hat üblicherweise am letzten Tag des Praktikums zu geschehen. **329**

b. Verschwiegenheitspflicht. Auch über die Beendigung des Praktikumsverhältnisses hinaus ist der Praktikant grundsätzlich verpflichtet, Verschwiegenheit über Betriebs- und Geschäftsgeheimnisse des Praktikumsgebers zu wahren. Eine derartige Verschwiegenheitspflicht wird üblicherweise im Praktikumsvertrag vereinbart. Das Gleiche gilt für die Verwertung von Geheimnissen, die dem Praktikanten im Rahmen seines Ausbildungs- und Beschäftigungsverhältnisses anvertraut worden oder zugänglich gemacht worden sind. Die Rechtsprechung bejaht sogar darüber hinaus eine allgemeine Pflicht zur Verschwiegenheit über Geschäfts- oder Betriebsgeheimnisse.[257] Allerdings muss es dem Praktikanten gestattet sein, das ihm im Rahmen des Praktikums vermittelte Wissen sowie seine grundsätzlichen Kenntnisse und Erfahrungen aus dem Praktikumsverhältnis einem späteren Arbeitgeber zugutekommen zu lassen.[258] **330**

c. Ausgleichsquittung. Bei Beendigung des Praktikumsverhältnisses ist eine Ausgleichsquittung, die der Praktikant unterzeichnet, denkbar. Dabei handelt es sich um eine Quittung i.S.v. § 368 BGB, welche ein negatives Schuldanerkenntnis nach § 397 Abs. 2 BGB beinhaltet. Ausgleichsquittungen sind i.d.R. als formularmäßige Verzichtserklärung ausgestaltet; als solche unterliegen sie der Inhaltskontrolle nach §§ 305 ff. BGB.[259] Der Ausgleichsquittung liegt die Erklärung des Praktikanten zu Grunde, dass er nach Beendigung des Praktikumsverhältnisses keine Ansprüche mehr gegenüber dem ehemaligen Praktikumsgeber hat. Beispiel sind nicht genommene Urlaubstage des Praktikanten, die ihm am Ende des Praktikums finanziell vergütet werden. Insofern ist eine solche Ausgleichsquittung aber nur wirksam, wenn sie zum einen nicht gegen gesetzliche Vorschriften wie z.B. §§ 7 Abs. 4, § 13 Abs. 1, 3 BUrlG verstößt, zum anderen, wenn der Praktikumsgeber den Praktikanten nicht, z.B. unter Inaussichtstellen eines guten Zeugnisses, zur Vereinbarung einer Ausgleichsquittung sittenwidrig i.S.v. § 138 BGB nötigt. **331**

---

256 Vgl Lakies, AR-Blattei SD, 2007, Rn. 96
257 Vgl. dazu BGH NJW 1960, S. 207; BAG NZA 1988, S. 502, 503 f.
258 Vgl. Preis, Bd. 1, § 27 II 1 a; Brox/Rüthers/Henssler, Rn. 624
259 Preis, Bd. 1, § 28 III 1

§ 8 Allgemeiner Kündigungsschutz

332 Die Kündigung im Bürgerlichen Recht erfolgt grundsätzlich ohne Rechtfertigung. Die einseitige Willenserklärung führt nach Zugang bei dem Empfänger dazu, dass das Vertragsverhältnis, so z. B. ein Mietvertrag, nach Ablauf einer Frist beendet ist. Für das Arbeitsrecht war es zwingend, insbesondere für den Arbeitnehmer, aber auch für den Arbeitgeber, rechtliche Grundlagen zu schaffen, nach denen eine Beendigung des Arbeitsverhältnisses durch Kündigung nur dann möglich ist, wenn eine Begründung dafür vorliegt. Das entspricht insbesondere dem Interesse des Arbeitnehmers, welcher sich im Verhältnis zum Arbeitgeber in einem wirtschaftlichen Abhängigkeitsverhältnis befindet.

333 Insbesondere das Kündigungsschutzgesetz (KSchG), erlassen im Jahr 1951 und aktuell gültig in der Fassung von 1969 mit vielfachen Änderungen, hat den Schutz von Arbeitnehmer gegen eine willkürliche Kündigung erheblich verstärkt. Das Kündigungsschutzgesetz wird als der zentrale Schutz für den Arbeitnehmer angesehen, weil es dem Arbeitgeber absichtlich erschwert, eine Kündigung gegenüber einem Arbeitnehmer wirksam auszusprechen.[260] Das Kündigungsschutzgesetz ist einseitig zwingendes Arbeitnehmerschutzrecht, von dessen Vorschriften zwar zu Gunsten, nicht aber zu Lasten des Arbeitnehmers abgewichen werden kann.[261] Nach §§ 1, 4 KSchG besteht für den Arbeitnehmer die Möglichkeit, Klage gegen die Kündigung seines Arbeitsverhältnisses zu erheben, wenn das Arbeitsverhältnis in demselben Betrieb oder Unternehmen länger als sechs Monate bestanden hat und wenn die Kündigung sozial ungerechtfertigt ist. Allerdings müssen die in § 23 KSchG normierten Voraussetzungen zur Anwendbarkeit des Kündigungsschutzgesetzes vorliegen.

334 Das Kündigungsschutzgesetz ist auf ein Praktikumsverhältnis grundsätzlich nicht anwendbar. Denn die materiellen Kündigungsbeschränkungen durch § 1 KSchG betreffen normalerweise eine vom Arbeitgeber erklärte ordentliche Kündigung des Arbeitsverhältnisses.[262] Sind die §§ 26, 10 Abs. 2 BBiG auf ein Praktikumsverhältnis anwendbar, gelten dafür dann zwar die für den Arbeitsvertrag möglichen Rechtsvorschriften. Allerdings schließt § 22 BBiG als spezialgesetzliche Regelung eine ordentliche Kündigung des Praktikumsgebers gegenüber dem Praktikanten nach der Probezeit aus. Der Praktikumsgeber kann, sofern das Berufsbildungsgesetz anwendbar ist, das Praktikumsverhältnis nach Ablauf der Probezeit gemäß § 22 Abs. 2 Nr. 1 BBiG nur aus einem wichtigen Grund fristlos kündigen. Und auf die außerordentliche Kündigung findet das Kündigungsschutzgesetz nur ausnahmsweise über § 13 Abs. 1 S. 2 KSchG Anwendung, so dass ein Praktikumsverhältnis, wenn überhaupt, aufgrund einer längeren Dauer von mehr als sechs Monaten nur im Ausnahmefall vom allgemeinen Kündigungsschutz des Kündigungsschutzgesetzes umfasst wird.

---

260 Vgl. Thüsing/Thüsing, Einl. Rn. 1
261 Krause, § 12 Rn. 19
262 Vgl. ErfK/Oetker, § 1 KSchG Rn. 16

Dritter Teil: Besonderes Arbeitsschutzrecht

§ 1 Grundlagen

Alle Gesetze, die Auswirkungen auf das Arbeitsrecht haben, dienen dem Schutz des Arbeitnehmers oder des Arbeitgebers. Insbesondere sind z.B das Mutterschutzgesetz (MuSchG), das Arbeitszeitgesetz (ArbZG), das Arbeitsplatzschutzgesetz (ArbPlSchG), das Jugendarbeitsschutzgesetz (JArbSchG) oder die verschiedenen Sozialgesetzbücher zu erwähnen. Sie werden als besondere Arbeitsschutzrechte bezeichnet, weil sie oft auch spezielle Arbeitnehmergruppen schützen.[263]

Soweit auf Praktikumsverhältnisse überhaupt Arbeitsgesetze anwendbar sind, gelten sie über §§ 26, 10 Abs. 2 BBiG. Dann unterfällt der Praktikant wie der Arbeitnehmer dem in den letzten Jahrzehnten zu recht ausgeweiteten Arbeitsschutzrecht.

I. Abgrenzung Öffentliches Recht/Privatrecht

Im weiteren Sinn ist das Arbeitsschutzrecht Öffentliches Recht. Das Arbeitsschutzrecht umfasst also alle diejenigen gesetzlichen Regelungen zum Schutz des Arbeitnehmers, deren Einhaltung behördlicher Überwachung und behördlichem Zwang oder straf- oder ordnungsrechtlicher Sanktion unterliegt.[264]

Die öffentlich-rechtlichen Regelungen, die auf das Arbeitsrecht einwirken, so z.B. Normen zum Arbeitsplatz- oder Betriebsschutz, führen dazu, dass der Praktikumsgeber gegenüber dem Praktikanten eine Nebenpflicht aus dem Praktikumsvertrag nach § 241 Abs. 2 BGB verletzt, wenn er es entgegen der behördlichen Auflage unterlässt, zum Gesundheitsschutz des Praktikanten etwa umfassenden Gehörschutz anzubieten. Denn Gefahren können u.a. entstehen durch Maschinen und andere technische Anlagen, die der Praktikant im Rahmen seiner Ausbildung und Beschäftigung bedienen muss, durch den Umgang mit gesundheitsschädlichen, feuergefährlichen oder explosiven Stoffen, durch Strahlen, Lärm und Zugluft, durch schlecht gelüftete oder staubige Arbeitsräume und durch übermäßige Ausdehnung der Arbeitszeit.[265] Außerdem können sich besondere Gefahren für einzelne Personengruppen ergeben, z.B. für Jugendliche, für werdende oder stillende Mütter, für Schwerbehinderte oder kranke Arbeitnehmer. Das gilt, je nach Situation, auch für Praktikanten.

Wie bereits erörtert, sind mangels Anwendbarkeit der §§ 26, 10 Abs. 2 BBiG die für den Arbeitsvertrag geltenden Rechtsvorschriften und Rechtsgrundsätze auf ein verpflichtendes Studierendenpraktikum mit Hochschulbezug grundsätzlich nicht gültig. Das entspricht nicht der Meinung des Verfassers.[266] Demzufolge ist es für diese Art von Praktikumsverhältnissen nur denkbar, in analoger Anwendung einzelnen Schutzrechten, die Auswirkungen auf das Praktikumsverhältnis haben, Geltung zu verschaffen.[267]

---

263 Vgl. Junker, Rn. 3
264 Zöllner/Loritz/Hergenröder, § 30 I
265 Vgl. Michalski, Rn. 1211
266 Siehe Schade, PR, Rn. 80 f.
267 Für die direkte Anwendung der Vorschriften des Arbeitsschutzes z.B. Lakies, AR-Blattei SD, 2007, Rn. 142

Ansonsten besteht für Praktikanten solcher verpflichtender Studierendenpraktika mit Hochschulbezug nur die Möglichkeit, bei Beeinträchtigung wegen Pflichtverletzungen des Praktikumsgebers von Hauptleistungs- oder Nebenpflichten, die einen Schaden hervorrufen, nach §§ 280 Abs. 1, 241 Abs. 2 BGB Schadensersatz zu verlangen.

II. Rechtsfolgen aus der Verletzung von Arbeitsschutzrechten

340 Es kommt also darauf an, ob durch die Verletzung von Arbeitsschutzrechten des Praktikanten Rechtsfolgen aus dem Bereich des Öffentlichen Rechts oder des Privatrechts eintreten. Handelt es sich um die Verletzung öffentlich-rechtlicher Rechtsnormen, kann der Praktikumsgeber entweder einem Ordnungswidrigkeitsverfahren oder einem Strafverfahren, z.B. nach §§ 25, 26 ArbSchG, ausgesetzt sein. Verletzt der Praktikumsgeber gegenüber dem Praktikanten eine Pflicht aus dem Arbeitsschutz, hat der Praktikant die Möglichkeit, seine Hauptleistungspflicht, den Ausbildungs- und Tätigkeitseinsatz, i. S. v. § 273 BGB zurückzuhalten. Trotzdem billigen ihm Rechtsprechung und Rechtsliteratur nach § 326 Abs. 2 BGB den Anspruch auf eine vereinbarte Vergütung zu.[268] Daneben kann der Praktikant bei einer Pflichtverletzung des Praktikumsvertrags bzw. einer Rechtsgutsverletzung und einem darauf folgend eingetretenen Schaden eventuell Schadensersatzansprüche nach §§ 280 Abs. 1, 823 Abs. 1, 2 BGB geltend machen. Zu beachten ist allerdings, dass bei Unfällen am Arbeitsplatz die gesetzliche Unfallversicherung nach §§ 104 ff. SGB VII den Schaden übernimmt, wenn weder der Praktikumsgeber noch der Praktikant vorsätzlich gehandelt haben.

§ 2 Verantwortung für den Arbeitsschutz

I. Durchführung im Betrieb

341 Im Betrieb sind verschiedene Personen bzw. Personengruppen für die Einhaltung des Arbeitsschutzes verantwortlich. Das können der Arbeitgeber oder der einzelne Arbeitnehmer sein, ebenso ein Betriebs- oder ein Personalrat. Auch externe Dritte mit besonderem Sachverstand sind oft in die Durchführung des Arbeitsschutzes im jeweiligen Betrieb miteinzubeziehen. Grundlage für die Verantwortlichkeit bei der Durchführung des Arbeitsschutzes bildet für Arbeitgeber und Arbeitnehmer das Arbeitsschutzgesetz (ArbSchG).

342 Ziel des Arbeitsschutzgesetzes ist es nach § 1 Abs. 1 S. 1 ArbSchG, Sicherheit und Gesundheitsschutz der Beschäftigten bei der Arbeit durch Maßnahmen des Arbeitsschutzes zu sichern und zu verbessern. Das gilt für alle Tätigkeitsbereiche im Betrieb. Weitere Pflichten, die der Arbeitgeber zur Gewährleistung von Sicherheit und Gesundheitsschutz bei der Arbeit nach sonstigen Rechtsvorschriften hat, bleiben unberührt. Pflichten aus der Verantwortung für den Arbeitsschutz ergeben sich für folgende Personen:
– Arbeitgeber nach §§ 3–14 ArbSchG;
– Arbeitnehmer nach §§ 15, 16 ArbSchG;

---

[268] Vgl. BAG, Urteil v. 8.5.1996 – 5 AZR 315/95 = AP Nr. 23 zu § 618 BGB; Söllner, ZfA 1973, S. 1, 10; Söllner, AuR 1985, S. 323, 325; Henssler, AcP 190 (1990), S. 538, 567

- Betriebsrat nach §§ 80 Abs. 1 Nr. 1, 89 BetrVG;
- Sicherheitsbeauftragte in Betrieben mit mehr als 20 Beschäftigten nach § 22 Abs. 1 S. 1 SGB VII;
- Externe Sicherheitsingenieure bzw. -techniker und -meister nach § 5 ASiG;
- Betriebsärzte nach § 2 ASiG;
- Datenschutzbeauftragte nach § 4 f BDSG;
- Gewerbeaufsichtsamt bzw. Staatliches Amt für Arbeitsschutz nach § 21 ArbSchG;
- Schwerbehindertenbeauftragte nach § 98 SGB IX;
- Immissionsschutzbeauftrage nach §§ 53, 58 a BImSchG;
- Berufsgenossenschaften nach §§ 17 ff. SGB VII;
- Technischer Überwachungsverein (TÜV) als Überwachungsstelle nach § 14 GSG.[269]

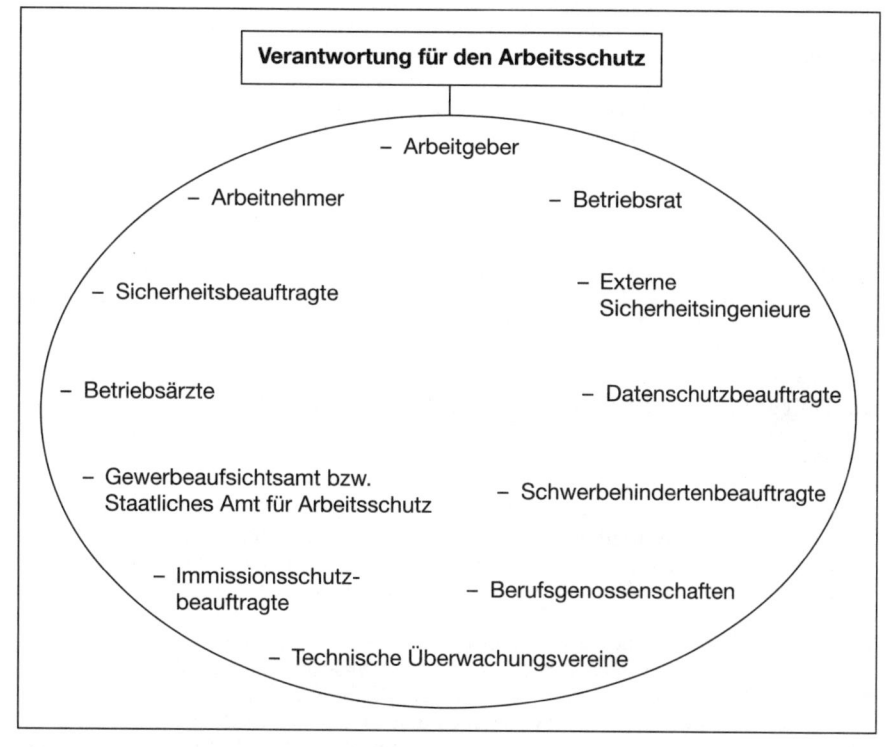

Abb. 11: Verantwortung für den Arbeitsschutz

II. Durchsetzung des Arbeitsschutzes

So wichtig die Verantwortlichkeit für den Arbeitsschutz und seine Durchführung ist, so bedeutsam sind auch die Möglichkeiten, Arbeitsschutzmaßnahmen anordnen zu können, wenn sich der jeweilige Verantwortliche nicht zur Durchführung des Arbeitsschutzes bekennt. Im größten Umfang sind Arbeitgeber und Arbeitnehmer selbst für

---

[269] Zur direkten Verantwortung für den Arbeitsschutz siehe Schade, AR, Rn. 472 ff.

den Arbeitsschutz im Betrieb verantwortlich. Zur Durchsetzung des Arbeitsschutzes gegenüber dem Arbeitgeber sind grundsätzlich alle zur Durchführung berufenen Stellen heranzuziehen; Sanktions- oder Druckmittel stehen allerdings nur dem einzelnen Arbeitnehmer, dem Betriebsrat, der Gewerbeaufsicht und den Berufsgenossenschaften zu, so dass auch die sonstigen Beauftragten bei Zuwiderhandlungen des Arbeitgebers die Gewerbeaufsicht oder die zuständige Berufsgenossenschaft einzuschalten haben.[270] Die Verantwortlichkeit für den Arbeitsschutz betrifft, je nach Gruppe, welche die Verantwortung trägt, insbesondere auch Regelungen zur Prävention, d. h. zur Vermeidung von Gefahren für Leib, Leben, Gesundheit und Eigentum, insbesondere im Bereich der Unfallverhütung und des Gesundheitsschutzes.

344 Gebiete des Arbeitsschutzes sind, auch im Hinblick auf ein Praktikumsverhältnis, insbesondere der Arbeitszeitschutz, geregelt im Arbeitszeitgesetz (ArbZG), etwa Umfang der Arbeitszeit, Ruhepausen und Ruhezeit, der Schutz vor Lebens- und Gesundheitsgefahren im Betrieb i. S. v. § 618 Abs. 1 BGB sowie der Jugendarbeitsschutz, insbesondere das Verbot von Kinderarbeit nach § 5 Abs. 1 JArbSchG oder die speziell geregelte Arbeitszeit nach § 8 Abs. 1 JArbSchG. Von großer Bedeutung ist für den Praktikanten auch der Datenschutz i. S. d. Bundesdatenschutzgesetzes.[271]

III. Anwendbarkeit des Arbeitsschutzes auf Praktikumsverhältnisse

345 Ein Praktikant absolviert seinen Ausbildungs- und Tätigkeitseinsatz grundsätzlich im Betrieb des Praktikumsgebers. Dabei kann es sich um ein Praktikum in der Verwaltung aber auch in der Produktion handeln.

346 Die öffentlich-rechtlichen Regelungen zum Arbeitsplatz- und Betriebsschutz betreffen den Praktikanten in gleicher Weise wie den Arbeitnehmer. Sie schützen den Praktikanten, der während seiner befristeten Ausbildung auch im Betrieb des Praktikumsgebers tätig ist.

347 Auch die Verantwortung des Arbeitsschutzes, ob Arbeitgeber als Praktikumsgeber, Arbeitnehmer oder weitere Verantwortliche wie Sicherheitsbeauftragte oder externe Verantwortliche, sind nicht nur gegenüber der Belegschaft sondern ebenfalls gegenüber Praktikanten zur Aufrechterhaltung des Arbeitsschutzes verpflichtet.

348 Problematisch ist, dass die durch Arbeitsgesetze geschaffenen Regelungen des Arbeitsschutzes über §§ 26, 10 Abs. 2 BBiG nur auf das Vor- oder Nachpraktikum bzw. das freiwillige Studierendenpraktikum ohne Hochschulbezug anwendbar sind. Denn die Rechtsprechung und die herrschende Meinung in der Rechtsliteratur verneinen die Anwendung von §§ 26, 10 Abs. 2 BBiG auf Praktikumsverhältnisse mit Hochschulbezug. Somit fallen verpflichtende Studierendenpraktika mit Hochschulbezug nicht unter den besonders normierten privatrechtlichen Arbeitsschutz vieler Arbeitsgesetze.

349 Aus Sicht des Verfassers ist erneut diese unterschiedliche Behandlung der verschiedenen Praktikumsverhältnisse nicht nachvollziehbar. Soll für ein verpflichtendes Studierendenpraktikum mit Hochschulbezug etwa ein geringerer Arbeitsschutz bestehen als für andere Praktikumsverhältnisse, weil z. B. das Arbeitszeitgesetz oder § 618 Abs. 1 BGB als Pflicht des Praktikumsgebers für die Ergreifung von Schutzmaßnahmen gegenüber

---

270 Vgl. Schade, AR, Rn. 472 ff.
271 Vgl. Schade, AR, Rn. 486 ff.

Lebens- und Gesundheitsgefahren für dieses Praktikumsverhältnis nicht gelten? Weder der Gesetzgeber, noch die Vertragsparteien eines Praktikumsverhältnisses vertreten sicherlich diese Ansicht. Deshalb muss der umfassende Arbeitsschutz, der in verschiedenen Arbeitsgesetzen zum Ausdruck kommt, selbstverständlich auch für Praktikanten von verpflichtenden Studierendenpraktika mit Hochschulbezug gelten.[272]

---

272 So auch Lakies, AR-Blattei SD, 2007, Rn. 142

Vierter Teil: Sozialversicherungsrecht für Praktikanten[273]

350 Nach § 7 Abs. 2 SGB IV ist auch der Erwerb beruflicher Kenntnisse, Fertigkeiten, Fähigkeiten und beruflicher Erfahrungen eine Beschäftigung i. S. d. Sozialversicherung. Daher ist auch ein Praktikant im Rahmen eines Praktikums grundsätzlich sozialversicherungspflichtig. Die Art des Praktikums entscheidet über den Umfang der Sozialversicherungspflicht.

§ 1 Vor- oder Nachpraktikum

351 Die erste Gruppe von Praktika bildet das Vor- oder das Nachpraktikum. Hierbei wird zum einen unterschieden zwischen dem Vor- oder Nachpraktikum, welche nicht vorgeschrieben sind und bei denen der Praktikant nicht an einer Hochschule immatrikuliert ist. Zum anderen gibt es das vorgeschrieben Vor- oder Nachpraktikum, bei denen der Praktikant ebenfalls nicht an einer Hochschule immatrikuliert ist.

I. Vorgeschriebenes Vor- oder Nachpraktikum

1. Kranken- und Pflegeversicherung

352 Nach § 5 Abs. 1 Nr. 10 SGB V sind Personen in der Krankenversicherung versichert, die eine in Studien- oder Prüfungsordnungen vorgeschriebene berufspraktische Tätigkeit ohne Arbeitsentgelt verrichten, sowie zu ihrer Berufsausbildung ohne Arbeitsentgelt Beschäftigte. Gemäß § 20 Abs. 1 S. 2 Nr. 10 i. V.m. S. 1 SGB XI sind ebenfalls Personen versicherungspflichtig in der Pflegeversicherung, die eine in Studien- oder Prüfungsordnungen vorgeschriebene berufspraktische Tätigkeit ohne Arbeitsentgelt verrichten oder zu einer Berufsausbildung ohne Arbeitsentgelt beschäftigt sind. Nach § 8 Abs. 1 Nr. 5 SGB V wird ein Praktikant auf Antrag von der Versicherungspflicht zur Krankenversicherung befreit, was ebenfalls die Befreiung von der Versicherungspflicht in der Pflegeversicherung bewirkt.

353 Erhält der Praktikant beim Vorpraktikum eine Vergütung im Rahmen seiner Beschäftigung, besteht nach § 5 Abs. 1 Nr. 1 SGB V für den Praktikanten eine Versicherungspflicht in der Krankenversicherung, ebenfalls nach § 20 Abs. 1 S. 2 Nr. 1 i. V.m. S. 1 SGB XI. Der Praktikant wird dann den zu ihrer Berufsausbildung Beschäftigten gleichgestellt.

354 Zu beachten ist auch noch § 5 Abs. 7 SGB V. Im Rahmen einer Familienversicherung, bei der z.B. die Eltern des Praktikanten versichert sind, sind deren Kinder, die ein

---

[273] Siehe dazu die weiterhin aktuelle einheitliche versicherungsrechtliche Beurteilung von beschäftigten Studenten, Praktikanten und ähnlichen Personen durch die Spitzenorganisationen der Sozialversicherungen vom 27.7.2004 = *www.vifa-recht.de/internetquellen/detail.php?pid=14475*

Praktikum absolvieren, weder kranken- noch pflegeversicherungspflichtig. Allerdings darf der Praktikant nach § 10 Abs. 1 S. 1 Nr. 5 SGB V kein Gesamteinkommen haben, das regelmäßig im Monat ein Siebtel der monatlichen Bezugsgröße nach § 18 SBG IV überschreitet. Zusätzlich sind die Regelungen des § 10 SGB V insgesamt zu beachten. Sofern bei einem Nachpraktikum eine Befreiung von der Pflicht zur Kranken- und Pflegeversicherung über eine Familienversicherung nicht mehr möglich ist, kann nach § 8 Abs. 1 Nr. 5 SGB V eine Befreiung von der in § 5 Abs. 1 Nr. 10 SGB V normierten Krankenversicherungspflicht erfolgen, die die Befreiung von der Pflegeversicherung ebenfalls umfasst.

2. Renten- und Arbeitslosenversicherung

Praktikanten, die ein vorgeschriebenes Vor- oder Nachpraktikum zu absolvieren haben, sind nach § 1 S. 1 Nr. 1 SGB VI in der Rentenversicherung versicherungspflichtig und nach § 25 Abs. 1 SGB III in der Arbeitslosenversicherung versicherungspflichtig.

II. Nicht vorgeschriebenes Vor- oder Nachpraktikum

Ein nicht vorgeschriebenes Vor- oder Nachpraktikum ist eine Beschäftigung, die sozialversicherungspflichtig ist.

1. Kranken- und Pflegeversicherung

Nach § 5 Abs. 1 Nr. 1 SGB V sind diese Praktikanten versicherungspflichtig in der Krankenversicherung. Die Versicherungspflicht in der Pflegeversicherung ergibt sich aus § 20 Abs. 1 S. 2 Nr. 1 i. V. m. S. 1 SGB XI.

2. Renten- und Arbeitslosenversicherung

Praktikanten von nicht vorgeschrieben Vor- oder Nachpraktika sind zum einen nach § 1 S. 1 Nr. 1 SGB VI rentenversicherungspflichtig; zum anderen besteht die Versicherungspflicht zur Arbeitslosenversicherung nach § 25 Abs. 1 SGB III.

3. Versicherungsfreiheit

Für Praktikanten eines nicht vorgeschrieben Vor- oder Nachpraktikums kann eine Versicherungsfreiheit nach §§ 8, 8a SGB IV bestehen, wenn eine geringfügige Beschäftigung besteht, z.B. wenn die Vergütung des Praktikanten regelmäßig 400 Euro im Monat nicht übersteigt.

§ 2 Verpflichtendes Studierendenpraktikum mit Hochschulbezug

Viele Studierenden haben während ihres Studiums verpflichtende Studierendenpraktika zu absolvieren, die in den Studien- oder Prüfungsordnungen der jeweiligen Hochschulen aufgeführt sind. Unerheblich ist, ob die Studierenden an einer deutschen oder ausländischen Hochschule immatrikuliert sind.

I. Kranken- und Pflegeversicherung

361 Nach § 6 Abs. 1 Nr. 3 SGB V sind Personen, die während der Dauer ihres Studiums als ordentliche Studierende einer Hochschule oder einer der fachlichen Ausbildung dienenden Schule gegen Arbeitsentgelt beschäftigt sind, von der Krankenversicherungspflicht befreit. Diese Befreiung gilt nach § 27 Abs. 4 Nr. 2 SGB III auch von der Versicherungspflicht zur Pflegeversicherung.

II. Renten- und Arbeitslosenversicherung

362 Nach § 5 Abs. 3 SGB VI besteht für Praktikanten bei verpflichtenden Studierendenpraktika mit Hochschulbezug Versicherungsfreiheit bezüglich der Rentenversicherung. Nach § 27 Abs. 4 Nr. 2 SGB III entfällt für diese Praktikanten auch die Versicherungspflicht zur Arbeitslosenversicherung.

III. Versicherungspflicht als Studierende

363 Zwar sind die Studierenden als Praktikanten bei einem verpflichtenden Studierendenpraktikum mit Hochschulbezug von der Pflicht zur Kranken-, Pflege-, Renten- und Arbeitslosenversicherung befreit. Als Studierende selbst sind sie aber nach § 5 Abs. 1 S. 1 SGB V versicherungspflichtig in der Krankenversicherung bzw. es besteht nach § 20 Abs. 1 S. 2 Nr. 9 i. V. m. S. 1 SGB XI Versicherungspflicht in der Pflegeversicherung.
Eine Befreiung von der Krankenversicherungspflicht ist möglich über die Familienversicherung der Eltern nach § 10 SGB V bzw. nach § 25 SGB XI für die Pflegeversicherung. Erforderlich ist nach § 10 Abs. 1 S. 1 Nr. 5 SGB V, dass die Studierenden kein Gesamteinkommen haben, das regelmäßig im Monat ein Siebtel der monatlichen Bezugsgröße nach § 18 SGB IV überschreitet. Außerdem sind die gesamten Regelungen des § 10 SGB V zu beachten.

§ 3 Freiwilliges Studierendenpraktikum ohne Hochschulbezug

364 Freiwillige Studierendenpraktika werden sehr oft zusätzlich von Studierenden absolviert, um die Chancen für einen späteren Berufsstart zur erhöhen.

I. Kranken- und Pflegeversicherung

365 Nach § 6 Abs. 1 Nr. 3 SGB V sind Personen von der Versicherungspflicht zur Krankenversicherung befreit, die während der Dauer ihres Studiums als ordentliche Studierende einer Hochschule oder einer der fachlichen Ausbildung dienenden Schule gegen Arbeitsentgelt beschäftigt sind. Diese Versicherungsfreiheit gilt auch für die Pflegeversicherung.

II. Renten- und Arbeitslosenversicherung

Nach § 5 Abs. 2 S. 1 SGB VI sind Studierende bei einem freiwilligen Studierendenpraktikum ohne Hochschulbezug als Praktikanten nur dann von der Rentenversicherungspflicht befreit, wenn bloß eine geringfügige Vergütung besteht. Die Befreiung von der Arbeitslosenversicherung ergibt sich aus § 27 Abs. 4 S. 1 Nr. 2 SGB III.

366

III. Versicherungspflicht als Studierende

Unberührt von der Versicherungsfreiheit als Praktikanten bleibt die Versicherungspflicht als Studierende. Denn Studierende sind nach § 5 Abs. 1 Nr. 9 SGB V versicherungspflichtig in der Krankenversicherung bzw. nach § 20 Abs. 1 S. 2 Nr. 9 i.V.m. S. 1 SGB XI in der Pflegeversicherung.

367

Eine Befreiung von der Krankenversicherungspflicht ist möglich über die Familienversicherung der Eltern nach § 10 SGB V bzw. nach § 25 SGB XI für die Pflegeversicherung. Erforderlich ist nach § 10 Abs. 1 S. 1 Nr. 5 SGB V, dass die Studierenden kein Gesamteinkommen haben, das regelmäßig im Monat ein Siebtel der monatlichen Bezugsgröße nach § 18 SGB IV überschreitet. Außerdem sind die gesamten Regelungen des § 10 SGB V zu beachten.

368

	Sozialversicherungsrecht für Praktikanten			
	Kranken- und Pflegeversicherung	Renten- und Arbeitslosenversicherung	Versicherungsfreiheit	Versicherungspflicht als Studierende
Vorgeschriebenes Vor- oder Nachpraktikum	Versicherungspflicht	Versicherungspflicht	evtl. befreit durch Familienversicherung	nein
Nicht vorgeschriebenes Vor- oder Nachpraktikum	Versicherungspflicht	Versicherungspflicht	evtl. befreit nach §§ 8, 8a SGB IV	nein
Verpflichtendes Studierendenpraktikum mit Hochschulbezug	befreit	befreit		Kranken- und Pflegeversicherung, befreit bei Familienversicherung
Freiwilliges Studierendenpraktikum ohne Hochschulbezug	befreit	befreit nach § 27 Abs. 4 S. 1 Nr. 2 SGB III		Kranken- und Pflegeversicherung, befreit bei Familienversicherung

Abb. 12: Sozialversicherungsrecht für Praktikanten

Fünfter Teil: Anwendbarkeit von Teilen des kollektiven Arbeitsrechts auf Praktikumsverhältnisse

369 Das kollektive Arbeitsrecht hat sich in den vergangenen Jahrzehnten zu einem bedeutenden Bestandteil zum Schutz des Arbeitnehmers entwickelt. Das Recht, von Arbeitnehmer- wie von Arbeitgeberseite Koalitionen zu bilden – Gewerkschaften und Arbeitgeberverbände – das Tarifvertragsrecht, das Arbeitskampf- und Schlichtungsrecht, aber insbesondere auch das Mitbestimmungsrecht bilden die Schwerpunkte des kollektiven Arbeitsrechts. Je nach Art des Praktikums können Teile des kollektiven Arbeitsrechts auch Auswirkungen auf Praktikumsverhältnisse haben.

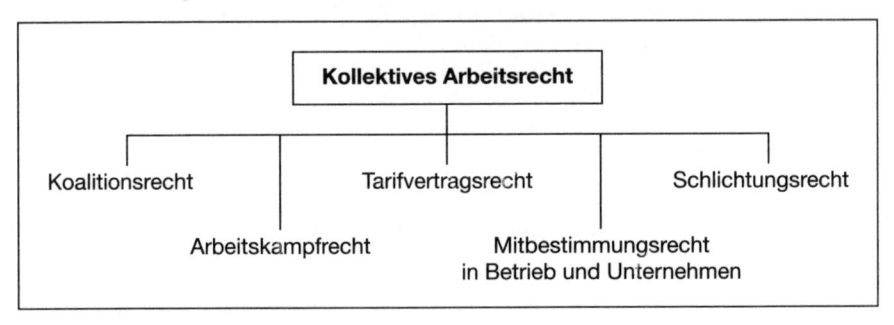

Abb. 13: Kollektives Arbeitsrecht

§ 1 Tarifvertragsrecht

I. Begriff und Bedeutung eines Tarifvertrags

370 Das Tarifvertragsrecht ist im Tarifvertragsgesetz (TVG) normiert. Nach § 1 Abs. 1 TVG regelt der Tarifvertrag die Rechte und Pflichten der Tarifvertragsparteien und enthält Rechtsnormen, die den Inhalt, den Abschluss und die Beendigung von Arbeitsverhältnissen sowie betriebliche und betriebsverfassungsrechtliche Fragen ordnen können. Tarifverträge bedürfen zu ihrer Gültigkeit der Schriftform. Nach § 2 Abs. 1 TVG sind Tarifvertragsparteien Gewerkschaften, einzelne Arbeitgeber sowie Vereinigungen von Arbeitgebern. Besonderheit des Tarifvertrags ist, dass er einerseits, wie bei Vertragsparteien üblich, die schuldrechtlichen Verpflichtungen beider Parteien regelt; zum anderen aber eine gewisse Art von Gesetzeskraft aufweist, da die Vertragsparteien ausnahmsweise Rechtsnormen erlassen können, die sich über den Tarifvertrag auf Arbeitsverhältnisse auswirken.[274] Nach § 4 Abs. 1 TVG gelten die Rechtsnormen des Tarifvertrags, die den Inhalt, den Abschluss oder die Beendigung von Arbeitsverhält-

---

[274] Vgl. Schade, AR, Rn. 551 ff.

nissen ordnen, unmittelbar und zwingend zwischen den beiderseits Tarifgebundenen, die unter den Geltungsbereich des Tarifvertrags fallen.

II. Tariffähigkeit und Tarifzuständigkeit

Die Vertragsparteien eines Tarifvertrags müssen einerseits tariffähig sein, d. h. das Recht haben, Tarifverträge abzuschließen; andererseits müssen die Tarifparteien zum Abschluss eines Tarifvertrags überhaupt zuständig sein. Die Tariffähigkeit ergibt sich aus § 2 TVG. Zum einen sind Tarifvertragsparteien Gewerkschaften, einzelne Arbeitgeber sowie Vereinigungen von Arbeitgebern. Aber auch Zusammenschlüsse von Gewerkschaften und von Vereinigungen von Arbeitgebern (Spitzenorganisationen) können im Namen der ihnen angeschlossenen Verbände Tarifverträge abschließen, wenn sie eine entsprechende Vollmacht haben.[275] Außerdem können Spitzenorganisationen selbst Parteien eines Tarifvertrags sein, wenn der Abschluss von Tarifverträgen zu ihren satzungsgemäßen Aufgaben gehört. **371**

Neben der Tariffähigkeit ist auch die Tarifzuständigkeit erforderlich, damit ein wirksamer Tarifvertrag abgeschlossen werden kann. Zum einen ergibt sich die Tarifzuständigkeit aus der Satzung der Organisation, welche als Tarifvertragspartei in Tarifverhandlungen eintritt.[276] Zum anderen kann nach § 2 Abs. 2 TVG auch ein Zusammenschluss gleichartiger Koalitionen im Namen der ihm angehörenden Verbände Tarifverträge abschließen, wenn er durch Vollmacht dazu legitimiert ist. Tariffähigkeit und Tarifzuständigkeit sind unabdingbare Voraussetzungen für die Wirksamkeit eines Tarifvertrags. Fehlt eines der beiden Merkmale, so hat das die Nichtigkeit des Tarifvertrags zur Folge. Nach §§ 2a Abs. 1 Nr. 4, 97 Abs. 1 ArbGG kann das Arbeitsgericht über die Tariffähigkeit und die Tarifzuständigkeit einer Vereinigung entscheiden. **372**

III. Arten und Inhalt von Tarifverträgen

Bei Tarifverträgen können zwei Arten unterschieden werden; dabei kommt es zum einen auf die Parteien des Tarifvertrags, zum anderen auf den Gegenstand an. Bei den Parteien unterscheidet man zwischen einem Verbandstarifvertrag und einem Firmentarifvertrag. Beim Verbandstarifvertrag schließen Gewerkschaft auf der einen Seite und Arbeitgeberverband auf der anderen Seite den Tarifvertrag ab; ein Firmentarifvertrag dagegen kommt zwischen einer Gewerkschaft und einem einzelnen Arbeitgeber nach § 2 Abs. 1 TVG zustande. **373**

Auch der Inhalt von Tarifverträgen lässt auf eine Tarifvertragsart schließen. So handelt es sich um einen Lohn- oder Gehaltstarifvertrag, wenn insbesondere die Vergütung die Hauptrolle beim Abschluss des Tarifvertrags bildet. Dagegen wird ein Rahmen- oder Manteltarifvertrag abgeschlossen, wenn in einem solchen Tarifvertrag, insbesondere für einen längeren Zeitraum, Regelungen über eine Erhöhung von Urlaubstagen, kürzere Wochenarbeitszeit sowie zur Schicht- und Nachtarbeit vereinbart werden. **374**

Der Inhalt von Tarifverträgen ist zwischen einem schuldrechtlichen und einem normativen Teil zu differenzieren. Der schuldrechtliche Teil des Tarifvertrags löst bei dem **375**

---

275 Siehe Wiedemann/Thüsing, § 1 Rn. 189
276 Vgl. Däubler/Peter, § 2 Rn. 165; Henssler/Henssler, § 2 TVG Rn. 33

zweiseitigen Schuldverhältnis Pflichten für die jeweilige Vertragspartei aus. Deshalb ergibt sich für die Tarifparteien als Nebenpflicht die sog. Durchführungs- oder Einwirkungspflicht.[277] Die jeweiligen Koalitionen, Gewerkschaft und Arbeitgeberverband, haben dafür zu sorgen, dass die vereinbarten Regelungen von den jeweiligen Mitgliedern, Arbeitnehmern und Arbeitgebern, akzeptiert und umgesetzt werden.[278] Eine weitere schuldrechtliche Verpflichtung ergibt sich für die Tarifvertragsparteien, nach Abschluss eines Tarifvertrags für die vereinbarte Laufzeit eine absolute Friedenspflicht zu wahren. Folglich sind nicht nur Arbeitskämpfe rechtswidrig und verboten während der absoluten Friedenspflicht, die sich auf im Nachhinein von einer Vertragspartei als ungünstig empfundene Vereinbarung beziehen, sondern auch Regelungen, die im Tarifvertrag nicht vereinbart wurden.[279]

376 Nach § 1 Abs. 1 TVG enthält der Tarifvertrag außerdem Rechtsnormen, die den Inhalt, den Abschluss und die Beendigung von Arbeitsverhältnissen sowie betriebliche und betriebsverfassungsrechtliche Fragen ordnen können. Derartige Rechtsnormen gelten nach § 4 Abs. 1 TVG unmittelbar und zwingend für die Mitglieder der einzelnen Tarifvertragsparteien. Diese zwingende Wirkung wird durch zwei Einschränkungen aufgehoben. Nach § 4 Abs. 3 TVG können abweichende Abmachungen zwischen der Gewerkschaft und einem einzelnen Arbeitgeber, der als Mitglied dem Arbeitgeberverband angehört, welcher als Tarifvertragspartei den Tarifvertrag vereinbart hat, diesen zu Gunsten des Arbeitnehmers ändern, in dem z. B. ein höherer Urlaubsanspruch von zwei zusätzlichen Urlaubstagen geregelt wird. Im Rahmen des sog. Günstigkeitsprinzips sind Abänderungen des Tarifvertrags zum Vorteil des Arbeitnehmers möglich. Desweiteren kann i. S. v. § 4 Abs. 3 TVG durch eine sog. Öffnungsklausel eine abweichende Vereinbarung getroffen werden, soweit sie durch den Tarifvertrag gestattet ist. Allerdings darf nicht der ganze Tarifvertrag dispositiv ausgestaltet sein, weil er sonst seine Ordnungsfunktion nicht erfüllt.[280] Nach Ablauf des Tarifvertrags werden gemäß § 4 Absatz 5 TVG alle tariflichen Normen dispositiv; sie gelten nur solange weiter, bis sie durch andere Vereinbarungen, d. h. neue Rechtsnormen, ersetzt werden.

IV. Beendigung des Tarifvertrags

377 Der Tarifvertrag endet üblicherweise durch Zeitablauf. Er kann auch unter einer auflösenden Bedingung beendet werden. Denkbar, aber eher ungewöhnlich ist die Beendigung des Tarifvertrags durch einen Aufhebungsvertrag der Tarifvertragsparteien nach § 311 BGB. Möglich ist die Beendigung des Tarifvertrags durch eine ordentliche Kündigung, insbesondere, wenn der Tarifvertrag auf unbestimmte Zeit abgeschlossen worden ist. Desweiteren besteht die Möglichkeit zur außerordentlichen Kündigung, allerdings nur dann, wenn ein wichtiger Grund vorliegt, der für eine außerordentliche Kündigung notwendig ist. Auch der Verlust der Tariffähigkeit einer Tarifvertragspartei kann zur Beendigung eines Tarifvertrags führen. Dagegen führen ein Verbandswechsel des Arbeitgebers sowie die Betriebsnachfolge i. S. v. § 613 a BGB grundsätzlich nicht zur Beendigung eines Tarifvertrags.

---

277 Vgl. Löwisch/Rieble, § 1 Rn. 367
278 Vgl. Wörlen/Kokemoor, Rn. 306
279 Vgl. Löwisch/Rieble, § 1 Rn. 378
280 Dütz, Rn. 501

V. Anwendbarkeit auf Praktikumsverhältnisse

Tarifverträge können auf Praktikumsverhältnisse anwendbar sein. Dabei ist einerseits zu beachten, dass es z.B. eigenständige Tarifverträge für Praktikumsverhältnisse gibt, so etwa für Praktikantinnen und Praktikanten des öffentlichen Dienstes[281] oder als Tarifvertrag zur Förderung von Ausbildungsfähigkeiten in der Metall- und Elektroindustrie von Nordrhein-Westfalen.[282] Allerdings sind beide Tarifverträge nicht auf Praktikumsverhältnisse anwendbar, die in Studienordnungen der jeweiligen Hochschulen verpflichtend vorgeschrieben sind.

Entscheidend ist der persönliche Geltungsbereich des Tarifvertrags. Daher ist für den einzelnen Tarifvertrag zu prüfen, ob dieser auch Ausbildungsverhältnisse, wozu auch Praktikumsverhältnisse gehören, miterfasst oder nicht.[283] Aus den einleitenden Regelungen eines Tarifvertrags, insbesondere der besonderen Erwähnung von Arbeitnehmern, lässt sich ableiten, ob auch Auszubildende wie Praktikanten mit einbezogen sind oder nicht.

Andererseits kommt es auf die Art des Praktikums und seine rechtlichen Einordnung an. Handelt es sich beim Praktikum um ein „Anderes Vertragsverhältnis" i.S.v. § 26 BBiG, dann können Regelungen aus einem Lohn- und Gehaltstarifvertrag bzw. aus einem Manteltarifvertrag, der z.B. Regelungen über Arbeitszeit, Urlaub oder Probezeit beinhaltet, Gültigkeit auch für diese Praktikumsverhältnisse haben. Da nach der Rechtsprechung und der herrschenden Meinung in der Rechtsliteratur die Arbeitsgesetze und arbeitsrechtlichen Rechtsgrundlagen auf ein verpflichtendes Studierendenpraktikum mit Hochschulbezug nicht anwendbar sind, hat das Tarifvertragsrecht auf diese Praktikumsverhältnisse grundsätzlich keine Auswirkungen. Die Rechtssetzungsbefugnis der Tarifvertragsparteien erstreckt sich nicht auf Ausbildungsverhältnisse im hochschulrechtlichen Sinne.[284]

§ 2 Arbeitskampfrecht

I. Begriff und Grundlagen

Ein Arbeitskampf entsteht durch eine Regelungsstreitigkeit, die weder in Verhandlungen, noch durch eine Schlichtung gelöst wurde. Für die Erörterung des Arbeitskampfrechts lässt sich folgender allgemeiner Begriff des Arbeitskampfs bilden: Arbeitskampf ist die von der Arbeitgeber- oder Arbeitnehmerseite zur Erreichung bestimmter Ziele mittels kollektiver Störungen der Arbeitsbeziehungen bewirkte Druckausübung.[285] Dabei hat eine der beiden Seiten, Arbeitgeber oder Arbeitnehmer, die Störung der Arbeitsbeziehung zu vertreten.

---

281 Siehe Tarifvertrag für Praktikantinnen und Praktikanten des öffentlichen Dienstes (TVPöD) vom 27.10.2009 i.d.F. des Änderungstarifvertrags Nr. 1 vom 27.2.2010
282 Siehe Tarifvertrag zur Förderung von Ausbildungsfähigkeit (TV FAF) vom 13.2.2008 zwischen METALL NRW und der IG Metall in NRW
283 Lakies, AR-Blattei SD, 2007, Rn. 136
284 Lakies, AR-Blattei SD, 2007, Rn. 139
285 Vgl. Hromadka/Maschmann, Bd. 2, § 14 Rn. 4; Otto, AKR, § 1 Rn. 1

382 Erste Voraussetzung ist, dass es sich um eine kollektive Störung handelt. Denn ein Arbeitskampf kann von Arbeitnehmerseite nur geführt werden, wenn er kollektiv, d. h. durch eine Gewerkschaft organisiert und durchgeführt wird. Zweite Voraussetzung ist außerdem eine Druckausübung, welche zur Störung der Arbeitsbeziehung führt. Art und Mittel der Druckausübung sind dafür nicht von Bedeutung, wirtschaftliche wie psychologische Druckmittel sind möglich; erforderlich ist, dass die Störung der Arbeitsbeziehung eintritt.[286] Ohne eine Störung der Arbeitsbeziehung entsteht kein Arbeitskampf.[287] Das Arbeitskampfrecht ist mit dem Tarifvertragsrecht unlösbar verbunden. Denn die Mittel des Arbeitskampfrechts stellen für die Tarifparteien die letzte Möglichkeit dar, durch Druckausübung und die sich daraus ergebende Störung des Arbeitsverhältnisses ihren tarifvertraglichen Forderungen Nachdruck zu verleihen. Die wichtigsten Arten eines Arbeitskampfes sind der Streik und die Aussperrung.

II. Rechtsgrundlagen

383 Wichtigste Rechtsgrundlage für einen rechtmäßigen Arbeitskampf ist Art. 9 Abs. 3 GG, der den Grundsatz der Tarifautonomie verfassungsrechtlich schützt. In Art. 9 Abs. 3 S. 3 GG ist insbesondere geregelt, dass Arbeitskämpfe, die zur Wahrung und Förderung der Arbeits- und Wirtschaftsbedingungen von Vereinigungen geführt werden, rechtmäßig sind. Deshalb sind sowohl der tarifvertragsbezogene Streik als auch die tarifvertragsbezogene Aussperrung verfassungsrechtlich garantiert.[288] Daneben wird der Begriff „Arbeitskampf" erwähnt, so z. B. in § 2 Abs. 1 Nr. 2 ArbGG, in § 25 KSchG oder in § 146 Abs. 3 SGB III. Einzelne Arbeitskampfarten, Streik und Aussperrung, werden sogar in § 91 Abs. 6 SGB IX angesprochen. Nichtsdestotrotz handelt es sich beim Arbeitskampfrecht im überwiegenden Maß um sog. Richterrecht, weil nur wenige gesetzliche Regelungen auf den Arbeitskampf Bezug nehmen. Ein spezielles Arbeitskampfgesetz gibt es nicht. Insofern bilden in den meisten Fällen die höchstrichterliche Rechtsprechung, aber auch die Arbeitsrechtsliteratur die Grundlagen zur Bewertung von Arbeitskämpfen einschließlich der zu überprüfenden Arbeitskampfmittel und -ziele.

III. Rechtmäßigkeitsvoraussetzungen für Arbeitskämpfe

384 Ein ausgeführter Arbeitskampf muss rechtmäßig sein. Zum einen können nur Tarifvertragsparteien wie Gewerkschaften, einzelne Arbeitgeber oder Vereinigungen von Arbeitgebern einen Arbeitskampf führen. Zum anderen muss das Ziel des Arbeitskampfs, also der Abschluss eines Tarifvertrags als Ganzes oder einzelner tarifvertraglicher Regelungen rechtmäßig sein. Außerdem haben Rechtsprechung und Rechtsliteratur allgemeine Grundsätze herausgearbeitet, unter welchen Voraussetzungen ein rechtmäßiger Arbeitskampf zu führen ist.[289] Dabei handelt es sich insbesondere um die freie Wahl der Kampfmittel, das Gebot der Kampfparität sowie den Grundsatz der

---

286 Vgl. Brox/Rüthers/Henssler, Rn. 745
287 Siehe dazu Schade, AR, Rn. 585 ff.
288 Vgl. Zöllner/Loritz/Hergenröder, § 42 II 1 a); vgl. dazu BAG, Urteil v. 10. 6. 1980 – 1 AZR 822/79 = AP Nr. 64 zu Art. 9 GG, Arbeitskampf; BAG, Urteil v. 10. 6. 1980 – 1 AZR 168/79 = AP Nr. 65 zu Art. 9 GG, Arbeitskampf; ArbG Stuttgart, Urteil v. 14. 11. 1979 – 2 Ca 258/79 = AP Nr. 68 zu Art. 9 GG, Arbeitskampf; BAG, Urteil v. 11. 8. 1992 – 1 AZR 103/92 = AP Nr. 124 zu Art. 9 GG, Arbeitskampf; BVerfGE 84, S. 212, 225 = AP Nr. 117 zu Art. 9 GG, Arbeitskampf; siehe Anm. Konzen zu BVerfGE SAE 1991, S. 329, außerdem S. 335, 338; Richardi, JZ 1992, S. 27, 28 f.
289 Ausführlich Schade, AR, Rn. 607 ff.

Verhältnismäßigkeit und eine faire Kampfführung bei der Durchführung eines Arbeitskampfs.

IV. Arbeitskampfmaßnahmen der Arbeitnehmer

Arbeitnehmer haben, immer unter der Beachtung der kollektiven Ausübung, mehrere Möglichkeiten, einen Arbeitskampf gegen einen oder mehrere Arbeitgeber zu führen.

Der Streik ist das bedeutendste Arbeitskampfmittel der Arbeitnehmer. Ein Streik liegt vor bei einer Einstellung der Arbeit, die von einer Mehrzahl von Arbeitnehmern planmäßig, gemeinsam und ohne Einverständnis des Arbeitgebers zur Erreichung eines Ziels durchgeführt wird.[290] Hauptgesichtspunkte sind zum einen die Erreichung eines Ziels, zum anderen die Wiederaufnahme der Arbeitstätigkeit nach zumindest teilweiser Zielerreichung.

Ein Streik kann von der Arbeitnehmerseite in unterschiedlicher Intensität geführt werden. Die mildeste Form ist der sog. Warnstreik. Bei einem Warnstreik kommt es üblicherweise während der Tarifverhandlungen zu zeitlich begrenzten Arbeitsniederlegungen der Arbeitnehmer, wodurch den Forderungen der Gewerkschaft als Tarifvertragspartei gegenüber der Arbeitgeberseite Nachdruck verliehen werden soll. Nach dem Scheitern der Tarifverhandlungen bilden Flächenstreik oder Schwerpunktstreiks gezielte Arbeitskampfmaßnahmen, um den Druck auf die Arbeitgeberseite zur Einigung über einen Tarifvertrag zu erhöhen. Während früher der Flächenstreik üblich war, der möglichst viele Arbeitnehmer im umkämpften Gebiet umfasste, setzen die Gewerkschaften heute immer stärker auf Schwerpunktstreiks, die auf Grund der bestehenden wirtschaftlichen Abhängigkeiten (Stichwort: „just-in-time"-Produktion) nicht weniger wirksam sind.[291]

Idealtypisch gehen dem Streik voraus: Beendigung eines Tarifvertrags durch Zeitablauf oder Kündigung, Verhandlungen über einen tariflichen Neuabschluss und deren Scheitern, ausdrückliche Erklärung des Scheiterns durch die Gewerkschaft, Schlichtungsversuche und deren Scheitern, Urabstimmung der Gewerkschaftsmitglieder über den Streik und gewerkschaftlicher Streikaufruf.[292]

Der Boykott stellt aus Arbeitnehmersicht eine weitere Arbeitskampfmaßnahme dar. Beim Boykott ruft eine Gewerkschaft dazu auf, mit dem zu boykottierenden Arbeitgeber weder Geschäfte zu machen, noch Arbeitsverträge abzuschließen. An die Rechtmäßigkeit eines Boykotts werden hohe Anforderungen gestellt.

Die Abkehr ist als weitere, aber eher seltene Möglichkeit einer Kampfmaßnahme die Gegenreaktion der Gewerkschaft auf eine Suspendierung des Arbeitsverhältnisses durch den Arbeitgeber im Rahmen einer Aussperrung. Die Abkehr führt zu einer kollektiven fristlosen Auflösung der jeweiligen Arbeitsverhältnisse.

---

290 Vgl. dazu schon Hueck/Nipperdey, Bd. 2, § 47 II 1; Nikisch, Bd. 2, § 62 II 1
291 Michalski, Rn. 949
292 Dütz, Rn. 610

V. Arbeitskampfmaßnahmen der Arbeitgeber

391 Art. 9 Abs. 3 GG billigt auch der Arbeitgeberseite Arbeitskampfmaßnahmen zu. Arbeitskampfmittel können die Aussperrung, die Betriebsstilllegung oder eine Streikbruchprämie sein.

392 Die Aussperrung ist das wichtigste Arbeitskampfmittel der Arbeitgeber. Sie liegt vor, wenn ein oder mehrere Arbeitgeber planmäßig eine Mehrzahl von Arbeitnehmern von der Arbeitstätigkeit im Betrieb ausschließt und dieser Ausschluss die Verweigerung der Lohnzahlung beinhaltet. Unterschieden wird zwischen der Abwehraussperrung und der Angriffsaussperrung. Beginnt der Arbeitgeber den Arbeitskampf durch Aussperrung, handelt es sich um eine Angriffsaussperrung. Reagiert der Arbeitgeber dagegen durch Aussperrung auf den Beginn eines Streiks, liegt eine Abwehraussperrung vor. In beiden Fällen unterscheidet man weiter zwischen suspendierenden Aussperrungen, wodurch die Hauptpflichten des Arbeitsvertrags vorläufig bis zum Ende des Arbeitskampfs ausgesetzt werden, und lösenden Aussperrungen, die das Arbeitsverhältnis beenden.[293] Eine solche Unterscheidung ist deshalb notwendig, weil eine auflösende Aussperrung u.U. rechtswidrig sein kann. Bisher hat es eine Angriffsaussperrung durch die Arbeitgeber seit Bestehen der Bundesrepublik Deutschland nicht gegeben.

393 Als weitere Arbeitskampfmaßnahme des Arbeitgebers kommt die Stilllegung des ganzen Betriebs in Betracht. Das Bundesarbeitsgericht hat in einem Urteil aus dem Jahr 1994 diese Möglichkeit der Arbeitskampfmaßnahme für den Arbeitgeber rechtlich anerkannt.[294] Dabei handelt es sich um eine defensive, aber sehr effektive Art, einen Arbeitskampf zu führen, welche in der Praxis die Abwehraussperrung weitgehend verdrängt hat.[295] Während eines Arbeitskampfs liegt es an der alleinigen Entscheidung des Arbeitgebers, ob im Betrieb weitergearbeitet wird oder eine Stilllegung wirtschaftlich angemessen ist.[296]

394 Ein weiteres rechtmäßiges Arbeitskampfmittel des Arbeitgebers ist nach herrschender Meinung die sog. Streikbruchprämie.[297] Bei der Streikbruchprämie handelt es sich um die Gewährung eines Vermögensvorteils, einer finanziellen Zuwendung an diejenigen Arbeitnehmer, die dem Streikaufruf der Gewerkschaft nicht gefolgt sind, am Streik daher nicht teilnehmen und somit ihre Arbeitspflicht erfüllen. Fraglich ist allerdings, ob durch Streikbruchprämien ein Verstoß gegenüber dem Maßregelungsverbot nach § 612a BGB vorliegt.[298]

VI. Arbeitskampfmaßnahmen von Praktikanten

395 Umstritten ist, ob auch Praktikanten Arbeitskampfmaßnahmen ergreifen dürfen. Erste Voraussetzung ist, dass auf Praktikumsverhältnisse über §§ 26, 10 Abs. 2 BBiG die für einen Arbeitsvertrag geltenden Rechtsgrundlagen und Rechtsgrundsätze anwendbar sind. Das gilt für das Vor- oder Nachpraktikum bzw. für das freiwillige Studierendenpraktikum ohne Hochschulbezug.

---

293 Dütz, Rn. 611b
294 Vgl. BAG NZA 1994, S. 1097, 1099; 1995, S. 958, 959
295 Vgl. Wörlen/Kokemoor, Rn. 334a
296 Vgl. BAG NZA 1996, S. 212, 214
297 Vgl. Kissel, § 42 Rn. 124; von Hoyningen-Huene, DB 1989, S. 1466f.; Rolfs, DB 1994, S. 1237, 1241f.; a.A. Otto, AKR, § 12 Rn. 45
298 Siehe dazu Schade, AR, Rn. 231f.

Selbst wenn das Berufsbildungsgesetz auf Praktikumsverhältnisse anwendbar ist, wird argumentiert, dass der Zweck eines Ausbildungsvertrags die Ausbildung sei und nicht der gegenseitige Austausch von Arbeit und Entgelt, denn die Weigerung, sich ausbilden zu lassen, sei kein Kampfmittel i. S. d. Arbeitskampfrechts, weil sie nicht auf die unmittelbare Schädigung des Ausbildenden (Arbeitgebers) abzielt.[299] Die Befürworter eines Streikrechts, z. B. für Auszubildende im Rahmen des Berufsbildungsrechts, verweisen darauf, dass nach § 10 Abs. 2 BBiG Auszubildende und auch aus Sicht des Verfassers somit konsequenterweise auch Praktikanten, für die über § 26 BBiG i. V. m. § 10 Abs. 2 BBiG die Arbeitsgesetze sowie die arbeitsrechtlichen Rechtsgrundsätze anwendbar sind, das Streikrecht gilt. Es dürfte zu weit gehen, wollte man vom Praktikanten verlangen, nicht zu streiken.[300]

396

Zu Recht weist Fangmann darauf hin,[301] dass laut Ansicht des Bundesverfassungsgerichts die wirtschaftliche Druckausübung kein zwingend notwendiges Merkmal des Arbeitskampfs sein muss.[302] Als Mittel des Streiks kommt für Praktikanten i. d. R. nur der nicht-ökonomische Druck in Frage, in dem die Ausbildungstätigkeit eingestellt wird, um den Ausbildenden psychologisch zu beeinflussen.[303] Aber auch rein psychologische Druckmittel können sehr wirkungsvoll sein, insbesondere mit medialer Begleitung.

397

Außerdem lässt sich das Streikrecht von Praktikanten auch aus Artt. 9 Abs. 3, 20 Abs. 1, 28 Abs. 1 GG ableiten. Das gilt zumindest für alle Praktikanten, auf deren Praktikumsverhältnisse nach § 26 BBiG das Berufsbildungsgesetz anwendbar ist und diese somit einen gewissen Arbeitnehmerstatus erhalten. Für Praktikanten bei verpflichtenden Studierendenpraktika mit Hochschulbezug muss nach Ansicht des Verfassers ebenfalls das Streikrecht bestehen.

398

§ 3 Mitbestimmung im Betrieb

I. Einführung

Die Mitbestimmung im Betrieb oder Unternehmen entspricht im Arbeitsleben einem gesellschaftspolitischen Grundprinzip, nach dem Arbeitgeber und Arbeitnehmer im Konsens bedeutende Entscheidungen für den Betrieb und das Unternehmen fällen sollen. Unter Mitbestimmung wird im Arbeitsrecht die gesetzlich vorgesehene Beteiligung der Arbeitnehmer an Entscheidungen im Betrieb und Unternehmen verstanden.[304] Folglich soll der Arbeitgeber besonders bedeutsame Entscheidungen nicht alleine, sondern unter Mitwirkung der Arbeitnehmer treffen. Dabei beschränkt sich die Mitbestimmung nicht allein auf die Beziehungen zwischen Arbeitgebern und Arbeitnehmer der privaten Wirtschaft und des öffentlichen Dienstes, sondern erfolgt

399

---

299 Vgl. ausführlich bei Fangmann, AuR 1977, S. 201, 206, der kritisch die Meinung der Gegner des Streikrechts für Praktikanten darlegt, z. B. von Brox/Rüthers, S. 169; Walle, S. 159; Hromadka, DB 1972, S. 870, 874 f.
300 Schmidt, BB 1971, S. 313, 316
301 Vgl. Fangmann, AuR 1977, S. 201, 207
302 Vgl. BVerfG, Urteil v. 18. 11. 1954 – 1 BvR 629/52 = AP Nr. 1 zu Art. 9 GG = ArbuR 1955, S. 29 mit Anm. Herschel
303 Vgl. Fangmann, AuR 1977, S. 201, 207
304 Dütz, Rn. 723; vgl. Söllner/Waltermann, Rn. 484

auch in anderen Bereichen wie z. B. Hochschulen, Schulen und Kirchen, wo sie in einem bestimmten Umfang institutionell ausgestaltet ist.[305]

400 Unterschieden wird zwischen der betrieblichen Mitbestimmung und der Mitbestimmung im Unternehmen. Die betriebliche Mitbestimmung, die auf Praktikumsverhältnisse in Teilen anwendbar sein kann, ist im Betriebsverfassungsgesetz (BetrVG) geregelt. Zur Ausübung der Mitbestimmungsrechte können Betriebsräte eingerichtet werden.

II. Betriebsverfassungsrecht

1. Grundlagen

401 Das Betriebsverfassungsrecht regelt die innerbetriebliche Zusammenarbeit zwischen dem Arbeitgeber und seinen Arbeitnehmer.[306] Diese innerbetriebliche Zusammenarbeit ist als Arbeitnehmerschutzrecht in besonderem Maß gesetzlich geschützt. Grundlage bildet das Betriebsverfassungsgesetz. Insbesondere aus § 2 BetrVG ergeben sich die Rechte der Arbeitnehmer für die betriebliche Mitbestimmung. Nach § 2 Abs. 1 BetrVG arbeiten Arbeitgeber und Betriebsrat unter Beachtung der geltenden Tarifverträge vertrauensvoll und im Zusammenwirken mit den im Betrieb vertretenen Gewerkschaften und Arbeitgebervereinigungen zum Wohl der Arbeitnehmer und des Betriebs zusammen.[307]

2. Geltungsbereich

402 a. Räumlicher Geltungsbereich. Das Betriebsverfassungsgesetz hat Gültigkeit für alle inländischen Betriebe. Nach dem Territorialitätsprinzip gehören dazu alle Betriebe, die von Inländern oder Ausländern in der Bundesrepublik Deutschland gegründet und geführt werden. Dazu zählen auch Niederlassungen ausländischer Unternehmen bzw. ausländischer Konzerne. Alle Unternehmen müssen Betriebe i. S. v. §§ 1, 4 BetrVG sein. Nicht unter das Betriebsverfassungsgesetz fallen ausländische Betriebe, die im Ausland von deutschen Unternehmern errichtet wurden.

403 b. Sachlicher Geltungsbereich. Der sachliche Geltungsbereich des Betriebsverfassungsgesetzes ergibt sich aus § 1 BetrVG. Nach § 1 Abs. 1 S. 1 BetrVG gilt das Betriebsverfassungsgesetz immer, wenn in Betrieben in der Regel mindestens fünf ständige wahlberechtigte Arbeitnehmer arbeiten, von denen mindestens drei Arbeitnehmer als Betriebsräte wählbar sind. Dies gilt nach § 1 Abs. 1 S. 2 BetrVG auch für gemeinsame Betriebe mehrerer Unternehmen. Voraussetzung für die Anwendbarkeit des Betriebsverfassungsgesetzes ist somit ein bestehender privater Betrieb. Der Begriff „Betrieb" wird im Betriebsverfassungsgesetz nicht definiert. Nach Ansicht des Bundesarbeitsgerichts ist der Betrieb die organisatorische Einheit, innerhalb derer der Unternehmer allein oder zusammen mit seinen Mitarbeitern mit Hilfe sächlicher oder immaterieller Mittel einen arbeitstechnischen Zweck fortgesetzt verfolgt.[308]

404 Nach § 130 BetrVG findet das Betriebsverfassungsgesetz keine Anwendung auf Verwaltungen und Betriebe des Bundes, der Länder, der Gemeinden und sonstiger Kör-

---

305 Zöllner/Loritz/Hergenröder, § 45 I 1
306 Wörlen/Kokemoor, Rn. 352
307 Dazu ausführlich Schade, AR, Rn. 635 ff.
308 BAGE 53, S. 119, 124

perschaften, Anstalten und Stiftungen der öffentlichen Rechts. Das gilt nach § 118 Abs. 1 S. 1 Nr. 1 BetrVG ebenso für Religionsgemeinschaften sowie ihre karitativen und erzieherischen Betriebe, so z. B. für Diakoniestationen, konfessionelle Kindergärten oder konfessionelle Schulen. Evangelische wie katholische Kirche haben eigene Mitarbeitervertretungsrechte erlassen.[309] Auch für sog. Tendenzbetriebe, z. B. Geschäftsstellen von Arbeitgeberverbänden und Gewerkschaften, private Schulen, Medienunternehmen wie Buch-, Zeitungs- und Zeitschriftenverlage sowie Betriebe des Deutschen Roten Kreuzes, des Johanniter- und Malteserordens ist nach § 118 Abs. 1 BetrVG die Anwendung des Betriebsverfassungsgesetzes eingeschränkt. Der Zweck der Einschränkung liegt darin, z. B. die verfassungsrechtlich gewährleisteten Grundrechte der Presse- und Meinungsfreiheit sowie der Freiheit der Kunst und Wissenschaft nicht durch die Mitbestimmung des Betriebsrats zu beeinflussen.[310]

c. Persönlicher Geltungsbereich. Den persönlichen Geltungsbereich regelt § 5 BetrVG. Danach sind Arbeitnehmer i. S. d. Betriebsverfassungsgesetzes Arbeiter und Angestellte einschließlich der zu ihrer Berufsausbildung Beschäftigten, unabhängig davon, ob sie im Betrieb, im Außendienst oder mit Telearbeit beschäftigt werden. Als Arbeitnehmer gelten auch die in Heimarbeit Beschäftigten, die in der Hauptsache für den Betrieb arbeiten. **405**

Fraglich ist, ob Praktikanten unter die Regelungen des Betriebsverfassungsgesetzes fallen. Nach § 5 Abs. 1 S. 1 BetrVG sind Arbeitnehmer im Sinne dieses Gesetzes Arbeiter und Angestellte einschließlich der zu ihrer Berufsausbildung Beschäftigten Arbeitnehmer. Es wurde vereinzelt die Ansicht vertreten, dass Praktikanten auf jeden Fall als Arbeitnehmer anzusehen sind im Sinne des Betriebsverfassungsgesetzes.[311] Allerdings muss differenziert werden, ob das Praktikumsverhältnis unter die Regelungen des Berufsbildungsgesetzes fällt oder ob das Berufsbildungsgesetz auf das verpflichtende Studierendenpraktikum mit Hochschulbezug nach Rechtsprechung und herrschender Meinung in der Rechtsliteratur nicht anwendbar ist. Bedeutend ist außerdem, ob der Praktikant auch zur Arbeitsleistung verpflichtet ist; nur wenn dies nicht in einem geringfügigem Ausmaß der Fall ist, zählt der Praktikant zur Belegschaft i. S. d. Betriebsverfassungsgesetzes.[312] Nach Ansicht des Bundesarbeitsgerichts muss der Betriebsinhaber auf die Mitwirkung des anderen Vertragspartners angewiesen sein, um den arbeitstechnischen Zweck des Betriebes zu erreichen.[313] Erst dann handelt es sich um eine Einstellung, die ein Mindestmaß an Pflichtbindung sowie Mitwirkung am Betriebszweck voraussetzt.[314] Besteht der Einsatz eines Praktikanten nach einem Teil der Rechtsliteratur alleine darin, sich theoretisch über Betriebsabläufe und Berufsinhalte zu informieren, wird eine Einstellung i. S. d. Betriebsverfassungsrechts verneint.[315] § 5 BetrVG geht aber nach Meinung Teilen der Rechtsliteratur über § 10 BBiG hinaus und berührt alle Vertragsverhältnisse, die berufliche Kenntnisse, Fertigkeiten, Fähigkeiten und berufliche Erfahrungen vermitteln.[316] Nach dieser Meinung, **406**

---

309 Vgl. Schaub/Koch, § 214 Rn. 24
310 Vgl. Michalski, Rn. 995
311 Siehe Schmidt, AR-Blattei „Volontär und Praktikant, Kap. H I 1 (zit. nach Scherer, NZA 1986, S. 280, 284); vgl. dazu auch BAG, Urteil v. 10.11. 1994 – 8 AZR 131/93 = AP Nr. 25 zu § 5 BetrVG 1972
312 Vgl. Scherer, NZA 1986, S. 280, 284
313 Vgl. BAG, Urteil v. 17.7. 2007 – 9 AZR 1031/06, unveröffentlicht; vgl. Leinemann/Taubert, § 26 Rn. 6
314 Vgl Leinemann/Taubert, § 26 Rn. 6
315 Vgl. Gedon/Hurlebaus, § 26 Rn. 7
316 Vgl. Leinemann/Taubert, § 26 Rn. 38;vgl. BAG, Beschluss v. 24.9. 2002 – 5 AZB 12/02 = AP Nr. 56 zu § 5 ArbGG 1979; ebenso GmSoGB, Beschluss v. 13.3. 1987 – GmS – OGB 6/86 = AP Nr. 35 zu § 5 BetrVG 1972; MK-BGB/Müller-Glöge, § 611 Rn. 188; Lakies, AR-Blattei SD, 2007, Rn. 128

die auch der Verfasser teilt, soll das Betriebsverfassungsgesetz für alle Arten von Praktikumsverhältnissen gelten.

3. Organisation der Betriebsverfassung

407 **a. Betrieb.** Als Betrieb i. S. d. Betriebsverfassungsrechts wird die organisatorische Einheit zur fortgesetzten Verfolgung eines oder mehrerer bestimmter arbeitstechnischer Zwecke angesehen.[317] Der Arbeitgeber ist ein Organ der Betriebsverfassung. Er bildet die Gegenpartei zu Betriebsrat und Gewerkschaft. Der in §§ 106 ff. BetrVG verwendete Begriff des Unternehmers ist nach der Rechtsprechung gleichbedeutend mit dem Begriff des Arbeitgebers.[318]

408 Die Arbeitnehmer bilden die Belegschaft eines Betriebs. Auch dem einzelnen Arbeitnehmer billigt das Betriebsverfassungsgesetz individuelle Rechte zu:
– Aktives und passives Wahlrecht nach §§ 7 ff. BetrVG;
– Einladungsrecht zu Betriebs- und Abteilungsversammlungen nach § 43 Abs. 2 BetrVG, welche der Informationspflicht des Arbeitnehmers über die wirtschaftliche Lage und Entwicklung des Betriebs, die Situation des Personal- und Sozialwesens einschließlich des Stands der Gleichstellung von Frauen und Männern sowie über den betrieblichen Umweltschutz nachkommt;
– Informationsrecht der Arbeitnehmer nach § 110 Abs. 1 BetrVG über die wirtschaftliche Lage und Entwicklung des Unternehmens in jedem Kalendervierteljahr bei in der Regel mehr als 1000 ständig beschäftigten Arbeitnehmern;
– Unterrichtungs- und Erörterungsrechte des Arbeitnehmers nach §§ 81 ff. BetrVG;
– Beschwerderecht nach § 84 BetrVG.

409 **b. Gegenstand des Betriebsverfassungsrechts.** Gegenstand und Anliegen des Betriebsverfassungsrechts ist die Mitgestaltung der betrieblichen Ordnung durch die Arbeitnehmerseite und ihre Mitwirkung an betrieblichen Entscheidungen. Trotz einzelner normierter Rechte für den einzelnen Arbeitnehmer ist das Betriebsverfassungsgesetz mit der Zielrichtung erlassen worden, die Solidarinteressen der gesamten Belegschaft eines Betriebs zu berücksichtigen.[319] Die im Betriebsverfassungsgesetz geregelten Mitwirkungsrechte sind daher zum überwiegenden Teil kollektive Mitwirkungsrechte, die für die Belegschaft vom Betriebsrat wahrgenommen werden. Der Betriebsrat wird als Interessenvertreter der Belegschaft gegenüber dem Arbeitgeber angesehen. Er ist somit Repräsentant der Belegschaft.[320] Der Betriebsrat wird auch als Organ der Betriebsverfassung bezeichnet.[321]

410 Das Bundesarbeitsgericht hat in einem Beschluss vom 30. 10. 1991 verfügt, das es von der Einordnung oder Nichteinordnung des Praktikums in einem Studiengang abhängt, ob die berufspraktische Tätigkeit nur der Hochschulebene oder auch der betrieblichen Ebene zugeordnet werden kann.[322] Da die betriebsverfassungsrechtlichen Vorschriften nur betriebliche Ausbildungsmaßnahmen erfassen, ist nach Ansicht des Bundesarbeitsgerichts darauf abzustellen, ob die praktischen Kenntnisse und Erfahrungen auf betrieblicher Ebene oder auf Hochschulebene vermittelt werden. Für die Anwendung des Betriebsverfassungsgesetzes ist dann allein entscheidend, ob der Praktikant auf-

---

[317] Vgl. BAG, Beschluss v. 23. 9. 1982 – 6 ABR 42/81 = AP Nr. 3 zu § 4 BetrVG 1972
[318] Vgl. BAG NZA 1991, S. 681, 682
[319] Vgl. Zöllner/Loritz/Hergenröder, § 47 II
[320] Vgl. Brox/Rüthers/Henssler, Rn. 860; Söllner/Waltermann, Rn. 524
[321] Vgl. MH/Richardi, Einleitung Rn. 100; Fitting, § 1 Rn. 188; siehe dazu BAGE 2, 50, 54 = AP Nr. 1 zu § 20 BetrVG, Jugendvertreter
[322] Vgl. BAG, Beschluss v. 30. 10. 1991 – 7ARB 11/91 = DB 1992, S. 1635

grund eines privatrechtlichen Vertrags tätig wird.[323] Wer unter dieser Voraussetzung in einem Betrieb ausgebildet wird, ist betriebsverfassungsrechtlich Auszubildender.[324] Zu Unrecht hatte vorher das Landesarbeitsgericht Berlin eine Anwendbarkeit des Betriebsverfassungsgesetzes auf ein verpflichtendes Studierendenpraktikum mit Hochschulbezug verneint.[325]

4. Wahl des Betriebsrats

411 Das aktive Wahlrecht, die Wahlberechtigung zur Wahl des Betriebsrats, ist in § 7 BetrVG geregelt. Danach sind alle Arbeitnehmer des Betriebs wahlberechtigt, die das 18. Lebensjahr vollendet haben. Außerdem müssen sie länger als drei Monate im Betrieb gearbeitet haben, insbesondere dann, wenn Arbeitnehmer eines anderen Arbeitgebers an den Betrieb zur Arbeitsleistung überlassen werden. Das passive Wahlrecht, die Wählbarkeit von Arbeitnehmer in den Betriebsrat, ist in § 8 BetrVG geregelt. Danach sind alle Wahlberechtigten wählbar, die sechs Monate dem Betrieb angehören oder als in Heimarbeit Beschäftigte in der Hauptsache für den Betrieb gearbeitet haben. Auf diese sechsmonatige Betriebszugehörigkeit werden Zeiten angerechnet, in denen der Arbeitnehmer unmittelbar vorher einem anderen Betrieb desselben Unternehmens oder Konzerns angehört hat. Nicht wählbar ist, wer infolge strafgerichtlicher Verurteilung die Fähigkeit, Rechte aus öffentlichen Wahlen zu erlangen, nicht besitzt. Leiharbeitnehmer können nicht in den Betriebsrat gewählt werden.

412 Ist auf ein Praktikumsverhältnis das Betriebsverfassungsgesetz anwendbar und dauert das Praktikum länger als 3 Monate, kann auch ein Praktikant an der Betriebsratswahl als Wähler nach §§ 7, 61 Abs. 1 BetrVG teilnehmen. Nur theoretisch denkbar ist das passive Wahlrecht nach §§ 8, 61 Abs. 2 BetrVG, also die Wahl eines Praktikanten zum Betriebsratsmitglied, wenn das Praktikum länger als sechs Monate dauert. Auch Praktikanten die ein verpflichtendes Studierendenpraktikum mit Hochschulbezug absolvieren, soll unter diesen Voraussetzungen nach Ansicht des Verfassers das aktive und passive Wahlrecht, das im Betriebsverfassungsgesetz normiert ist, zustehen.

5. Beteiligungsrechte des Betriebsrats

413 Die Beteiligungsrechte des Betriebsrats sind im Betriebsverfassungsgesetz vielfältig geregelt. Das Gesetz sieht verschiedene Möglichkeiten des Betriebsrats vor, sich durch seine Tätigkeit zum Wohl des Betriebs und der Arbeitnehmer zu beteiligen. Es werden zwei Hauptgruppen von Beteiligungsrechten unterschieden: zum einen das Mitbestimmungsrecht, insbesondere in sozialen Angelegenheiten, und zum anderen schwächere Beteiligungsformen, die unter den Sammelbegriff der sonstigen Mitwirkungsrechte des Betriebsrats fallen.[326] Das Betriebsverfassungsgesetz enthält somit ein der Wirkung nach abgestuftes System von Beteiligungsrechten des Betriebsrats, wobei die Mitbestimmungsrechte gegenüber den Mitwirkungsrechten die stärkere Form der Beteiligung darstellen.[327]

414 Dem Betriebsrat stehen insbesondere Mitbestimmungsrechte in personellen Angelegenheiten zu, so insbesondere nach § 92 Abs. 1 BetrVG in der Personalplanung sowie gemäß §§ 99–101 BetrVG in der Einstellung, Eingruppierung, Umgruppierung und der

---

323 BAG, Beschluss v. 30.10.1991 – 7ARB 11/91 = DB 1992, S. 1635
324 Vgl. dazu schon BAG, Beschluss v. 24.9.1981 – 6 ABR 7/81 = BAGE 36, S. 363 = DB 1982, S. 606 = AP Nr. 26 zu § 5 BetrVG 1972
325 Vgl. LAG Berlin, Beschluss v. 8.11.1990 – 7 TaBV 4/90
326 Vgl. Junker, Rn. 698
327 Vgl. Dütz, Rn. 795; dazu ausführlich von Hoyningen-Huene, § 11 Rn. 3–9; Otto, Rn. 829–839

Versetzung von Arbeitnehmern. Ein weiteres bedeutendes Beteiligungsrecht bildet nach §§ 102, 103 BetrVG das Anhörungsrecht bei jeder Art von Kündigung eines Arbeitnehmers.

415 Diese Beteiligungsrechte müssen auch zugunsten von Praktikanten bestehen. Sofern das Berufsbildungsgesetz für ein Praktikumsverhältnis gilt, etwa für das Vor- oder Nachpraktikum bzw. das freiwillige Studierendenpraktikum ohne Hochschulbezug, können sich Beteiligungsrechte des Betriebsrats im Einzelfall auch positiv auf Praktikanten aus solchen Praktikumsverhältnissen auswirken. Aus Sicht des Verfassers muss dies auch für Praktikumsverhältnisse mit Hochschulbezug gelten. Ebenso müssen Betriebsvereinbarungen, die zwischen dem Arbeitgeber und dem Betriebsrat abgeschlossen werden, auch für Praktikanten aller Praktikumsverhältnisse Gültigkeit haben, wenn diese Betriebsvereinbarungen das Ausbildungs- und Beschäftigungsverhältnis betreffen.

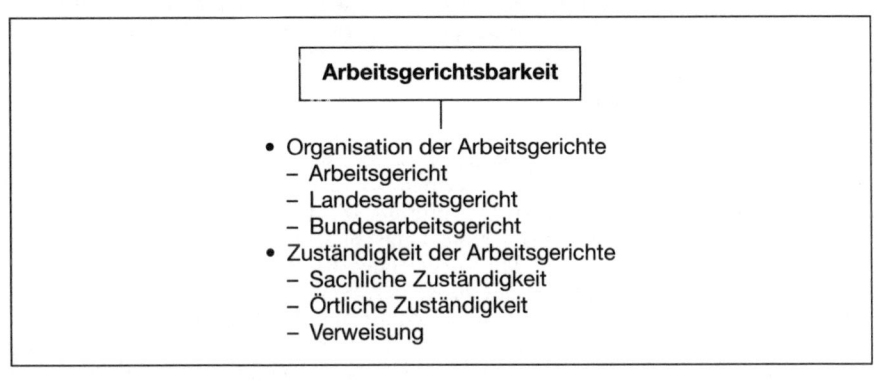

Sechster Teil: Arbeitsgerichtsbarkeit

§ 1 Organisation der Arbeitsgerichte

Zu unterscheiden ist bei der Ausübung der Gerichtsbarkeit in Arbeitssachen zwischen den Arbeitsgerichten, §§ 14–31 ArbGG, den Landesarbeitsgerichten, §§ 33–39 ArbGG, und dem Bundesarbeitsgericht, §§ 40–45 ArbGG.[328] Nach § 6 Abs. 1 ArbGG sind die Gerichte für Arbeitssachen mit Berufsrichtern und mit ehrenamtlichen Richtern aus den Kreisen der Arbeitnehmer und Arbeitgeber besetzt.

Arbeitsgerichtsbarkeit

- Organisation der Arbeitsgerichte
  - Arbeitsgericht
  - Landesarbeitsgericht
  - Bundesarbeitsgericht
- Zuständigkeit der Arbeitsgerichte
  - Sachliche Zuständigkeit
  - Örtliche Zuständigkeit
  - Verweisung

Abb. 14: Arbeitsgerichtsbarkeit

I. Arbeitsgericht

Nach § 14 Abs. 1 ArbGG werden in den verschiedenen Bundesländern Arbeitsgerichte errichtet. Nach § 16 ArbGG besteht das Arbeitsgericht aus der erforderlichen Zahl von Vorsitzenden und ehrenamtlichen Richtern. Die ehrenamtlichen Richter werden je zur Hälfte aus den Kreisen der Arbeitnehmer und der Arbeitgeber bestellt.[329] Jede Kammer des Arbeitsgerichts wird in der Besetzung mit einem Vorsitzenden und je einem ehrenamtlichen Richter aus Kreisen der Arbeitnehmer und der Arbeitgeber tätig. Nach § 8 Abs. 1 ArbGG sind in der ersten Instanz die Arbeitsgerichte zuständig. Auf die Höhe des Streitwertes kommt es dabei, im Gegensatz zu den Zivilgerichten, nicht an. Eine Ausnahme von dieser Zuständigkeit ist in § 158 Nr. 5 SGB IX normiert. Danach entscheidet über Rechtsstreitigkeiten, die auf Grund des Sozialgesetzbuches IX im Geschäftsbereich des Bundesnachrichtendienstes entstehen, im ersten und letzten Rechtszug der Oberste Gerichtshof der zuständigen Gerichtszweige, also das Bundesarbeitsgericht.

---

328 Detaillierte Ausführungen zur Arbeitsgerichtsbarkeit bei Schade, AR, Rn. 791 ff.
329 Schwab/Liebscher, § 16 Rn. 8

II. Landesarbeitsgericht

418 Gegen Urteile der Arbeitsgerichte findet unter den Voraussetzungen des § 64 ArbGG die Berufung an die Landesarbeitsgerichte statt. Auch für die Landesarbeitsgerichtsbarkeit werden Kammern gebildet gemäß § 35 ArbGG. Nach § 35 Abs. 1 ArbGG besteht das Landesarbeitsgericht aus dem Präsidenten, der erforderlichen Zahl von weiteren Vorsitzenden und von ehrenamtlichen Richtern. Die ehrenamtlichen Richter werden wiederum je zur Hälfte aus den Kreisen der Arbeitnehmer und der Arbeitgeber entnommen. Auch jede Kammer des Landesarbeitsgerichts wird in der Besetzung mit einem Vorsitzenden und je einem ehrenamtlichen Richter aus den Kreisen der Arbeitnehmer und der Arbeitgeber tätig. Die Zuständigkeit der Landesarbeitsgerichte ergibt sich aus § 8 Abs. 2, 4 ArbGG. Zum einen finden vor den Landesarbeitsgerichten die Berufungsverfahren gegen die Urteile der Arbeitsgerichte statt; zum anderen sind Beschwerden gegen Beschlüsse des Arbeitsgerichts und ihrer Vorsitzenden im Beschlussverfahren an das Landesarbeitsgericht zu richten.

III. Bundesarbeitsgericht

419 Höchste Instanz der Arbeitsgerichtsbarkeit ist das Bundesarbeitsgericht mit Sitz in Erfurt. Das Bundesarbeitsgericht ist unter den Voraussetzungen der §§ 72 ff. ArbGG die Revisionsinstanz zur rechtlichen Überprüfung von Endurteilen der Landesarbeitsgerichte. Nach § 41 Abs. 1 ArbGG besteht das Bundesarbeitsgericht aus dem Präsidenten, der erforderlichen Zahl von Vorsitzenden Richtern, von berufsrichterlichen Beisitzern sowie ehrenamtlichen Richtern. Wiederum werden die ehrenamtlichen Richter je zur Hälfte aus den Kreisen der Arbeitnehmer und der Arbeitgeber bestellt. Nach § 41 Abs. 2 ArbGG bestehen innerhalb des Bundesarbeitsgerichts verschiedene Senate. Jeder Senat wird in der Besetzung mit einem Vorsitzenden, zwei berufsrichterlichen Beisitzern und je einem ehrenamtlichen Richter aus den Kreisen der Arbeitnehmer und der Arbeitgeber tätig. Die Zahl der Senate bestimmt das Bundesministerium für Arbeit und Soziales im Einvernehmen mit dem Bundesministerium der Justiz. Aktuell besteht das Bundesarbeitsgericht in Erfurt aus zehn Senaten.

420 Zusätzlich ist nach § 45 Abs. 1 ArbGG beim Bundesarbeitsgericht ein Großer Senat (GS) gebildet worden. Der Große Senat hat dann zu entscheiden, wenn ein Senat in einer Rechtsfrage von der Entscheidung eines anderen Senats oder des Großen Senats abweichen will. Nach § 45 Abs. 3 ArbGG ist eine Vorlage an den Großen Senat nur zulässig, wenn der Senat, von dessen Entscheidung abgewichen werden soll, auf Anfrage des erkennenden Senats erklärt hat, dass er an seiner Rechtsauffassung festhält. Der erkennende Senat kann auch eine Frage von grundsätzlicher Bedeutung an den Großen Senat zur Entscheidung vorlegen, wenn das nach seiner Auffassung zur Fortbildung des Rechts oder zur Sicherung einer einheitlichen Rechtsprechung erforderlich ist.

421 Der Große Senat besteht nach § 45 Abs. 5 ArbGG aus dem Präsidenten, je einem Berufsrichter der Senate, in denen der Präsident nicht den Vorsitz führt, und je drei ehrenamtlichen Richtern aus den Kreisen der Arbeitnehmer und Arbeitgeber. Die Mitglieder und Vertreter des Großen Senats werden durch das Präsidium für ein Geschäftsjahr bestellt. Den Vorsitz im Großen Senat führt der Präsident des Bundesarbeitsgerichts, bei Verhinderung das dienstälteste Mitglied. Nach § 45 Abs. 7 ArbGG entscheidet der Große Senat nur über die Rechtsfrage. Er kann ohne mündliche Verhandlung entscheiden. Seine Entscheidung ist in der vorliegenden Sache für den erkennenden Senat bindend.

§ 2 Zuständigkeit der Arbeitsgerichte

I. Sachliche Zuständigkeit

Die sachliche Zuständigkeit der Arbeitsgerichte ergibt sich aus §§ 48, 2, 2a, 3 ArbGG. **422**
Zu unterscheiden ist bei der Zuständigkeit, ob Arbeitsgerichte im Urteilsverfahren oder im Beschlussverfahren Entscheidungen treffen.

Nach § 2 Abs. 1 ArbGG sind die Gerichte für Arbeitssachen u.a. ausschließlich **423**
zuständig für
Nr. 1 bürgerliche Rechtsstreitigkeiten zwischen Arbeitnehmer und Arbeitgebern
a) aus dem Arbeitsverhältnis;
b) über das Bestehen oder Nichtbestehen eines Arbeitsverhältnisses;
c) aus Verhandlungen über die Eingehung eines Arbeitsverhältnisses und dessen Nachwirkungen;
d) aus unerlaubten Handlungen, soweit diese mit dem Arbeitsverhältnis im Zusammenhang stehen;
e) über Arbeitspapiere.

Nach § 5 Abs. 1 S. 1 ArbGG sind Arbeitnehmer im Sinne des Arbeitsgerichtsgesetzes **424**
Arbeiter und Angestellte sowie die zu ihrer Berufsausbildung Beschäftigten. Zu ihrer Berufsausbildung beschäftigt sind auch Praktikanten.[330] Notwendig ist jedoch stets, dass die Ausbildung aufgrund eines privatrechtlichen Vertrags und auf betrieblicher Ebene erfolgt.[331]

Weitere Zuständigkeiten für die Arbeitsgerichte im Urteilsverfahren ergeben sich aus **425**
§ 2 Abs. 2–4 ArbGG. Ausdrücklich ist in § 2 Abs. 5 ArbGG normiert, dass in Rechtsstreitigkeiten nach diesen Vorschriften das Urteilsverfahren stattzufinden hat.

Die Zuständigkeit der Arbeitsgerichte im Beschlussverfahren ergibt sich nach § 2a **426**
Abs. 1 ArbGG.

Auch bei einem Rechtsstreit, den ein Praktikumsverhältnis betrifft, sind die Arbeits- **427**
gerichte grundsätzlich zuständig. Nach § 5 Abs. 1 S. 1 ArbGG sind Arbeitnehmer i.S.d. Arbeitsgerichtsgesetzes Arbeiter und Angestellte sowie die zu ihrer Berufsausbildung Beschäftigten. Dazu gehören auch Anlernlinge, Volontäre und Praktikanten.[332] Notwendig ist aber nach Ansicht des Bundesarbeitsgerichts, dass die Ausbildung aufgrund eines privatrechtlichen Vertrags und auf betrieblicher Ebene erfolgt.[333] Das ist der Fall bei Praktikumsverhältnissen ohne Hochschulbezug, also bei einem Vor- oder Nachpraktikum bzw. einem freiwilligen Studierendenpraktikum. Dann sind die Arbeitsgerichte zuständig. Die Arbeitsgerichte sollen unzuständig sein bei Streitigkeiten zwischen Praktikumsgeber und Praktikumsnehmer, wenn es sich um ein verpflichtendes Studierendenpraktikum mit Hochschulbezug handelt.[334] Dann sind zumindest die Zivilgerichte zuständig.

---

330 Vgl. BAG, Beschluss v. 26.1.1994 – 7 ABR 13/92 = AP Nr. 54 zu § 5 BetrVG 1972
331 Vgl. LAG Köln, Urteil v. 3.7.1998 – 11 Ta 360/97 = ZTR 1998, S. 568; ErfK/Koch, § 5 ArbGG, Rn. 3
332 Vgl. ErfK/Koch, § 5 ArbGG Rn. 3; ebenfalls LAG Köln, Urteil v. 3.7.1998, in ZTR 1998, S. 568
333 Vgl. BAG, Beschluss v. 26.1.1994 – 7 ABR 13/92 = AP Nr. 54 zu § 5 BetrVG
334 Vgl. dazu Lakies, AR-Blattei SD, 2007, Rn. 149

II. Örtliche Zuständigkeit

428 Bei der örtlichen Zuständigkeit der Arbeitsgerichte ist zwischen dem Urteilsverfahren und dem Beschlussverfahren zu unterscheiden. Nach § 46 Abs. 2 ArbGG gelten für das Urteilsverfahren in der ersten Instanz die Vorschriften der §§ 12 ff. ZPO analog; sie bestimmen den gemeinen Gerichtstand einer beklagten Person nach deren Wohnsitz. Für besondere Klagearten oder Prozessgegenstände sind gesonderte Zuständigkeiten normiert. § 48 Abs. 1 ArbGG regelt bei Urteilsverfahren den besonderen Gerichtsstand des Arbeitsortes, § 82 Abs. 1 ArbGG für Beschlussverfahren die örtliche Zuständigkeit. Danach ist grundsätzlich das Arbeitsgericht zuständig, in dessen Bezirk der Betrieb liegt.

III. Verweisung

429 Ist der Rechtsweg unzulässig oder fehlt dem angerufenen Gericht die sachliche oder örtliche Zuständigkeit, spricht das Gericht dies nach Anhörung der Parteien von Amts wegen aus und verweist nach § 48 Abs. 1 ArbGG i. V. m. § 17 a Abs. 2 GVG, 281 ZPO den Rechtsstreit zugleich bindend an das zuständige Gericht des zulässigen Rechtswegs.[335] Der Beschluss des Arbeitsgerichts ist nach § 48 Abs. 1 ArbGG i. V. m. §§ 17–17 b GVG ohne mündliche Verhandlung möglich.

---

335 Vgl. Brox/Rüthers/Henssler, Rn. 1067

Siebter Teil: Schlichtungsrecht

§ 1 Begriff

Die Schlichtung beinhaltet eine Hilfeleistung, um einen Regelungsstreit zwischen zwei Personen unter Hinzunahme eines neutralen Dritten zu lösen.[336] Während Rechtsstreitigkeiten unter Anwendung bestimmter Rechtsnormen vor Gericht ausgetragen werden, bietet die Schlichtung die Möglichkeit, einen Regelungsstreit außergerichtlich beizulegen. Im Arbeitsrecht hat das Schlichtungsrecht eine große Bedeutung.

430

§ 2 Anwendbarkeit auf Praktikumsverhältnisse

Nach § 111 Abs. 2 ArbGG können zur Beilegung von Streitigkeiten zwischen Ausbildenden und Auszubildenden aus einem bestehenden Berufsausbildungsverhältnis Ausschüsse, d. h. Schlichtungsausschüsse gebildet werden. Allerdings sind die Schlichtungsausschüsse, die fakultativ gebildet werden können, nur für Streitigkeiten zwischen Ausbildenden und Auszubildenden aus einem „Berufsausbildungsverhältnis" zuständig.[337] Das ist eng zu verstehen im Sinne einer geordneten Berufsausbildung durch eine entsprechende Ausbildungsordnung nach dem Berufsbildungsgesetz.[338] Aufgrund einer fehlenden detaillierten Ausbildungsordnung ist ein Schlichtungsverfahren für Streitigkeiten im Rahmen von Praktikumsverhältnissen nicht vorgesehen. Deshalb sind, je nach Art des Praktikums, entweder die Arbeitsgerichte oder die Zivilgerichte direkt zuständig.

431

---

336 Schade, AR, Rn. 580
337 Lakies, AR-Blattei SD, 2007, Rn. 150
338 Ders., AR-Blattei SD, 2007, Rn. 150

Nachwort

Sehr viele Unternehmen schließen mittlerweile faire Praktikumsverträge mit ihren Praktikanten ab. Der Verfasser konnte sich davon eingehend durch die Prüfung von Praktikumsverträgen überzeugen, die ihm von Studierenden überlassen worden waren. Leider kommt es aber immer noch vor, dass Unternehmen oder Institutionen als Praktikumsgeber mit Praktikanten Praktikumsverträge abschließen, in denen sich weder Vereinbarungen zur Vergütung, noch Regelungen über Urlaubstage befinden, obwohl die Dauer der Praktika bis zu drei Monaten oder länger beträgt. Und das geschieht nicht nur bei Verträgen über Praktikumsverhältnisse mit Hochschulbezug, bei denen nach der Rechtsprechung und der herrschenden Meinung in der Rechtsliteratur die für einen Arbeitsvertrag geltenden Rechtsvorschriften und Rechtsgrundsätze nicht anwendbar sein sollen. Auch z.B. bei Vorpraktika, die mangels Immatrikulation des Praktikanten keinen Hochschulbezug aufweisen, absolvieren zukünftige Studierende Praktika oft ohne Vergütung bzw. Urlaubsanspruch, obwohl auf diese Art Praktikum die §§ 26, 10 Abs. 2 BBiG anwendbar sind und den Praktikanten bei einem Vorpraktikum rechtlich die Vergütung sowie ein Urlaubsanspruch zustehen. Daher muss im Hinblick auf die Konsequenzen der Nichtanwendung des Berufsbildungsgesetzes auf verpflichtende Studierendenpraktika mit Hochschulbezug – praktisch eine Verweigerung des sozialen Schutzes unseres Arbeits- und Sozialrechts für eine Gruppe junger Menschen – nicht nur bezweifelt werden, dass die Auffassung richtig ist, §§ 26, 10 Abs. 2 BBiG gelte für diese Praktikumsverhältnisse nicht.[339]

Alle Arten von Praktika, das freiwillige Studierendenpraktikum ohne Hochschulbezug, das verpflichtende Studierendenpraktikum mit Hochschulbezug sowie das Vor- oder Nachpraktikum, haben für den Praktikanten das Ziel, berufliche Kenntnisse, Fertigkeiten und berufliche Erfahrungen zu erwerben. Für das freiwillige Praktikum soll das Berufsbildungsgesetz nach §§ 26, 10 Abs. 2 BBiG mit den weitreichenden Folgen der grundsätzlichen Anwendbarkeit der Arbeitsgesetze und der arbeitsrechtlichen Rechtsgrundsätze gelten, während beim verpflichtenden Studierendenpraktikum mit Hochschulbezug grundsätzlich kein rechtlicher Schutz durch das Arbeitsrecht bestehen soll. Zu Recht hat sich der Arbeitsschutz für den Arbeitnehmer in den letzten Jahrzehnten, ob durch den deutschen oder den EU-Gesetzgeber oder durch die deutsche bzw. europäische Rechtsprechung, ständig erhöht. Dies gilt über das Berufsbildungsgesetz auch für Auszubildende und für Praktikanten in Vor- oder Nachpraktikumsverhältnissen bzw. in freiwilligen Praktikumsverhältnissen ohne Hochschulbezug. Folgt man der Rechtsprechung und der herrschenden Meinung in der Rechtsliteratur, gilt dieser bedeutende Arbeitnehmerschutz aber grundsätzlich nicht für die Praktikanten, die ein Pflichtpraktikum mit Hochschulbezug zu absolvieren haben.

Diese rechtliche Situation ist so aus Sicht des Verfassers nicht vertretbar. Denn in der Realität, begründbar durch viele Gespräche mit Studierenden an der Hochschule des Verfassers, stehen Ausbildung und Arbeitsleistung auch bei einem verpflichtenden Studierendenpraktikum mit Hochschulbezug oft noch nicht einmal im gleichen Verhältnis zueinander. Häufig werden Praktikanten als preiswerte oder sogar kostenlose Arbeitnehmer genutzt. Und dann sollen, nur weil das Rechtsverhältnis als „Praktikumsverhältnis" bezeichnet wird und dieses Praktikumsverhältnis einen Hochschulbezug aufweist, etwa die Gebiete des Arbeitsschutzes, wie z.B. der Arbeitszeitschutz,

---

339 Vgl. Roscher, BB 1978, S. 1119, 1121

eventuell der Schutz vor Lebens- und Gesundheitsgefahren nach § 618 Abs. 1 BGB oder andere Gesetze des Arbeitsschutzes nicht gelten?

Insofern müssen aus der Sicht des Verfassers Praktikanten im Rahmen aller Arten von Praktikumsverhältnissen – ob mit oder ohne Hochschulbezug – gleichbehandelt werden. Die volle Unterstellung aller Praktikanten unter die §§ 10–23 BBiG und § 25 BBiG ist die einzige Möglichkeit, um gravierende soziale Missstände zu vermeiden.[340]

Deshalb hat der Bundesgesetzgeber mit einer Änderung des Berufsbildungsgesetzes dafür zu sorgen, dass von § 26 BBiG auch Praktikumsverhältnisse mit Hochschulbezug umfasst werden. Rechtsprechung und herrschende Meinung in der Rechtsliteratur sollten sich ebenfalls überlegen umzudenken. Und Praktikumsgeber haben zumindest zu beachten, dass aktuell, bis auf das verpflichtende Studierendenpraktikum mit Hochschulbezug, alle anderen Praktikumsverhältnisse nach §§ 26, 10 Abs. 2 BBiG zumindest unter das Berufsbildungsgesetz fallen, wodurch die für einen Arbeitsvertrag geltenden Rechtsvorschriften und Rechtsgrundsätze anwendbar sind. Daher sind bei einem Vor- oder Nachpraktikum sowie bei einem freiwilligen Studierendenpraktikum ohne Hochschulbezug auf jeden Fall Regelungen über Vergütung und Urlaub in den Praktikumsvertrag aufzunehmen. Betrifft der Praktikumsvertrag ein Praktikumsverhältnis mit Hochschulbezug, sollte der Praktikumsgeber aktuell fairerweise in einer gesonderten Regelung des Vertrags das Berufsbildungsgesetz zumindest in analoger Form für anwendbar erklären, solange der Bundesgesetzgeber das Berufsbildungsgesetz nicht ändert.

Praktikanten sind die Arbeitnehmer von morgen. Der demographische Wandel führt dazu, dass Unternehmen immer stärker zueinander im Wettbewerb stehen bei der Auswahl und Einstellung junger, gutausgebildeter Arbeitnehmer. An faire Praktikumsgeber werden sich die ehemaligen Praktikanten als potentielle Arbeitnehmer gerne erinnern. Dort werden sie nach erfolgreichem Abschluss ihres Studiums sicherlich bevorzugt arbeiten wollen. Dagegen werden die ehemaligen Praktikanten unfaire Praktikumsgeber allerdings als zukünftige Arbeitnehmer bei der Stellensuche und -auswahl dagegen sicherlich meiden.

---

340 Vgl. Wohlgemuth/Wohlgemuth/Pieper, § 26 Rn. 5; ebenso Fangmann, AuB 1977, S. 201, 205; Roscher, BB 1978, S. 1119, 1120

Nachwort

Vorschlag für einen Praktikumsvertrag[341]

Zwischen der Firma ...... (vollständiger Firmenname mit vollständiger Adresse)
– im folgenden Firma genannt –

und

Herrn/Frau ...... (vollständiger Name, vollständige Adresse)

wird hiermit folgender Praktikumsvertrag abgeschlossen:

1. Die Firma verpflichtet sich, den Praktikanten in der Zeit vom ...... bis ...... zur Vermittlung von Erfahrungen und Kenntnissen im Fachgebiet/Fachbereich ...... im Betrieb einzusetzen; ein Arbeitsverhältnis wird dadurch nicht begründet. Ein Einsatz außerhalb der Betriebsstätte in ...... erfolgt nicht.
2. Der erste Monat, d. h. die Zeit bis zum ......, gilt als Probezeit. Innerhalb dieser Zeit können beide Seiten den Vertrag jederzeit ohne Einhaltung einer Frist kündigen; die Kündigung hat schriftlich zu erfolgen. Nach Ablauf der Probezeit ist der Vertrag
   a) ordentlich kündbar durch den Praktikanten mit einer Frist von 4 Wochen, wenn er die Praktikantentätigkeit aufgeben will;
   b) außerordentlich ohne Einhalten einer Kündigungsfrist von beiden Seiten kündbar, wenn ein wichtiger Grund dafür vorliegt.
   In beiden Fällen hat die Kündigung schriftlich unter Angabe der Kündigungsgründe zu erfolgen.
3. Der Praktikant erhält monatlich eine Vergütung in Höhe von ...... € brutto, fällig jeweils zum Monatsende. Der Urlaub des Praktikanten beträgt pro Kalenderjahr 20 Werktage, d. h. ...... (Anzahl!) Werktage für die gesamte Praktikumszeit. Die Vergütung gemäß Satz 1 wird während des Urlaubs weiter gewährt.
4. Die sachliche und zeitliche Gliederung des Praktikums bleibt einem gesondert aufzustellenden Plan vorbehalten. Die Dauer der täglichen Einsatzzeit beträgt...... Stunden, beginnend um ...... Uhr.
5. Die Firma verpflichtet sich,
   a) dem Praktikanten die sein Fachgebiet betreffenden praktischen Kenntnisse und Erfahrungen zu vermitteln, soweit dies im Rahmen der betrieblichen Möglichkeiten liegt;
   b) auf seine Teilnahme an einem theoretischen Unterricht hinzuwirken;
   c) auf seine Eignung zu achten und ggf. die Zweckmäßigkeit der Fortsetzung des Praktikums mit ihm zu erörtern;
   d) ihm kostenlos erforderliche betriebliche Ausbildungsmittel zur Verfügung zu stellen;
   e) nach Beendigung des Praktikums ein qualifiziertes Zeugnis zu erstellen.

---

341 Vetragstext übernommen von Scherer, NZA 1986, S. 280, 285 mit Änderungen

6. Der Praktikant verpflichtet sich,
    a) die ihm gebotenen Ausbildungsmöglichkeiten wahrzunehmen;
    b) die ihm übertragenen Arbeiten gewissenhaft auszuführen;
    c) die Betriebsordnung, die Werkstattordnung und die Unfallverhütungsvorschriften zu beachten sowie Werkzeuge, Geräte und Werkstoffe sorgsam zu behandeln;
    d) die Interessen der Firma zu wahren und über Betriebsvorgänge – auch nach Beendigung des Praktikums – Stillschweigen zu bewahren;
    e) bei Fernbleiben die Firma unter Angaben des Grundes unverzüglich zu benachrichtigen und im Falle einer Erkrankung ab dem 3. Tag unverzüglich eine ärztliche Bescheinigung vorzulegen;
    f) die tägliche Einsatzzeit gemäß Nr. 4 Satz 2 einzuhalten.
7. Auf den Praktikumsvertrag sind die gesetzlichen Regelungen des Berufsbildungsgesetzes direkt oder analog anwendbar.
8. Besondere Vereinbarungen:
    Mündliche Nebenabreden bestehen darüber hinaus nicht. Änderungen und Ergänzungen dieses Vertrages bedürfen der Schriftform.

...... (Ort, Datum) .... (Unterschrift des Geschäftsführers)

.... (Unterschrift des Praktikanten,
                                                gegebenenfalls auch des gesetzlichen Vertreters)

Stichwortverzeichnis

Die Ziffernangaben beziehen sich auf die Randnummern des Werkes.

Abmahnung 202, 215, 288
Abkehr 390
Alkoholgenuss 247
Allgemeines Gleichbehandlungsgesetz 118
Anhörung 287, 293, 301, 429
Annahmeverzug 206, 263, 266
Anfechtung 100, 115, 310
Anlernlinge 21
Arbeitgeberverband 373
Arbeitsgericht 372, 417
Arbeitsgerichtsbarkeit 2, 416
Arbeitskampf 381
Arbeitsschutz 335, 341
Arbeitsunfall 270
Arbeitsverhältnis 18
– befristetes 18
Arbeitszeit 145
– Höchstdauer 147
Arglistige Täuschung 116
Ausbildung 141
– Ort 143
– zeitlicher Umfang 144
Ausbildungseinsatz 140
Ausbildungsnachweis 156
Ausbildungsplan 128
Ausgleichsquittung 328, 331
Aushilfsarbeitsverhältnis 19
Aussperrung 382, 392
– Abwehraussperrung 392
– Angriffsaussperrung 392
– auflösende 392

Benachteiligungsverbot 94, 191, 194
Beschlussverfahren 418, 426, 428
Bestechlichkeit 165
Berufsausbildungsverhältnis 20
Berufsbildungsrecht 72
Betrieb 403, 407
Betriebsgeheimnis 162, 164, 330
Betriebsrat 101, 287, 409, 411, 413
Betriebsrisiko 239, 267
Betriebsstilllegung 315
Betriebsstörung 267
Betriebsübergang 136, 315, 316
– durch Rechtsgeschäft 317
– per Gesetz oder Hoheitsakt 318
Betriebsvereinbarung 63, 140, 150
Betriebsverfassungsrecht 401
Bewerber 102
Bewerbung 95, 104

Bewerbungsgespräch 95, 98, 102
Boykott 389

Datenschutz 344
Diebstahl 161

Einheitsregelungen 65
Einfühlungsverhältnis 22
Einstellungshindernisse 103
Entgeltfortzahlung 241, 243
– Höhe 249
Europäisches Gemeinschaftsrecht 84
Europäische Menschenrechtskonvention 83
Europäische Sozialcharta 83

Fahrlässigkeit 233
– leichte 233, 234
– grobe 234
– normale 234
Feiertag 241
Fixgeschäft 205
Form 110
Formmangel 295
Fragerecht 98, 118
Freistellung 260
Friedenspflicht 375
Fürsorgepflicht 176, 222

Gebot der Kampfparität 384
Geschäftsfähigkeit 106
– beschränkte 106
Gesundheitsschutz 338, 342
Gewerkschaft 58, 370
Gewohnheitsrecht 69
Gleichbehandlungsgrundsatz 84, 140, 186
Gleichbehandlungspflicht 227
Großer Senat 420, 421
Günstigkeitsprinzip 376

Haftungsbeschränkung 233, 235
– des Praktikanten 277
– des Praktikumsgebers 274

Informationsrecht 96
Inhaltskontrolle 123, 121
Insolvenz 315, 319
Internationales Privatrecht 85
invitatio ad offerendum 91, 104

Stichwortverzeichnis

Körperbehinderung 99
Kollektivvereinbarung 61
Krankheit 239, 243
- unverschuldet 245
- verschuldet 247
Kündigung 202, 217, 283, 332
- außerordentliche 202, 298
- ordentliche 203, 283
Kündigungserklärung 290
Kündigungsfrist 202
Kündigungsgrund 302
Kündigungsschutz 296, 297

Landesarbeitsgericht 418
Leistungsstörungen 200
Lüge 100

Mahnung 220
Maßregelungsverbot 394
Mitbestimmung 399
Mitteilungspflicht 248
Mobbing 179, 222

Nachtarbeit 374

Personalbogen 102
Personaleinstellungsplanung 89
Personalfragebogen 89
Pflichtverletzung 202, 208
Praktikant 1, 13, 42, 106, 124
- ausländischer 86
- minderjähriger 106, 107, 151
Praktikum 7
- Bedeutung 7
- Schüler- 8, 24, 33
- Studierenden-
  - ohne Hochschulbezug 34
  - mit Hochschulbezug 7, 28, 74
- Ausland 86
- Dauer 24, 38, 46
- Entstehung 40
- Nach- 11, 35
- Rechtscharakter 47, 72, 77
- Vor- 11, 35
Praktikumsgeber 1, 44, 102, 135
- Minderjähriger 108
Praktikumsgeberwechsel 136
Praktikumsrecht 1, 3, 4, 56, 87
Praktikumsvertrag 64, 88, 102, 104, 105, 126, 142
Praktikumsvertrag (Muster) S. 114
Probezeit 134, 155

Richterrecht 70
Ruhepause 147
Ruhezeit 147

Schadensersatz 197, 199, 211, 231
Schichtarbeit 374

Schlechterfüllung 213
Schlichtung 430
Schmerzensgeld 276
Schriftform 295, 370
Schülerpraktikum 106
Schweigen 116
Schwerbehinderteneigenschaft 95
Sozialstaatsprinzip 58
Sozialversicherung 224, 350
- Arbeitslosenversicherung 355, 358, 362, 366
- Familienversicherung 354, 363, 368
- Krankenversicherung 352, 357, 361, 365
- Pflegeversicherung 352, 357, 361, 365
- Rentenversicherung 355, 358, 362, 366
Sportunfall 246
Stellenangebot 104
Stellenausschreibung 91, 104
Stellvertretung 109
Stilllegung des Betriebs 393
Streik 382, 386
- Flächenstreik 387
- Schwerpunktstreik 387
- Warnstreik 387
Streikbruchprämie 394
Streikrecht 386, 396
- für Arbeitnehmer 386
- für Auszubildende 396
- für Praktikanten 396, 397, 398

Tariffähigkeit 371, 377
Tarifverhandlung 372
Tarifvertrag 62, 150, 370, 373
- Beendigung- 377
- Firmentarifvertrag 373
- Gehalts- 374
- Lohn- 374
- Mantel- 374
- Rahmen- 374
- Verbandstarifvertrag 373
Tarifzuständigkeit 372
Täuschungshandlung 117
Tendenzbetrieb 404
Tod 314, 315
- des Praktikanten 314
- des Praktikumsgebers 315, 320
Treuepflicht 158, 253

Unfall 270
Unfallversicherung 270
Unmöglichkeit 205, 267
Urlaub 181, 228, 256
Urlaubszeitpunkt 259
Urlaubszeitraum 259
Urteilsverfahren 422, 428

Verbandswechsel 377
Verdachtskündigung 307
Vergütung 171, 173, 206, 210, 266

Vergütungsanspruch 171
Vergütungsklage 220, 231
Verschwiegenheitspflicht 163, 164, 330
Verwerfungsverbot 99
Verweisung 429
Verzug 220
Volontär 15
Vorsatz 234
Vorstellungsgespräch 102
Vorstellungskosten 102
Vorstrafe 99

Wahlrecht 408, 411
– aktives 411
– passives 411
Weisungsgebundenheit 129
Weisungsrecht 66
Werksstudent 17
Whistleblowing 162
Wettbewerbsverbot 167

Zeugnis 132, 180, 185, 322

Friedrich Schade

Arbeitsrecht

Grundlagen des Individualarbeitsrechts
und des kollektiven Arbeitsrechts
sowie der Arbeitsgerichtsbarkeit

2010. 292 Seiten. Kart. € 26,-
ISBN 978-3-17-020893-3

Ziel dieses Studienbuches ist es einerseits, eine kompakte Darstellung des Individualarbeitsrechts inklusive des besonderen Arbeitsschutzes, des kollektiven Arbeitsrechts sowie der Arbeitsgerichtsbarkeit zu vermitteln.

Das Studienbuch eignet sich besonders für Studierende der Rechts- und Wirtschaftswissenschaften sowie in Bachelor- und Masterstudiengängen mit arbeitsrechtlichen Lehrinhalten an Universitäten, Fachhochschulen, Berufs-, Verwaltungs- und Wirtschaftsakademien. Aber auch Praktiker, z.B. in Unternehmen sowie leitende Personen in Personalabteilungen, können das Studienbuch als Nachschlagewerk nutzen, um arbeitsrechtliche Probleme zu erkennen und zu ersten gedanklichen Lösungen zu kommen.

Der Autor:
Prof. Dr. Friedrich Schade MBA lehrt seit 15 Jahren Arbeitsrecht, Bürgerliches Recht und Wirtschaftsrecht, seit 2001 an der privaten, staatlich anerkannten Hochschule BiTS Business and Information Technology School in Iserlohn.

W. Kohlhammer GmbH · 70549 Stuttgart · www.kohlhammer.de

Schade/Beckmann/Pfaff

Fälle zum Arbeitsrecht

2010. 96 Seiten. Kart. € 19,90
ISBN 978-3-17-020894-0

Schade/Beckmann/Pfaff
Fälle zum Arbeitsrecht

Das Studienbuch „Fälle zum Arbeitsrecht" wendet sich an alle Studierenden der Rechtswissenschaften sowie von Bachelor- und Masterstudiengängen an Universitäten, Fachhochschulen, Berufs- und Verwaltungs- und Wirtschaftsakademien, die an Arbeitsrechtsvorlesungen teilnehmen und in Klausuren auch Arbeitsrechtsfälle im Gutachtenstil zu lösen haben. Dabei haben die Autoren aktuelle Fälle ausgewählt, für die sie klar gegliederte, überschaubare und verständliche Lösungen anbieten.

Die Autoren:
Prof. Dr. Friedrich Schade MBA lehrt sei 1995 Arbeitsrecht, Bürgerliches Recht und Wirtschaftsrecht an verschiedenen Fachhochschulen, seit 2001 an der privaten, staatlich anerkannten Hochschule BiTS Business and Information Technology School in Iserlohn.
Prof. Dr. Dirk Beckmann ist Rechtsanwalt sowie Fachanwalt für Arbeitsrecht, Handels- und Gesellschaftsrecht und lehrt seit 2008 an der privaten, staatlich anerkannten Fachhochschule für Oekonomie & Management Arbeitsrecht und Wirtschaftsrecht.
Prof. Dr. Stephan Oliver Pfaff ist Rechtsanwalt und lehrt Arbeitsrecht, Bürgerliches Recht und Wirtschaftsrecht an der privaten, staatlich anerkannten SRH Hochschule Heidelberg.

W. Kohlhammer GmbH · 70549 Stuttgart · www.kohlhammer.de

2. Auflage 2009
XXX, 268 Seiten. Kart. € 28,80
ISBN 978-3-17-021087-5

Friedrich Schade

Wirtschaftsprivatrecht
Grundlagen des Bürgerlichen Rechts sowie des Handels- und Wirtschaftsrechts

Das Wirtschaftsprivatrecht umfasst die wesentlichen wirtschaftsrelevanten Rechtsgebiete, mit denen sich Studierende und Praktiker täglich auseinanderzusetzen haben. Schwerpunkte des Buches bilden die Rechtsgebiete Bürgerliches Recht, Handels- und Gesellschaftsrecht.

Die 2. Auflage ist umfassend überarbeitet; insbesondere neue Rechtsentwicklungen, z. B. die gesetzlichen Regelungen über das elektronische Handels- und Unternehmensregister (EHUG), das Allgemeine Gleichbehandlungsgesetz (AGG) sowie das Gesetz zur Modernisierung des GmbH-Rechts und zur Bekämpfung von Missbräuchen (MoMiG) sind berücksichtigt. Beispielsfälle und Schaubilder ergänzen das verständliche, prägnante und praxisorientierte Werk.

Der Autor: **Prof. Dr. Friedrich Schade** MBA lehrt seit 2001 an der privaten Hochschule BiTS Business and Information Technology School in Iserlohn.

W. Kohlhammer GmbH · 70549 Stuttgart
Tel. 0711/7863 - 7280 · Fax 0711/7863 - 8430 · www.kohlhammer.de